"双新"教研文库

# 数中悟道 学中生慧

## "三会"素养导向下高中数学教学探索

严永芳 著

上海交通大学出版社
SHANGHAI JIAO TONG UNIVERSITY PRESS

**内容提要**

本书为"双新"教研文库中的一本,介绍了"三会"素养导向下高中数学教学的实践与探索。全书以新课标的理论学习为切入口,针对新教材教学中单元化教学及其教学组织方式的全新设计进行了教学的思考与实践,从中感受教学变革对学生学习效果、学习体验和核心素养发展的重要意义。在此基础上,从"三会"为目标的课堂教学实践、"三会"为目标的评价方式实践、精准个性化的作业设计这三个方面将理论研究落实于教学实践,在展示理论与实践紧密联系的阶段成果的同时展望了高中数学未来的教学之路。本书以理论研究和教学实践相结合的方式编写,适合高中数学教师、数学教育教学研究人员阅读参考,亦适合职初教师学习借鉴。

**图书在版编目(CIP)数据**

数中悟道 学中生慧:"三会"素养导向下高中数
学教学探索/严永芳著. —上海:上海交通大学出版
社,2025.4.—("双新"教研文库). —ISBN 978 - 7 -
313 - 32403 - 0

Ⅰ. G633.602

中国国家版本馆 CIP 数据核字第 2025NK8294 号

数中悟道 学中生慧——"三会"素养导向下高中数学教学探索
SHUZHONG WUDAO XUEZHONG SHENGHUI
——"SANHUI" SUYANG DAOXIANG XIA GAOZHONG SHUXUE JIAOXUE TANSUO

著 者:严永芳

出版发行:上海交通大学出版社 地 址:上海市番禺路 951 号

邮政编码:200030 电 话:021 - 64071208

印 制:上海景条印刷有限公司 经 销:全国新华书店

开 本:787mm×1092mm 1/16 印 张:14

字 数:323 千字

版 次:2025 年 4 月第 1 版 印 次:2025 年 4 月第 1 次印刷

书 号:ISBN 978 - 7 - 313 - 32403 - 0

定 价:68.00 元

# 序

"教育不仅仅是知识的传授，更是人格和智慧的塑造。"本书前言中的这句话深刻地阐明了数学教育的目的。《数中悟道 学中生慧——"三会"素养导向下高中数学教学探索》正是以其先进的教育理念，立足于丰富的课堂教学实践，注重示范辐射的教育情怀，引领读者通过数学学习达到领悟道理、增长智慧的境界。

首先，本书理念的先进之处在于其对数学教育的全新诠释。传统数学教学往往侧重于公式、定理等的知识性记忆，而忽视数学作为重要的思维学科的智慧生成本质。本书主张直面数学教育中的问题，根据"双新"课程的教育要求，提出数学教育应追梦"三会"，即会用数学的眼光观察现实世界，会用数学的思维思考现实世界，会用数学的语言表达现实世界。指出数学教育应该顺应时代之变，实现教育理念、方式、评价、目标的一系列转变。即数学教育要实现从传统的知识传授向数学核心素养发展转变，从单一学科的界限向跨学科的融合转变，从教师主导的教学模式向学生中心的互动式学习转变，从应试教育的目标向素质教育的目标转变。

本书运用了一系列经典的教育学、心理学理论为其教学实践提供依据，书中对建构主义学习理论、皮亚杰的认知发展理论、维果茨基的最近发展区理论等展开了较为精炼的阐述，为作者丰富的教学实践提供了理论支撑。

其次，本书立足于课堂教学实践，紧密结合教学实际。作者深知理论与实践相结合的重要性，因此在书中提供了大量的教学案例和实操策略。这些内容都是基于真实的课堂环境，经过实践检验的有效方法。它们不仅能够帮助教师提高对"双新"课程、"三会"素养等新概念的理解，还能帮助我们如何将这些新概念运用于教学实践中。这里，作者用较大篇幅阐述了数学教学组织方式的变革：强调数学教学组织应以问题为启示，通过问题情境导入，激发学习兴趣；通过新知问题预设，引导学习方向；通过辨析问题推进，促进深层理解；通过变式问题应用，提升思维水平；通过拓展问题研究，培养创新能力。于是便不可避免地涉及数学教学中的两个关键问题。一是数学教学中的学生主体性问题。数学教学要充分发挥学生的主体作用，要注重启发式、讨论式等教学模式的运用，充分开展师生间、生生间的互动，以此激发学生学习的主动性。二是数学教学中的生活性问题。数学教学要源于学生已有的知识基础和生活经验,注重创设教学情境,培养学生数学抽象、数据分析和数学建模等核心素养。本书就单元教学设计、"三会"为目标的课堂教学实践、"三会"为目标的评价方式实践等内容做了生动的阐述。整体来看,本书结构严谨、内容丰富、论述简明,既有理论的高度,又接实践的地气。

再者,本书注重示范辐射,意在通过优秀的教学实例激励和引导更多的教育工作者。在教育领域,优秀的教学实践具有很强的示范作用和辐射效应。书中收录的案例均来自作者的创新尝试和成功经验,对数学教育的同行有着重要的参考启示作用。作者通过数学学科工作坊、区级教师培训课程、成果交流等方式,在区域范围内进行示范辐射,体现了一个人民教师应有的教育情怀。相信本书的出版能够起到良好的示范引领作用。

本书适合数学教师、教育研究者以及对数学教育有兴趣的广大读者阅读。对于数学教师来说,本书是一本实用的教学指导手册,能够帮助他们改进教学方法,提高教学质量;对于教育研究者来说,本书提供了丰富的研究素材和案例分析,有助于他们深入理解数学教育的现状和趋势;而对于普通读者来说,本书则是一个了解数学教育新理念的窗口,能够启发他们对数学学习的新认识。

综上所述,《数中悟道　学中生慧——"三会"素养导向下高中数学教学探索》是一本集理念先进性、实践性和示范性于一体的数学教育专著。它不仅为数学教育工作者提供了宝贵的教学资源,也为所有热爱数学的人开启了一扇智慧之门。相信每一位读者都能在书中找到启迪思维的火花,让数学学习成为一种享受,让智慧之光照亮求知的旅程。

吴卫国

2024 年 7 月 15 日

# 前　言

　　教育不仅仅是知识的传授,更是人格和智慧的塑造。

　　爱因斯坦曾说:"所谓教育,就是一个人把在学校学的知识全忘光后,还剩下来的东西。"高中数学教育更是如此。它不仅要求学生掌握数学知识,更希望学生通过数学的学习,领悟数学的本质,感受数学的智慧,"会用数学的眼光观察现实世界,会用数学的思维思考现实世界,会用数学的语言表达现实世界"(源自《义务教育数学课程标准(2022年版)》,简称"三会"),从而生成人生的智慧,形成健全的人格。这也是高中数学教育的核心所在,是我们立德树人的重要任务。

　　2020年,上海市普通高中教育迎来了"双新"(新课标、新教材)改革的浪潮,这场以创新教育理念为核心的教育变革,对教师的教学理念、学生的学习方式以及课堂教学产生了深远的影响。在这场变革中,高中数学教育面临着前所未有的挑战,但同时也孕育着巨大的机遇。面对这样的变革,我也曾经历过一段困惑和迷茫的时期。我不断思考如何将数学核心素养的培养有效地融入教学实践,如何实现数学教育的"三会"终极目标,以及如何帮助学生深刻领悟数学学习的深远意义。

　　为了解决这些问题,我决定深入参与这场教育变革的实践,开始了"三会"素养达成的探索之旅。本书是我这一路上的学习与思考、设计与实践、推广与迭代、总结与输出的记录。

　　首先,在学习中思考。在落实新课标要求的探索中,我深刻理解了数学核心素养,并掌握了新教材的理念。新课标侧重于通过数学核心素养的培养,整合课程内容,强化问题解决能力,并融入数学文化,旨在通过灵活的教学模式和多元化评价方式提升学生的数学素养。新教材强调知识的形成过程、知识点间的逻辑关系、数学知识的实际应用,以及对学生学习兴趣和能力的培养,尤其在情境创设、问题设计、习题配置等方面展现出创新和改进。

　　其次,在设计中实践。在"双新"改革的推动下,我深入研究了新课标和新教材的核心理念,并将它们融入我的教学实践中。我遵循着实践、认识、再实践、再认识的认知循环,以培育学生的数学核心素养为目标,不断地反思和优化我的教学方法和策略。

　　在这一过程中,我持续审视和评估自己的教学实践,迎接挑战,创新解决方案,并重新应用于实践,形成了一个自我实践探索的良性循环。这种迭代式的教学反思和实践,不仅加深了我对数学教学内容和方法的理解,还使我更加关注学生的个性化学习需求和反馈。通过这种持续的自我完善,我能够更精准地定位教学目标,更有效地调整教学策略,显著提升学生的数学核心素养。

再次,在推广中迭代。通过多次迭代实践,我总结了自己的教学成果,并在教师培训课程中以及区数学学科工作坊进行成果推广。我希望通过分享自己的经验和教训,帮助更多的教师提升教学水平,共同推动高中数学教育的发展。

在专家杨玉东教授的指导下,我们开发了《"三会"素养导向下高中数学新教材的创造性教学实践》课程,历时3个月的孵化,对高中数学核心素养的内涵进行了深入研究,并从"三会"角度探讨了其在实践中的策略和评价标准。我们选择了一系列具有代表性的案例进行分享和实践,以期推动教师和学生的共同进步。

2023年,我成为区领军人才后备和高中数学学科工作坊主持人。工作坊以项目研究为抓手,推进主持人和学员的进步,确定开展"三会"素养导向下培养高中生"数学眼光"的实践和研究,将"三会"素养和教学实践进行融合。

最后,在总结中输出。在学习与实践探索的基础上,还对"三会"素养导向下高中数学教学的实践与探索成果进行了总结,并汇集而成此书。

本书系统地总结了"三会"素养在高中数学教学中的应用路径。从理论层面深入剖析了"三会"素养的内涵、当前的教育实践现状及其理论支撑,为教学实践提供了坚实的理论基础;详细地探讨了单元化教学设计、教学组织方式的变革、课堂教学实践、教学评价、个性化作业设计等多个方面,旨在通过多样化的教学策略和方法,促进"三会"素养的广泛传播和实践;通过具体的案例分析和实际操作,以及实践成果的推广,为高中数学教师提供了具有可操作性的教学指导,以实现学生的数学素养全面提升,从而实现"数中悟道,学中生慧",为学生的终身发展打下基础。

本书的撰写和出版得到了许多教育界人士的无私帮助和建设性建议。我要特别感谢上海南汇中学康潇津校长、上海市崇明中学吴卫国校长、上海市洋泾中学王海平校长、上海宋庆龄学校陈双双副校长、华师大教师教育学院朱雁副教授、上海市育才中学尹德好老师、黄浦区教育学院寇恒清老师、普陀区教育学院陈兴义老师,以及上海南汇中学邬婷婷、宋磊、吴世星、张倩文、顾彦琼等老师和工作坊学员李以孝、唐双帆、徐姚安等。他们的支持和帮助对本书的完成至关重要。

在撰写本书的过程中,我参阅了许多优质文献,并引用了一些资料。由于篇幅有限,我未能将所有文献在正文中一一说明,但已在书后的参考文献中全部列出,在此表示衷心的感谢。作为一名一线教师,我将实践过程中的经验理论化,并再次实践。由于水平有限,书中的一些认识和观点尚不够全面,希望得到各位专家和同行的批评和指正。

严永芳

2024年6月

# 目　录

# 第一章 追梦"三会" 躬身入局

## ——缘起

每年高考结束后,撕书现象成为部分学校的一道"风景线"。学生们将教材、笔记撕成碎片,从教学楼上抛下,仿佛是在庆祝脱离了苦海。这一行为背后,反映出的是对学习的厌倦和对知识的不尊重。特别是对于数学这一学科,很多学生认为它只是应付高考的工具,而非提升思维、解决问题的途径。

作为一名从教近30年的高中数学老师,笔者对高考后学生的撕书行为深感震惊,并进行了深刻的思考。

这一现象不仅反映了学生受学习压力而感觉疲惫,也暴露了他们对知识的功利化的看法。特别是在数学学科中,这种现象更为常见,因为数学经常被认为是难以理解且与实际生活脱节的。学生将书簿撕碎乱抛以发泄情绪或释放压力,这一行为看似是对高中学习生涯的一种告别,但实际上却反映出他们对学习过程的厌倦和对知识的轻视。

对此,作为数学教师需要深刻反思:如何让数学教育回归到其本质,让学生真正热爱数学,理解数学的价值,并用数学的眼光观察现实世界,用数学的思维思考现实世界,用数学的语言表现现实世界?显然,传统的应试教育模式已经无法满足立德树人教育目标和培育学生核心素养的要求。

笔者认为,教育的目的不仅仅是应付考试,而应该是培养学生的兴趣和思维能力。数学教育应该注重培养学生的逻辑思维、解决问题的能力和创新精神,让学生在学习过程中感受到成就感和快乐。

为了实现这一目标,笔者尝试探索一些新的教学方法和策略,让学生在学习数学中发现数学的乐趣和价值。日常教学中,我注重与学生的情感交流,关注他们在学习中产生的压力和困扰,引导他们正确对待学习。笔者相信,只有真正了解学生的内心需求和情感状态,才能帮助他们建立正确的学习态度,激发他们积极的学习动力,学生才能获得全面发展。

## 第一节　新时代呼唤教育新变革

### 一、新时代背景下的教育改革

随着我国步入一个深化改革、扩大开放、推动创新、实现高质量发展的新时代,教育改革成为推动这一时代发展的动力之一。党和政府对教育改革高度重视,出台了包括《关于深化教育教学改革全面提高义务教育质量的意见》在内的一系列重大政策,旨在推进教育现代化,提升国民素质,培养具有创新精神的人才。

### 二、新课程标准下的数学教育理念更新

《普通高中数学课程标准(2017年版2020年修订)》和《义务教育数学课程标准(2022年版)》的颁布,为数学教育注入了新的活力。数学不再是简单的公式和定理的堆砌,而是转变成了培养学生逻辑思维、创新意识、应用能力的关键学科。数学教育开始注重学生的主体地位,强调学生的参与和实践,鼓励学生主动探究、合作学习,以此培养学生的数学核心素养。

### 三、"双新"背景下高中数学教学的挑战与机遇

在"双新"(新课标,新教材)背景下,高中数学教学面临着前所未有的挑战与机遇。挑战在于,新课程标准要求教师更新教育理念,改变教学方式,这对教师的教育教学能力提出了更高的要求。同时,学生需要应对更复杂的数学知识和更高的学习要求,这就要求教师引导学生进行深度学习,培养他们的数学思维和解决问题的能力。然而,机遇同样显著:新课程标准为高中数学教学带来了广阔的发展空间,教师可以根据新的教育理念开展教学创新,探索适应学生发展的教学方法,从而提升教学效果。

## 第二节　"三会"及研究实践现状

"三会"素养的理念来自《普通高中数学课程标准(2017年版2020年修订)》(简称《高中新课标》)提出的数学教育目标,即会用数学的眼光观察现实世界,会用数学的思维思考现实世界,会用数学的语言表达现实世界。有关"三会"素养的研究现状与文献综述旨在全面审视当前教育领域关于如何在高中数学教学中培养学生"三会"素养的研究成果与进展。

### 一、研究现状

目前,高中数学教学正逐步从传统的知识传授模式转向素养导向模式,尤其是在"三会"素养的培养方面。研究者开始关注如何将"三会"素养融入教学实践,通过创新教学方法、设计具有启发性的教学活动以及优化评价体系等方式,促进学生在数学视角观察世界、数学思

维思考世界和数学语言表达世界方面的能力发展。

## 二、文献综述

在文献综述部分,研究者综合了教育学、认知心理学、最新发展区理论、社会文化及行为经济学等多学科理论在高中数学教学中的应用。这些理论为"三会"素养导向下高中数学教学的实践与探索指引了明确的努力方向,有助于教师更有效地指导学生运用数学视角观察世界,运用数学思维思考世界,运用数学语言表达世界。

### 1. "三会"素养的内涵与外延

"三会"素养,即学生能够运用数学的眼光观察世界,运用数学的思维思考世界,运用数学的语言表达世界。这一概念强调的是学生在数学学习过程中所应具备的综合能力。信息素养涉及信息的检索、处理、分析和应用;数学素养涵盖数学思维、数学方法和数学应用;跨学科素养则强调跨领域的思考、方法和应用能力。在高中数学教学中,培育学生的"三会"素养,不仅能够提升学生对数学学科的理解和应用能力,还能够促进其综合素质和创新能力的全面发展。

### 2. "三会"素养导向下高中数学教学的现状

当前,我国高中数学教学大多延续传统的教学模式,侧重于知识的单向传授,而对学生能力的培养则关注不足。"三会"素养导向下,高中数学教学应当实现以下几个方面的转变:

(1) 从传统的知识传授向能力的全面发展转变。

(2) 从单一学科的界限向跨学科的融合转变。

(3) 从教师主导的教学模式向学生中心的互动式学习转变。

(4) 从应试教育的片面功利性向素质教育的目标转变。

### 3. "三会"素养导向下高中数学教学的方法与策略

在"三会"素养导向下,高中数学教学应当采取以下方法与策略:

(1) 项目式学习:通过参与实际项目,助力学生在实践中提升"三会"素养。

(2) 合作学习:鼓励学生参与小组讨论,培养合作精神和跨学科思维。

(3) 信息技术融合:利用现代信息技术,提高学生的信息处理和应用能力。

(4) 个性化教学:关注学生的个体差异,实施差异化的教学策略。

## 三、研究进展

近年来,有关"三会"素养导向下高中数学教学的研究取得了显著进展。研究者从不同角度探讨了如何有效地培养学生运用数学视角观察世界、运用数学思维思考世界,以及运用数学语言表达世界的能力。一些研究提出了创新的教学方法,如情境教学、合作学习、探究式学习等,以激发学生的学习兴趣并提高他们的参与度。另外,一些研究关注了学生的认知发展,提出了符合学生认知特点的教学活动设计。还有一些研究探讨了教学评价体系的改革,强调评价应全面考虑学生的学习过程、能力发展和素养提升。

## 四、存在的问题与挑战

尽管"三会"素养导向下高中数学教学的研究取得了一定的进展,但仍面临一些问题和挑战。例如,如何在知识传授与素养培养之间取得平衡,如何识别和满足每个学生的个体需求,如何设计有效的教学活动以促进学生的思维和语言表达能力的发展,以及如何改革评价体系以全面评估学生的能力等。

综上所述,本书根据当前的教育现状与文献综述全面审视了教育领域在高中数学教学中培养学生"三会"素养的研究成果与进展。通过对这些研究成果的系统梳理与评估,为我国的数学教学实践和研究提供有益的参考与启示。

# 第三节　"三会"实践的理论支撑

在"三会"素养导向下对高中数学教学实践与探索的深入研究中,教育学、认知心理学、最新发展区理论、社会文化及行为经济学等多学科理论为教学活动提供了全面的理论支撑。这些理论分别从不同视角探讨了如何有效地培养学生运用数学视角观察世界、运用数学思维思考世界,以及运用数学语言表达世界的能力。

## 一、教育心理学理论对本实践探索的作用

### 1. 建构主义理论

建构主义学习理论认为,学习是一个主动建构知识的过程,学生通过与社会互动、实践和反思来建构自己的认知结构。在高中数学教学中,教师应关注学生的主动参与和探究,引导学生发现问题、提出问题,从而培养学生的"三会"素养。

例如,在学习几何知识时,教师可以引导学生主动观察周围的环境,发现几何图形的存在,提出几何问题,并通过探究和合作来解决问题。这样的教学方式不仅激发了学生的学习兴趣,而且培养了他们用数学的眼光观察世界、用数学的思维思考世界、用数学的语言表达世界的能力。

### 2. 元认知策略

元认知是指个体对自己认知过程的认知,包括对学习目标、策略和效果的监控、评估和调整。在高中数学教学中,教师应关注学生的元认知发展,帮助学生建立有效的学习策略,提高解决问题的能力。

比如,在学习代数知识时,教师可以引导学生明确学习目标,选择合适的学习策略,并通过自我监控和评估来调整学习过程。这样的教学方式有助于学生用数学的思维思考世界,提高分析问题和解决问题的能力。

### 3. 情境认知理论对"三会"素养的指导作用

情境认知理论强调知识的学习应与实际情境相结合,通过解决真实问题来提高学生的素养。在高中数学教学中,教师应创设丰富的问题情境,让学生在实际操作中培养"三会"素养。

例如,在学习概率统计知识时,教师可以创设与学生生活密切相关的问题情境,如调查数据分析、投资风险计算等,引导学生用数学的眼光观察世界,用数学的思维思考世界,用数学的语言表达世界。

### 4. 认知发展理论

根据皮亚杰的认知发展理论,高中阶段的学生正处于运用形式运算阶段,具备抽象思维和逻辑推理能力。

例如,在学习几何时,学生能够运用数学的眼光观察世界,将实际问题抽象为几何图形,并用数学的思维进行推理和解决问题。因此,教师应关注学生的认知发展水平,提供适当的教学内容和策略,促进学生的数学思维发展。

### 5. 情绪智力理论

情绪智力是指个体对自己和他人的情绪进行理解和管理的能力。

例如,在学习数学时,学生可能会遇到困难和挫折,教师应关注学生的情绪状态,创设积极的学习氛围,帮助学生建立自信心和自主学习的能力。情绪智力的发展有助于学生在面对数学问题时保持积极的态度,用数学的眼光观察世界,用数学的思维思考世界,并用数学的语言表达世界。

### 6. 维果茨基理论

维果茨基的最近发展区(Zone of Proximal Development,ZPD)理论强调了学习者在他们最近发展区内的潜力。在这个区域内,学习者通过在更有经验的同伴或成人的指导下参与活动,能够达到比他们独立工作时更高的认知水平。在"三会"素养导向下,高中数学教学应设计教学活动,使学生在最近发展区内得到支持,从而促进他们的数学思维和语言表达能力的提升。教师应识别学生的潜在能力和需求,提供适当的挑战和引导,以帮助学生实现他们的最大潜力。

在高中数学教学领域,最近发展区理论对于培养学生的"三会"素养的探索与实践具有深远的指导意义。

1) 运用数学的眼光观察世界

在探讨函数概念时,教师应设计相关活动,引导学生观察并分析现实生活中的函数关系,如气温的波动、人口的增长等。由于部分学生可能难以独立完成此类观察与抽象思维任务,教师的提问和引导便显得至关重要。例如,教师可以提出下列问题:"这些数据是如何随时间演变的?""你能从中发现哪些规律?"通过此类互动,学生在教师的指导下学会观察与分析,增强了其以数学视角审视世界的素养。

2) 运用数学的思维思考世界

在几何证明的教学中,学生往往难以独立构建完整的证明过程。教师可以提供部分完成的证明框架,指导学生填补缺失的推理步骤。例如,教师可以给出证明的起始点和终结点,让学生自行思考并构建中间的推理逻辑。在这个过程中,学生需要在教师的辅助下运用数学思维解决问题,从而提升其数学思维能力。

3) 运用数学的语言表达世界

在概率论的学习中,学生或许能够理解概率的基本概念,但在使用数学语言进行精确表达和提出解决方案时可能遇到障碍。教师应通过提问和反馈,引导学生学会如何更准确地使用数学语言。例如,教师可以询问学生:"你能用数学符号来定义这个事件吗?""你能运用概率公式来阐述你的解答吗?"通过此类互动,学生能够在教师的引导下掌握使用数学语言表达问题和解决方案的技巧,从而提高其数学表达能力。

综上所述,最近发展区理论为高中数学教学提供了宝贵的理论资源,特别是在培育学生的"三会"素养方面。通过在学生的最近发展区内实施教学,教师能够有效地促进学生数学观察、思维和表达能力的全面发展。此种教学策略不仅有助于学生掌握数学知识和技能,而且能够提升他们的自主学习能力和问题解决能力。

## 二、教育评价理论对本实践探索的作用

下面从形成性评价、总结性评价和同伴评价三个方面进行详细论述。

### 1. 形成性评价

形成性评价是指在教学过程中为了了解学生的学习进展和指导教学而进行的评价。它关注学生的思维过程和知识掌握情况,以促进学生的数学观察、思维和表达能力的提升。例如,在教授函数概念时,教师可以设计一些观察和分析现实生活中的函数关系的任务,如气温变化、人口增长等。通过对学生在任务中的表现进行评价,教师可以了解学生在运用数学眼光观察世界方面的能力,并根据评价结果调整教学策略,提供个性化的指导和支持。

### 2. 总结性评价

总结性评价是指在教学活动结束后对学生的学习成果进行总结和评价。它主要用于评估学生在一段时间内对数学知识和技能的掌握程度。例如,在几何证明的教学中,教师可以设计一些综合性的问题,要求学生独立构建完整的证明过程。通过对学生的解答进行评价,教师可以了解学生在运用数学思维思考世界方面的能力,并给予相应的反馈和指导,帮助学生巩固和拓展所学的知识和技能。

### 3. 同伴评价

同伴评价是指学生之间相互评价和反馈的过程。它能够促进学生之间的合作和交流,提高学生的数学表达能力。例如,在讨论概率问题时,学生可以相互评价对方对问题的认识深度和解决方案的表达明确性。通过同伴评价,学生能够学会如何更准确地使用数学语言来表达问题和解决方案,提高他们的数学表达能力。

综上所述,教育评价理论对"三会"素养下的高中数学教学实践与探索具有重要的理论指导作用。通过形成性评价、总结性评价和同伴评价,教师能够全面了解学生的数学观察、思维和表达能力的发展情况,并根据评价结果调整教学策略,提供个性化的指导和支持。这种评价方式既有助于学生掌握数学知识和技能,又能够提高他们的自主学习能力和问题解决能力。

## 三、行为经济学对本实践探索的作用

行为经济学是心理学和经济学相互交融的领域,专注于探究人类在决策过程中的非理性行为模式。

现从有限理性、启发式和框架效应,以及社会偏好三个方面进行详细论述。

### 1. 有限理性

有限理性理论认为,人们在决策过程中往往受到认知局限性和信息处理能力不够的影响,无法完全理性地评估所有可能的选项。在高中数学教学中,教师可以利用这一理论来设计教学活动,以提高学生的数学观察和思维能力。例如,在教授概率论时,教师可以设计一些实验或游戏,让学生通过亲身体验来感受概率的概念,而不仅仅是抽象的公式推导。通过这种方式,学生可以在有限理性的基础上,通过实践和经验来观察和理解数学现象。

### 2. 启发式和框架效应

启发式和框架效应理论指出,人们在决策过程中常常依赖于简化的经验规则或者受到信息呈现方式的影响。在高中数学教学中,教师可以利用这一理论来优化学生的数学表达和思考方式。例如,在教授统计学课程时,教师可以通过不同的数据呈现方式来引导学生关注不同的统计量,如平均数、中位数或标准差。通过这种方式,学生可以学会如何用数学的语言来表达数据,并理解不同统计量的含义和适用场景。

### 3. 社会偏好

社会偏好理论关注人们在决策过程中对他人的关注和影响。在高中数学教学中,教师可以利用这一理论来培养学生的合作和交流能力。例如,在解决数学问题时,教师可以组织学生进行小组讨论,鼓励学生分享自己的思路和解题方法。通过这种方式,学生可以学会如何用数学的语言与他人交流和合作,提高他们的数学表达能力。

综上所述,行为经济学理论对"三会"素养下的高中数学教学实践与探索具有重要的理论指导作用。通过有限理性、启发式和框架效应,以及社会偏好等方面的应用,教师可以更好地促进学生的数学观察、思维和表达能力的全面发展。这种教学方式同样有助于学生掌握数学知识和技能,并提高他们的自主学习能力和问题解决能力。

总之,教育心理学、教育评价理论、行为经济学等多学科理论为"三会"素养导向下高中数学教学的实践与探索提供了丰富的理论依据。通过综合考虑这些理论,教师可以更好地指导学生运用数学视角观察世界,运用数学思维思考世界,运用数学语言表达世界,从而实现"三会"素养的数学教育目标。

# 第二章　先见森林　再见树木

## ——单元化教学设计

### 第一节　单元化教学设计是落实"三会"的抓手

《高中新课标》强调课程内容应具备结构化特征,提倡通过结构化整合来探索发展学生核心素养的路径。在教学实践中,教师可采用单元化教学设计来实现这一目标。在教学设计时,教师可借鉴前人的智慧,从宏观视角审视教材,强化每一单元内知识点之间的逻辑关系,以及单元与单元之间的内在联系,将相互关联的知识进行重组,培养学生综合学习和应用的能力,侧重于引导学生用数学的眼光观察、用数学的思维思考、用数学的语言表达。

单元化教学设计是一种强调"整体融合"的教学设计方法,其主要目标是发展学生的整体数学观念,旨在通过一系列有针对性的教学活动综合提升学生的思维和表达能力。单元化教学不同于传统的按课时划分的教学,它是通过多课时的学习来完成一个相对完整的知识单元的学习。教师要按照知识点之间的联系,将教材中的某一个单元或多个单元进行整合,综合运用各种教学方法和策略,帮助学生建构更完整和更清晰的知识体系,使其化被动学习为主动学习;优化学生的学习方式,强化学生的综合应用能力,从而达成"三会"素养的数学教育目标。

#### 一、进行单元整合,建构系统化知识体系,加深对知识点的理解

目前使用的数学教材,尽管采用了螺旋式上升的策略按照四条主线进行编写,但在一定程度上,知识点之间的联系依然被教材章节所分隔,学生需要时间思考才能重新唤起对前期知识的回忆。利用单元化教学设计,这个问题就可以得到较好的解决。教师需要深入研读教材,将本学期乃至本学年,甚至本学段有关的知识点进行串联,组合成前后有关联、更完整的新单元。通过建构完整的知识体系,学生对知识的产生和发展会有更深刻的理解和掌握,有助于他们建构系统化的知识体系,并对知识的来龙去脉了如指掌。当学生建构起完整的知识体系时,他们在解决问题和实践应用中才会更加游刃有余,同时达成"三会"素养的数学教育目标。

## 二、进行单元整合，优化学生学习方式，提高自主学习能力

在现行课程中，学生被动学习的比例依然比较大，如若想优化学生的学习方式，将被动学习改为主动学习，那么，可尝试单元整合教学。教师通过深入研读教材，把同一单元、不同单元，甚至不同学期的单元内容整合在一个新单元中，通过创设有趣的主题或项目等活动，以学生感兴趣的情境为切入点，引导学生进行自主探究、自主交流，尝试用数学的思维思考和分析，往往能激发学生的学习兴趣。在学生活动遇到某一难点或发生偏差时，教师进行适当点拨或纠正。以问题引导学生积极思考，往往会取得不一样的教学结果，更加有利于学生核心素养的提升，最终达成"三会"素养的数学教育目标。

## 三、进行单元整合，强化问题解决能力，增强数学应用意识

"三会"目标中的最后一点是"会用数学的语言表达现实世界"，其中就涵盖了数学建模及数据分析的核心素养，即学生的应用意识和实践能力。为了培养学生逐步达到"三会"中的这一"会"，教师需要增强数学活动的实践性和应用性。在实际教学中，教师从实际情境或问题情境入手，引导学生坚持学科立场，从数学的角度提出问题，运用数学的思维分析问题，再用综合的系统化的知识解决问题。想要解决一个综合性的或较高复杂性的问题，其囊括的方面往往不是单一的，倘若没有一个扎实的、全面的、系统的知识体系作为支撑，学生往往会产生"畏难"心理，举步维艰。如果教师通过深入钻研教材，整合单元知识，将问题解决所需要的基础知识进行罗列和整理融合，学生往往就对解决问题感到得心应手。

因此，单元化教学注重数学知识的实际应用，提升学生的数学思维和表达能力，有助于实现"用数学的语言表达现实世界"的要求，是落实"三会"的有力抓手。

综上所述，教师通过单元整合，将知识进行组合、融合并延伸和创新，对于学生的发展有着非常积极的作用，不仅能提高学生对单元知识的理解和应用，还能培养学生的自主学习能力和问题解决能力，从而满足"三会"素养的数学教育目标。

## 第二节 教学设计中实现"会看""会想""会说"目标的途经

为了实现数学教育的终极培养目标——"三会"目标，结合核心素养具体要求，高中数学教学设计可以从以下六个方面着手。

### 一、创设具体情境，发展数学抽象素养

在高中数学教学中，数学抽象的培养被视为一项关键目标，它涉及将现实世界中的数量关系和空间形式转化为数学概念、性质、法则和方法的能力。为了有效地促进学生抽象能力的发展，教学设计应采用情境创设的方法，通过构建具体且相关的情境，激发学生的学习兴趣和直观思考欲望，使他们能够在具体的情境中抽象出关键的数学对象或内容。

例如，在概率相关知识教学时，教师可以设计购买福利彩票的情境，让学生在现实生活

中体验中奖的情形,并在此过程中揭示重要的数学内容,从而加深学生对数学与生活之间联系的认识,并发展他们的数学抽象能力。

在教授平面几何或立体几何时,教师可以利用多媒体技术展示图形的运动变化过程,为学生提供动态演示,使他们能够身临其境地增强感性认识和理性认识。在讲解函数应用——函数的最值问题时,教师可以提出与实际生活相关的问题,例如关于"如何节支"和"如何促长"等人人关切的切身问题,引导学生在这些具体的问题情境中主动思考,并从中抽象出关键问题,为后续学习打下坚实的基础。

此外,教师还应当提供丰富的学习资源,如实物模型和多媒体演示,以帮助学生通过感官和实际体验进一步理解和抽象数学概念。通过这种方式,教师可以在教学设计中有效地培养和提高学生的抽象能力,使学生能够更好地理解数学的抽象概念,并在解决现实问题和思考现实世界中发挥数学思维的作用。

## 二、重视图形问题,强化直观想象能力

在高中数学中,直观想象也是核心素养之一,它涉及借助几何直观和空间想象来构建、处理和解决数学对象的能力。为了强化学生的直观想象,教学设计应重视图形问题的教学,通过培养学生的数学感知和形象思维,加深其对数形结合的感悟。

例如,在函数教学中,教师可以引导学生将函数与图像相结合,通过观察图像的变化规律来理解函数的性质并进一步深入研究。在解析几何教学中,引入丰富的图形问题,如轨迹问题和最值问题,通过观察图形的变化规律来理解解析几何的基本概念和性质。

在立体几何教学中,利用多媒体设备或模型实物向学生直观展示静态图样或动态过程,培养学生的空间想象能力。

在日常教学中,教师还可以采取以下策略:

强化学生利用图形解决问题的学习习惯,强调数形结合的重要思想,引导学生将抽象问题通过图形达到直观化和形象化;

帮助学生树立几何直观的意识,提高空间想象能力,整合多个单元的知识,引导学生体会几何直观在突破数学难点时的重要性,体会"以形助数"和"以数助形"的便捷性;

增强学生的数学作图能力,根据建构主义理论,给学生留出自主构建知识的时间和空间,便于学生及时进行总结和归纳。

综上所述,通过重视图形问题,在具体例题中强调数形结合的重要性,加强空间想象能力以及增强数学作图能力,可以有效强化学生的数学直观想象能力,从而落实"用数学的眼光观察现实世界"这一数学教育目标。

## 三、加强逻辑推理,培养逻辑思维能力

在高中数学教学中,逻辑推理能力的培养占据了核心地位,这一能力要求学生能够对事物的内在逻辑进行深入分析,并依据既有的逻辑规则推导出新的结论。这一过程涵盖了观察审视、分析比较、概括提炼等关键环节。为了强化学生的逻辑推理能力,教学设计应采用问题探究的方法,通过设置一系列有趣且有关联的数学问题,引导学生进行有序且合理的思

考,从而深入理解重要内容。

例如,在探讨函数最大值和最小值问题时,教师可以结合学生的生活实际,创设相关情境,激发学生的探索欲望,并引导他们深入思考从生活中最值问题到函数中最值问题的转化。在处理三角函数相关问题时,教师可以设计一系列层次递进的问题,引导学生逐步深入探究。问题作为探究的关键,能够有效启发学生,加速探究进程。

在教学方式上,教师应鼓励学生自主探索,并组织小组合作探究。对于简单问题,教师可以引导学生自行观察、实验、归纳或类比。在这个过程中,教师应给予学生充分的实践机会和探究空间,尊重学生的思路,引导他们自我发现问题和纠正不足,以更好地增强其逻辑推理素养。对于复杂问题或项目化的课题,教师可以将学生分成能力相近的小组,让他们合作探究,相互学习、帮助和启发,共同强化逻辑推理能力。

### 四、注重数学运算,提升运算技能

数学运算是高中数学的一个核心素养,它涉及根据运算法则对运算对象进行有序计算与解答的能力。强大的数学运算能力不仅能够促进学生的数学思维发展,还有助于培养学生分析问题时程序化思考的良好习惯,对综合问题的解决具有积极作用。为了提升学生的数学运算能力,教师可以设计变式问题,通过替换原题中的部分数据或改变原题中的某一条件,引导学生比较和分析不同的运算过程,并对运算结果进行比较,以此来检测学生灵活运用的能力以及随机应变的情商和智慧。此外,教师还可以设计一些没有标准答案的开放性问题,培养学生的自主探究能力,促进发散思维的形成。

综上所述,通过设置问题并利用问题链来串联整节课,让学生持续发现问题、思考问题和解决问题。在这个过程中,学生将不断提出问题,解决疑惑,从而提升问题意识和强化逻辑推理能力。同时,通过设计变式问题,有针对性地提升学生的数学运算能力,巩固运算方法,促进学生思维的应变性和敏捷性,培养发散思维,拓宽数学视野,从而进一步提升学生的数学运算素养,落实“用数学的思维思考现实世界”的目标。

### 五、融入数学建模,培养模型构建能力

为了提升高中生的数学建模素养,教学设计应加强对问题分析环节的设计,确保学生能够通过知识的综合应用,对问题进行多角度的分析并加以解决。教师应鼓励学生将现实生活中的问题抽象化,进而构建数学模型,并遵循如图2-2-1所示的步骤进行:模型准备、模型假设、模型建立、模型求解、模型分析、模型检验、模型应用以及问题解决。通过将问题分析作为教学的核心,教师可以引导学生将所学知识应用于实际问题的解决,从而实现知识应用的最大化。此外,教师应选择与学生生活密切相关的实际问题作为案例,以增强学生对数学与现实生活联系的认识,并激发他们对数学建模的兴趣。

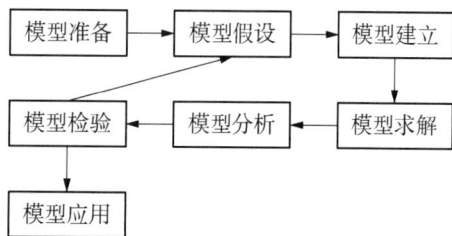

图2-2-1　构建数学模型

在小组合作学习模式中,学生可以通过交流

和合作,促进思维的跳跃性发展,进而产生新的思路和方法。这种模式不仅能够提高学生的数学建模能力,还能够让他们体会到数学建模在实际问题解决中的价值。通过这种教学设计,学生能够在复杂性和综合性的问题情境中,综合考虑多种因素,多角度思考问题,多层次进行模拟演练,最终提出最佳解决方案。

### 六、强化数据意识,提升数据分析能力

在提升学生数据分析素养方面,教学设计应包含调查活动的开展和统计分析的实践。在大数据背景下,数据分析素养对学生综合知识水平提升的重要性不言而喻。通过设计合适的调查活动或项目活动,教师可以引导学生亲身体验数据收集、数据整理、数据分析和信息提取的全过程。例如,在概率与统计单元的教学中,教师可以组织学生进行校园或社会调查,让学生自主选择适用的统计方法,并在教师的实时指导下完成整个调查过程。

通过这样的教学活动,不仅能够提高学生将所学知识综合运用到实际问题的能力,还能够提升他们对数据分析重要性的认识。在数据分析的过程中,教师应鼓励学生保持怀疑态度,避免对数据或结论的盲目信任,并尝试从不同角度、运用不同方法来处理和分析数据。这样的教学设计有助于学生在大数据时代背景下,更加深入地理解数据分析的技巧和方法,从而有助于加快实现"用数学的语言表达现实世界"的目标。

综上所述,教学设计应从创设具体情境、重视图形问题、强调逻辑推理、注重数学运算、融入数学建模和强调数据分析六个方面着手,以实现"会看""会想""会说"的目标,培养学生的数学核心素养。这些探讨为高中数学教学提供了理论依据和实践指导,有助于提升学生的数学素养和解决问题的能力。

## 第三节　单元化教学设计案例

### 案例1　《等式与不等式》单元教学设计

#### 一、课程标准解读

就上教版高中数学教材(以下简称上教版新教材)必修一第 2 章"等式与不等式"来说,其中等式、一元二次方程、一元一次不等式(组)及其相关内容在初中已经学习过,不等式的性质也有所涉及,只是在初中教学时没有加以系统提炼,学生在学习过程中会有熟悉感,也会产生轻视的心理,在高一的学习过程中需对这些内容进行梳理和进一步深化。解不等式和基本不等式对学生而言是全新内容,而对于分式不等式,学生容易与分式方程联系,也可能受到分式方程负迁移的干扰。因而在教学中,需要注意设计一些冲突,比如等式与不等式类比中的异同,从一元一次不等式推广到一元二次不等式的难度等促动学生,提高学生的重视程度和引发学生学习的兴趣。

等式与不等式是表示数量关系(相等关系与不等关系)的基本工具,对学生今后数学抽象、逻辑推理和数学运算素养的发展有着积极的促进作用。本单元的学习,可以让学生理解等式的性质与不等式的性质,积累运用类比方法的经验。

求不等式解集的过程称为解不等式。本单元介绍了一元一次不等式(组)、一元二次不等式(组)、分式不等式、含绝对值不等式等几类常见不等式的求解方法,强调不等式性质在解不等式中的重要作用,养成运用集合语言表示不等式解集的习惯。借助数轴和文氏图发展直观想象的素养,借助不同对象类比的应用提升数学抽象和逻辑推理的素养,并学会用恰当的符号语言表示,这也是数学"会看""会想""会说"的完美体验。

基本而又十分重要的不等式称为基本不等式。本单元介绍了平均值不等式和三角不等式这两个基本不等式,这是本章的重难点所在,对学生而言具有一定的挑战性。在基本不等式的证明中运用比较法、综合法、分析法等常用证明方法,发展逻辑推理的素养;在应用中梳理总结出基本不等式运用的经典模型,发展数学建模的素养。

等式与不等式,作为初中数学向高中数学的过渡内容,属于高中数学预备知识板块,是今后进一步学习数学的基础,起着承上启下的重要作用。在教学中,以学生熟悉的等式与方程为起点,引导学生通过类比,构建不等式性质和解不等式的常用方法。在基本不等式及其应用中,注意与前一章节"常用逻辑用语"中的子集与推出关系、反证法等内容的联系,发展逻辑推理的核心素养。等式与不等式的内容及课时数见表 2-3-1。

表 2-3-1 等式与不等式

| | | | |
|---|---|---|---|
| 2.1 等式与不等式的性质 | (1) 等式的性质与方程的解集 | 0.5 课时 | |
| | (2) 一元二次方程的解集及根与系数的关系 | 0.5 课时 | |
| | (3) 不等式的性质 | 2 课时 | |
| 2.2 不等式的求解 | (1) 一元一次不等式及一元一次不等式组的求解 | 0.5 课时 | |
| | (2) 一元二次不等式的求解 | 2.5 课时 | |
| | (3) 分式不等式的求解 | 1 课时 | |
| | (4) 含绝对值不等式的求解 | 1 课时 | |
| | 不等式的求解(补充与拓展) | 1 课时 | |
| 2.3 基本不等式及其应用 | (1) 平均值不等式及其应用 | 2 课时 | |
| | (2) 三角不等式 | 1 课时 | |
| | 基本不等式及其应用(补充与拓展) | 1 课时 | |
| 复习与小结(综合应用) | | 1 课时 | |

## 二、单元内容分析

### 1. 知识结构

本单元内容的知识结构见图 2-3-1。

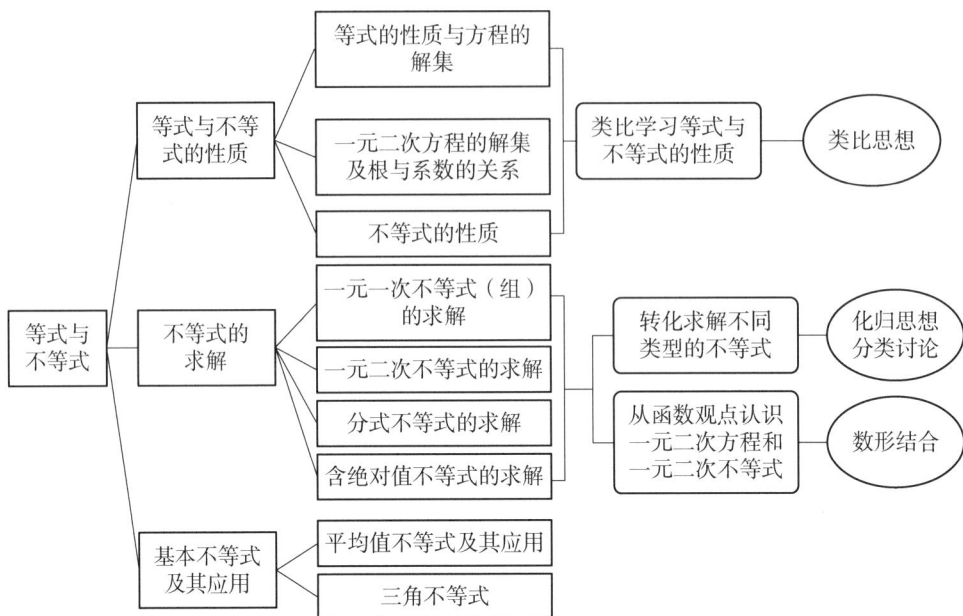

图 2-3-1 等式与不等式的学习内容展开

### 2. 知识联系

上教版新教材保留了二期课改教材中不等式的性质、一元二次不等式的求解、基本不等式等内容的安排,把分式不等式的求解、含绝对值不等式的求解与一元二次不等式的求解并列。根据初高中衔接和教学基础的需要,增加了等式性质和方程的解集、一元二次方程的解及根与系数的关系,一元一次不等式及一元一次不等式组的求解;增加了三角不等式,与平均值不等式合称为基本不等式。不等式证明不再作为小节单独列出,而是渗透在不等式的性质和基本不等式中。

### 3. 教学重难点

重点:不等式的基本性质,不等式的求解与证明,基本不等式。

难点:通过不等式的性质进行不等式的等价变形,用不等式的等价变形解不等式,基本不等式的应用。

### 4. 思想方法

类比推广、分类讨论、转化与化归、数形结合。

### 5. 数学核心素养

数学抽象、逻辑推理、数学建模、直观想象、数学运算。

## 三、单元教学目标分析

### 1. 单元教学目标

(1) 梳理等式的性质,理解不等式的概念,掌握不等式的性质;

(2) 经历从实际问题情境中抽象出不等式的过程,了解不等式的现实意义;

(3) 通过一元二次方程求解,推导一元二次不等式求解的方法,会用集合(区间)形式表示一元二次不等式的解集；

（4）通过符号判断，将简单的分式不等式转化为整式不等式，会用集合（区间）形式表示分式不等式的解集；

（5）通过含绝对值的不等式求解，提炼出定义法、分类讨论法和平方法等去绝对值的方法，会用集合（区间）形式表示含绝对值不等式的解集；

（6）掌握平均值不等式 $\sqrt{ab} \leqslant \dfrac{a+b}{2}(a, b > 0)$，能用平均值不等式证明简单的不等式；结合具体实例，能用平均值不等式解决简单的最大值和最小值问题；

（7）掌握三角不等式 $|a+b| \leqslant |a|+|b|$ 及其等号成立的条件，能用三角不等式证明简单的不等式；结合具体实例，能用三角不等式解决简单的最大值和最小值问题。

**2. 单元教学课时及目标安排**

等式与不等式的具体教学程序见表 2－3－2。

表 2－3－2 教学进度一览

| 主题 | 课时 | 课时教学目标 | 教学内容 |
|---|---|---|---|
| 2.1 等式与不等式的性质 | 0.5 | 理解恒等的意义，会求解恒等式中的未知系数 | 等式的性质与方程的解集 |
| | 0.5 | 会运用一元二次方程的韦达定理，求解简单对称多项式的值 | 一元二次方程的解集及根与系数的关系 |
| | 2 | 1. 会运用不等式的基本性质比较实数或代数式值的大小<br>2. 会运用比较大小的方法证明一些较简单的不等式 | 不等式的性质 |
| 2.2 不等式的求解 | 0.5 | 掌握不等式等价变形的方法，正确求解不等式，正确表达方程（组）和不等式（组）的解集 | 一元一次不等式及一元一次不等式组的求解 |
| | 2.5 | | 一元二次不等式的求解 |
| | 1 | | 分式不等式的求解 |
| | 1 | | 含绝对值不等式的求解 |
| 2.3 基本不等式及其应用 | 1 | 运用平均值不等式求解简单的最大值和最小值问题 | 平均值不等式及其应用 |
| | 1 | 运用三角不等式求解简单的最大值和最小值问题 | 三角不等式 |
| | 1 | 借助实际情境灵活运用平均值不等式和三角不等式及其变形求解最值和证明 | 基本不等式的综合应用 |

## 案例2 《幂函数、指数函数与对数函数》单元教学设计

### 一、课程标准解读

本单元针对上教版新教材必修一第 4 章"幂函数、指数函数与对数函数"，主要内容包

含:幂函数、指数函数与对数函数(以下简称幂、指、对函数),建议安排 8 课时,再加上复习小结单元评价 1 课时,结合教学需求在指数函数后加了一节函数图像的变换,总计 10 课时。

课程标准中指出"高中数学课程以学生发展为本,落实立德树人根本任务,培育科学精神和创新意识,提升数学学科核心素养"。经历幂函数、指数函数与对数函数的图像和性质的研究过程,对于培养与提升学生的数学抽象、逻辑推理、直观想象等方面的核心素养有着重要的意义;而建立幂函数、指数函数与对数函数的模型,并利用这些模型解决实际生活中的问题,对体会数学的应用价值,培养数学建模的素养会起到重要的作用。为了加深学生对幂、指、对函数的理解和综合应用,体会函数的应用价值,发展数学建模、数学抽象等素养,在学习了指数函数的应用及对数函数的应用之后,结合复习与小结可以进行"幂、指、对函数的综合应用——解决简单的实际问题"的教学,体会这些函数在解决实际问题中的作用,让学生感受到"数学来源于生活"。为了加深学生对幂、指、对函数图像的记忆,结合图像可以进行归纳,教授学生"函数健身操",将数学图像与肢体动作结合起来,以提高学生学习数学的兴趣。

从学生熟悉的幂函数中提炼出幂函数的一般定义,并借助幂函数的图像直观得到函数的性质,在此基础上进行严格的逻辑证明是本章研究的起点。本章的核心是以函数图像与代数运算研究函数的性质,类比幂函数的研究方法对指数函数和对数函数进行研究,找出其异同点,真正提升学生问题分析和问题解决的能力,即发展学生的"四基"(基础知识、基本技能、基本思想、基本活动经验)、提高学生的"四能"(发现和提出问题的能力、分析和解决问题的能力)。通过各类丰富情境的探究与实践活动,让学生意识到数学源于生活并服务于生活,认识到数学的科学价值、应用价值、人文价值和审美价值。在合作探究中,发展学生自主学习的能力,提升数学研究的兴趣和动力。函数的内容及课时数见表 2 - 3 - 3。

表 2 - 3 - 3  幂函数、指数函数与对数函数

| | | |
|---|---|---|
| 4.1  幂函数 | (1) 幂函数的定义及图像 | 1 课时 |
| | (2) 幂函数的性质 | 1 课时 |
| 4.2  指数函数 | (1) 指数函数的定义及图像 | 1 课时 |
| | (2) 指数函数的性质 | 1 课时 |
| | (3) 指数函数的应用 | 1 课时 |
| 函数图像的变换 | 平移,对称,翻折 | 1 课时 |
| 4.3  对数函数 | (1) 对数函数的定义及图像 | 1 课时 |
| | (2) 对数函数的性质 | 1 课时 |
| | (3) 对数函数的应用 | 1 课时 |
| 复习与小结 | | 1 课时 |

## 二、单元内容分析

### 1. 知识结构

本单元的知识结构见图 2-3-2。

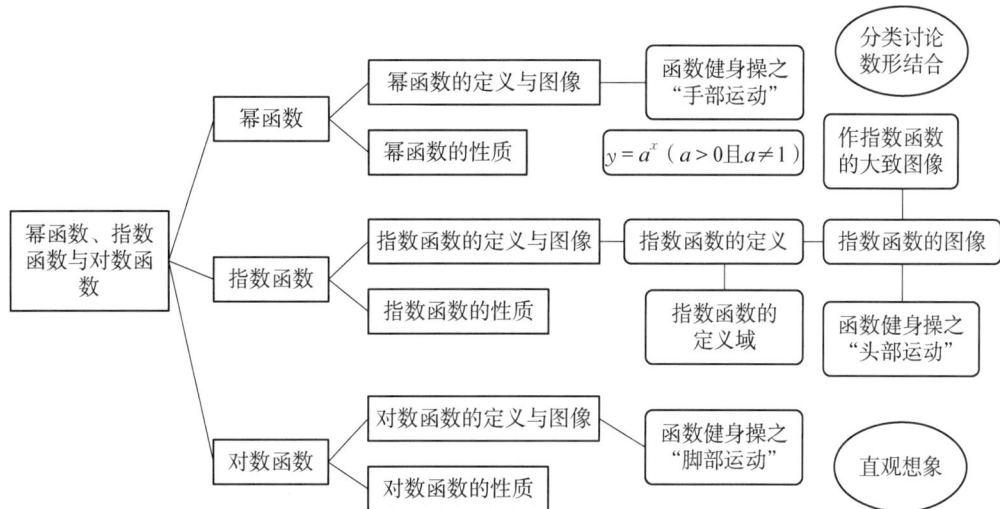

图 2-3-2 幂函数、指数函数与对数函数的学习内容展开

### 2. 知识联系

初中阶段学过一些基本的初等函数,如正比例函数、反比例函数、一次函数、二次函数等,从已有的且熟悉的函数出发,让学生初步体会函数是描述客观世界中变量之间的相互关系和变化规律的重要语言和工具。本单元将在上一单元学习幂、指数和对数的基础上,先定义幂函数、指数函数和对数函数,再通过图像和代数的方法研究它们的性质,为下一单元以它们为代表抽象出一般函数的概念,并进一步研究一般函数的性质及应用奠定基础。

### 3. 教学重、难点

重点:掌握幂函数、指数函数与对数函数的图像和性质。

难点:幂函数、指数函数、对数函数性质的证明。

### 4. 思想方法

类比推广、分类讨论、转化与化归、数形结合。

### 5. 数学核心素养

数学抽象、逻辑推理、数学建模、直观想象、数学运算。

## 三、单元目标解析

### 1. 教学目标

(1)理解幂、指、对函数的概念,掌握幂、指、对函数的图像特征与性质。

(2)在理解指数函数、对数函数的概念、性质的基础上,能灵活应用所学知识解决简单的问题。

（3）能利用常用的变换方法：平移、对称、翻折，画出函数图像。

（4）培养从特殊到一般的类比和数形结合的数学思想，发展学生数学抽象、逻辑推理的核心素养。

### 2. 单元教学课时及目标安排

幂函数、指数函数与对数函数的具体教学程序见表 2 - 3 - 4。

表 2 - 3 - 4　教学进度一览

| 主题 | 课时 | 课时教学目标 | 教学内容 |
|---|---|---|---|
| 4.1　幂函数 | 1 | 1. 能通过描点法得到幂函数图像<br>2. 掌握幂函数的概念、图像 | 幂函数的定义<br>描点法 |
| | 1 | 1. 掌握幂函数的性质<br>2. 培养数形结合的思想，了解图像与性质之间的关系 | 幂函数的性质 |
| 4.2　指数函数 | 1 | 1. 理解指数函数的概念<br>2. 能通过描点法得到指数函数的图像 | 指数函数的定义<br>描点法 |
| | 1 | 1. 掌握指数函数图像特征及性质并应用<br>2. 运用类比和数形结合思想，经历从特殊到一般、具体到抽象的研究过程，体验研究函数的一般方法，感受数学思想方法之美、体会数学思想方法之重要性 | 指数函数的性质 |
| | 1 | 在理解指数函数概念、性质的基础上，能应用所学知识解决简单的实际问题 | 指数函数的应用 |
| 函数图像的变换 | 1 | 能利用一些常用的平移、对称、翻折的变换方法，画出函数的图像 | 函数图像的变换 |
| 4.3　对数函数 | 1 | 1. 理解对数函数概念<br>2. 能通过描点法得到对数函数的图像 | 对数函数的定义描点法 |
| | 1 | 1. 掌握对数函数图像特征及性质并应用<br>2. 运用类比和数形结合思想，经历从特殊到一般、具体到抽象的研究过程，体验研究函数的一般方法，感受数学思想方法之美、体会数学思想方法之重要性 | 对数函数的性质 |
| | 1 | 在理解对数函数概念、性质的基础上，能应用所学知识解决简单的实际问题 | 对数函数的应用 |

## 案例3　《统计》单元教学设计

### 一、课程标准解读

本单元针对上教版新教材必修三第 13 章"统计"，主要内容包含：总体与样本，抽样方法，统计图表，统计估计，建议 10 课时，再加上复习小结单元评价 1 课时，总计 11 课时。

数据分析是统计的核心,是指针对研究对象获取数据,运用数学方法对数据进行整理、分析、推断和决策的过程。教育部制定的《高中新课标》第一次将"数据分析"与"数学抽象、逻辑推理、直观想象、数学运算、数学建模"并列作为高中数学核心素养,同时指出:"数据分析是研究随机现象的重要数学技术,是大数据时代数学应用的主要方法,也是'互联网＋'相关领域的主要数学方法,数据分析已经深入到科学、技术、工程和现代社会生活的各个方面。"

在统计学课程的教学中,应关注学生对于概念、方法、结论等的统计意义的理解,应重视信息技术的应用,鼓励学生尽可能运用计算机和计算器处理数据,不仅能避免烦琐的运算,而且通过学生自己的观察、尝试、思考及分析,做出判断,更好地积累数据分析的经验,体会统计学的思想。

注重过程评价,作为高中数学学科核心素养之一,数据分析素养的主要表现为:收集和整理数据,理解和处理数据,获得和解释结论,概括和形成知识。教学中可以围绕这些行为表现设计真实的情境,考查学生从实际问题中提炼有意义的统计问题、运用数据分析的方法和思路解决问题,并根据实际背景解释统计结果的能力。

关注学生统计思维和统计意识的培养,学生是否具有用统计眼光观察世界、运用统计方法解决问题的意识,是否理解统计思维与传统数学思维的差异、归纳推断与演绎证明的差异。很多统计问题,没有简单意义上的对与错,只有结合具体情境或目标的好与差。统计的内容及课时数见表 2-3-5。

表 2-3-5　统　计

| 13.1 | 总体与样本 | | 1 课时 |
|---|---|---|---|
| 13.2 | 数据的获取 | | 1 课时 |
| 13.3 | 抽样方法 | (1) 简单随机抽样 | 1 课时 |
| | | (2) 分层随机抽样 | 1 课时 |
| 13.4 | 统计图表 | (1) 频率分布表和频率分布直方图 | 1 课时 |
| | | (2) 茎叶图和散点图 | 1 课时 |
| 13.5 | 统计估计 | (1) 估计总体的分布 | 1 课时 |
| | | (2) 估计总体的数字特征 | 1 课时 |
| | | (3) 估计百分位数 | 1 课时 |
| 13.6 | 统计活动 | | 1 课时 |
| 复习与小结 | | | 1 课时 |

## 二、单元内容分析

### 1. 知识结构

本单元的知识结构见图 2-3-3。

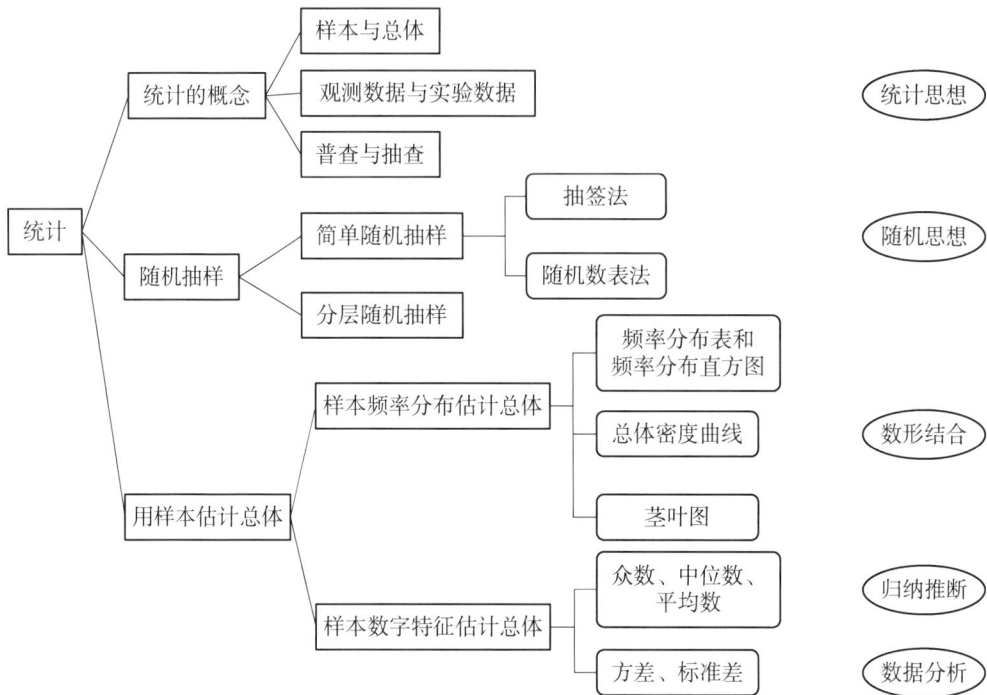

图 2-3-3　统计的学习内容展开

### 2. 知识联系

统计知识贯穿在基础教育的三个学段,在每个学段都要学习收集、整理、描述和分析数据的基本方法,但教学的要求随着学段的升高逐渐提高,螺旋式上升。通过本章的学习,可以帮助学生进一步学习数据收集和整理的方法、数据直观图表的表示方法、数据统计特征的刻画方法,通过具体实例,感悟在实际生活中进行科学决策的必要性和可能性;体会统计学思维与确定性思维的差异,归纳推断与演绎证明的差异,通过实际操作、计算机模拟等活动,积累数据分析的经验。通过经历较为系统的数据处理全过程,初步体会解决统计学问题的一般过程与方法。

### 3. 教学重、难点

重点:分层随机抽样、频率分布表和频率分布直方图、统计估计。

难点:统计估计。

### 4. 思想方法

随机思想、统计学思想。

### 5. 数学核心素养

数学建模、数据分析和数学运算。

## 三、单元目标分析

### 1. 单元教学目标

(1)通过实例分析,了解现实生活中的很多实际问题可以转化为统计学问题,了解总体、样本和样本量的概念,理解总体和样本的关系。初步感悟统计学研究对象的广泛性和不确定性。

(2) 能够根据收集数据的不同方法,判断所收集的数据类型是观测数据还是实验数据,知道获取数据的基本途径包括普查、抽样调查以及统计报表、年鉴或互联网等,知道普查和抽样调查的优缺点。

(3) 通过实例,了解简单随机抽样的含义及过程,掌握两种简单随机抽样的方法:抽签法和随机数法。通过实例,了解分层随机抽样的特点和适用范围,掌握各层样本量按比例分配的方法,能根据实际问题的特点,设计恰当的抽样方法解决问题。简单随机抽样是最基本的抽样方法,在分层抽样中,在每一层抽取样本时,也要使用简单随机抽样的方法。

(4) 会用常见的统计图表:频率分布表、频率分布直方图、茎叶图和散点图。使用这些图表来表示统计数据,通过一些典型的例子,使学生初步认识到不同的统计图表的优势与不足。学会根据不同的问题选择不同的统计图表,会制作统计表,绘制统计图,并用简单的语言描述统计图表呈现的信息。

(5) 体会总体分布的意义和作用,理解集中趋势参数、离散程度参数以及百分位数是描述总体分布的数值方法。体会用样本估计总体的思想,结合实例,会用样本的频率分布估计总体分布,会用样本的集中趋势、离散程度以及百分位数来估计总体的集中趋势、离散程度以及百分位数。

(6) 通过具体案例,以制定活动计划为出发点,即“明确研究问题—设计调查方案—收集数据—整理与分析数据—得出初步结论”,最后按计划实施,经历完整的统计过程。在不断积累统计活动经验的同时,增强统计意识,加深理解统计思想与方法,发展统计观念。

**2. 单元教学课时及目标安排**

统计的具体教学程序见表 2-3-6。

表 2-3-6  教学进度一览

| 主题 | | 课时 | 课时教学目标 | 教学内容 |
|---|---|---|---|---|
| 13.1 | 总体与样本 | 1 | 通过实例分析,了解现实生活中的很多实际问题可以转化为统计问题,理解总体和样本的概念,以及二者之间的关系 | 总体、样本、样本容量的概念,数据的随机性 |
| 13.2 | 数据的获取 | 1 | 能够根据收集数据的不同方法,判断所收集的数据类型是观测数据还是实验数据,了解获取数据的基本途径 | 数据获取的基本途径 |
| 13.3 | 抽样方法 | 1 | 掌握两种简单随机抽样的方法:抽签法和随机数法 | 简单随机抽样 |
| | | 1 | 了解分层随机抽样的特点和适用范围,掌握各层样本比例分配的方法 | 分层随机抽样 |
| 13.4 | 统计图表 | 1 | 学会制作频率分布表,绘制频率分布直方图,并体会其适用范围 | 频率分布表和频率分布直方图 |
| | | 1 | 学会绘制茎叶图和散点图,并体会其适用范围 | 茎叶图和散点图 |

（续表）

| 主题 | 课时 | 课时教学目标 | 教学内容 |
|---|---|---|---|
| 13.5　统计估计 | 1 | 体会总体分布的意义和作用 | 估计总体的分布 |
| | 1 | 理解集中趋势参数,离散程度参数 | 估计总体的数字特征 |
| | 1 | 理解百分位数是描述总体分布的数值方法 | 估计百分位数 |
| 13.6　统计活动 | 1 | 通过之前所掌握的统计知识,来解决实际生活中的问题 | |

# 第三章　小试牛刀　殊途同归

## ——教学组织方式的变革尝试

### 第一节　教学组织方式变革的原因

《国家中长期教育改革和发展规划纲要（2010—2020年）》把"育人为本"作为教育工作的根本要求，特别重视"要以学生为主体，以教师为主导，充分发挥学生的主动性，把促进学生健康成长作为学校一切工作的出发点和落脚点。关心每个学生，促进每个学生主动地、生动活泼地发展，尊重教育规律和学生身心发展规律，为每个学生提供适合的教育"。

《中国教育现代化2035》聚焦教育发展的突出问题和薄弱环节，特别强调"创新人才培养方式，推行启发式、探究式、参与式、合作式等教学方式以及走班制、选课制等教学组织模式，培养学生创新精神与实践能力"。

不难发现不管是哪个阶段的教育改革目标都是以"育人为本"，从学生的实际情况和身心发展规律出发，通过各种教学方式和方法创新性地培养学生的能力，促进学生的发展。传统的教学组织方式以高考为导向，更多关注基础知识和基本技能的传授，对学生能力和素养的提升关注较少。受到传统教学组织形式的影响，填鸭式、灌输式等单一教学方式使学生处于被动接受数学知识的状态，缺乏学习的主动性和探究的积极性，如此就无法有效落实对学生数学能力和素养的培养。

### 一、教学组织方式的内涵

教学组织方式是指在教学原则的指导下，为推进教学内容，实现教学目标，运用教学手段而进行的一整套师生相互作用的活动方式。教学组织方式是为完成教学任务而采用的办法，它包括教师教的方法和学生学的方法，是教师引导学生掌握知识技能、获得身心发展而共同活动的方法。教学组织方式是在教学过程中，教师和学生为实现教学目的，完成教学任务而采取教与学相互作用的活动方式的总称。

在当前"双新"改革的过程中，以"三会"素养导向下的数学教学中对学生数学核心素养的培养成为数学教育的最终目标，教师分析学生的特点，有针对性地对学生"会看""会想"和"会说"的"三会"素养的教育目标进行深入分析，选择多样的教学组织方式推进教学，以期更好地完成数学教学的目标和任务。在培养学生的过程中教学组织方式的改革发挥着很大的作用,根据"三会"目标的培养要求,教师选择启发式、探究式等多样的教学组织方式,精心设计有针对性的活动促进学生的学习和发展。为了适应社会发展和学生成长的需求,教师也需要充分认识到"双新"改革下数学学习内容、学习目标的变化对于教学组织方式的影响,单纯以知识为目标的教学已经成为"过去",在原有教学组织方式的基础上,在新型教育教学理念的支持下,开发更多有利于学生发展的新型教学组织方式,改变传统的教学方式和学习方式,借助更多丰富多彩的数学活动和数学实践,推动学生真正走进数学学习并将数学应用于现实生活中。教学活动的多样化将促成合理科学教学组织方式的形成,也可以满足不同层次学生的需要,为教学的个性化服务和学生的个性化发展做好充分的准备,这尤其对创新型人才的培养至关重要。

## 二、教学组织方式在教学中的作用

数学教学中对教学组织方式的研究和推进将对数学教学实践的提升具有重要的意义,这也与教学组织方式功能的发挥、教学效果的达成、教学任务的落实息息相关。当前,教育研究的过程中对教学组织方式的研究也是大家都非常关注的方向,对其在教学中发挥的作用也有了深刻的认识。

### 1. 教学任务的达成

合理教学组织方式的选择是教学任务达成的基本保证。教学任务的达成、教学目标的实现都需要借助教学组织方式来落实,教师在对课标、教材和学生做好充分分析的基础上进行教学设计,但是将教学设计在课堂中真正落实还需要教学组织方式的全程参与,可以说教学组织方式是教学任务完成的落脚点和催化剂。纵观从古到今的教学,不管是宋代以前的各级官学和私学,或是欧洲古代和中世纪的教育,他们均采用个别教学;目前普遍的教学组织形式都是一定数量的学生按年龄和知识程度编成固定的班级所采用的班级授课制;当然还有目前比较热门的"导师制""导生制"等,不管是哪个时代的哪一种教学组织形式,我们不难发现其都有对应的教学方式推进教学过程,借助恰当教学组织方式的渗透是一切教学活动的基础,它使教学任务真正落到实处,当然不同教学方式达到教学效果各有不同。

### 2. 教学质量的提升

教学组织方式对教学质量的影响不容小觑。在"三会"素养导向下的教学中,针对"会看"素养的培养,落实学生会用数学的眼光观察世界,势必引导学生借助几何学的直观、经验的抽象、知识的建构发展数学眼光,此时教师可以通过情境创设帮助学生回到思维的起点并实现思维的抽象化。合理情境的创设非常重要,教师经常借助生活化情境的创设来拉近数学与生活的联系,激发学生探究的兴趣,选择教学方式"引趣,激问"。针对"会想"素养的培养,学生根据情境创设得到的思维起点进行知识的结构化和整体建构,这就需要学生逻辑推理的融入,也是对学生数学思维的培养。由于学生的思维和能力有所不同,采用小组合作交流学习将对学生学习任务的高质量完成具有非常重要的意义。此时教师应选择合适的教学方式帮助学生深度学习并建立知识结构,以期将知识纳入学生的知识体系,可选教学方式

"会想，能辨"。针对"会说"素养的培养，学生在已有知识结构的基础上进行深入理解和灵活应用，此时教师应选择教学方式将"数学化"的数学模型应用于现实问题，通过发现问题、提出问题、分析问题和解决问题进行实际的应用。利用"数学化"的数学模型对"抽象化"的数学问题进行解答，选择恰当的教学方式非常重要。面对"三会"素养的培养要求，教学组织方式的选择对教学质量的提升具有很大的帮助，结合不同水平学生发展需求的培养方式也能实现学生个性化的发展。

### 3. 教学效率的提升

教学组织方式的选择决定教师和学生双方在教学中各种活动的开展，教学活动的各种形式在有助于教学任务和目的达成的同时也影响着教学效率。巴班斯基指出："按教学过程最优化的原则组织师生的活动时，'不单纯是提高它的效率，而且是要达到最优的'，即对该条件来说是最佳的结果。教学方式和教学效率之间有明显的关系：教学效率有规律地受制约于所选择的教学方式。"按照巴班斯基的理解，良好的教学方式不仅能提高教学效率，而且恰当的教学活动能使教学效率达到最佳效果。在教育教学发展的历史长河中，我们看到教学组织方式从单一教学方式到多种多样教学方式的演变历程，从中也真真切切地感受到教学效率由低向高、教育规模由小到大的变化过程。每一种教学组织方式都有其优点和不足，在教学中为了达到最优化的教学效果，教师通过选择不同的教学活动来组织学生的学习活动从而实现提升教学效率的目的。其实很多教学组织方式的选择也是由当前客观现实和客观条件所决定的，在曾经狭窄的教学空间和有限的教育资源的情况下，单一的教学方式确实有其存在的价值。随着教育改革的深入，"以人为本"教育理念的推进，传统教学方式显然难以满足当前数学教学的要求，各个阶段数学教育教学的终极目标都归结为"三会"。宋代以前的官学和私学只能采用个别化教学，采用单一的教学方式，只有极少部分官宦子弟享受良好的教育资源，虽能充分考虑每个学生的个体差异，但也造成当时教学规模小、教学进度慢和教学效率低下的教学状态。随着时代的进步，班级授课制和多种教学组织形式的崛起，教师每节课会针对具体情况选择合适的教学形式，以达到最好的效果和最高的效率。纵观教学发展的历史变迁，当传统教学形式局限性凸显时，总会有更优化的教学方式应运而生，为了提升教学效率，各种新型的教学组织方式如雨后春笋般出现，一切发展和改变都是为了更好地提升教学效率。

### 4. 情感的激发

教学组织方式中包括教师和学生的各种活动，教师在设计时不仅考虑知识能力目标，还应该充分考虑学生在教学过程中情感、态度、价值观的形成，利用各种活动激发学生数学学习的兴趣和数学研究的热情，这也是教学组织形式对学生情感培养的重要意义。换一种角度理解，借助于各种活动的设计和开展，教学过程中充分体现师生之间和生生之间的和谐交互活动，教师通过情境的创设和阶梯式问题的设计，引导学生思考和表达，肯定学生的表现，给予积极的学习鼓励和成功暗示；在概念生成和深入理解的过程中，教师通过知识建构，进行小组合作交流探究活动的开展，让学生体会合作交流对思维碰撞、提升的重要性，加强生生、师生互动，有助于培养学生良好的人际关系，形成健全的个性品质；在知识应用的过程中，放手让学生自主探究和开放性解决问题，不仅可以提升学生融会贯通应用知识的能力，而且也能提升学生未来发展所需要的核心素养,与此同时也能满足学生的心理需要,促进他们情感的健康发展,进而提高他们学习的主动性和积极性,体会"三会"的实际应用和感受数学与生活的联系。

## 第二节　教学组织方式变革的要素

如何激发出每个学生的数学学习的兴趣、能力和发展潜力是教学组织方式改变的原动力,这也是教育改革中"因材施教"需求的出发点。纵观当今世界教育之变革历程,教育工作者都想通过教学组织方式的转变和探索得到学生能力发展和素养提升效果的最大化。当前的高中数学教学组织方式是否与"双新"课改的现状相匹配? 如果不匹配,那么我们应该如何变革目前的高中数学教学组织方式,使其达到"双新"课改的要求和目标,实现数学教育教学的"三会"终极目标,这些也都是一线教师亟须讨论和解决的问题。教师分析课标、教材和学生的实际情况,在研究知识结构的特征、教师的教、学生的学和学生未来发展需求的基础上,获得由教学原则指导下所形成的一整套方式组成的、师生相互作用的活动能应用于数学的一般教学方案,以期达到教学目标和教学预期。从"双新"出发点阐述理解高中数学教学组织形式,努力构建与数学课程标准相适应的教学组织方式,不仅促进数学教育教学的发展,同时使其更适应教育改革的需求。

"在教学中如何设计教师和学生的活动促进学生的主动学习和深入理解? 教师如何组织不同的教学形式与学生的学习发生联系? 教学活动按照什么样的程序有序开展? 教学内容如何经过结构化处理并纳入学生已有的知识体系? 教学时间如何分配?"等问题就是教学组织形式改革所需思考和解决的问题。教学活动的质量和效果受到教学组织形式的影响较大,在教学的其他条件一致的情况下,教学组织方式的不同会带来不同的教学效果。结合当前"双新"课改的教学组织形式的不同情况,我们应该充分变革教学组织方式,使其具有多样性、针对性、灵活性、发展性。

### 一、教学组织方式的多样性

高中数学学习对学生数学学习能力提出了更高的要求,学生只有在具备良好核心素养的前提下才能为后续知识的推进打下基础,才能学会主动架构数学知识和掌握正确的学习方法,从学生发展需求出发应该考虑数学教学组织形式的多样性。从学生知识发现角度出发,可以从情境创设角度来设计活动,聚焦学生数学抽象、直观想象的核心素养,实现"会看"目标;从学生知识发展角度出发,通过设计问题、知识结构化、优化课堂教学内容等形式强化学生的数学思维能力,通过小组合作交流等不同活动方式提升逻辑思维能力,聚焦逻辑推理、数学运算的核心素养,实现"会想"目标;从学生知识应用角度出发,以活动和项目化组织教学,使学生在实际应用中以模型思想为导向,聚焦学生数学建模、数据分析的核心素养,实现"会说",从而真正实现"三会"目标。

## 二、教学组织方式的针对性

从高中数学知识结构建构的要求出发应该更多关注教学组织形式的针对性，"双新"课改对于大单元教学设计和主题教学设计的主张来源于数学知识结构化的要求，从整体上对模块的数学知识进行系统化处理，更便于学生的学习和掌握。分析高中数学内容，教师可以对每一类数学课型进行程序化设计。借助程序化设计，使教师的教学设计和教学组织形式更有针对性，使学生的学习更高效。

譬如在新知学习全新数学概念（定义）的教学中，分为概念建构—概念理解—概念应用—概念升华四个阶段开展，主要实施方法：概念建构（情境问题、比较共性、抽象概括）—概念理解（概念剖析、概念分解、概念辨析）—概念应用（辨析事物、变换表征、厘清思路）—概念升华（系统梳理、建立结构、揭示本质）。适用内容为：对数的概念、函数的奇偶性、函数的单调性、函数的最值、函数的零点等。

又譬如在单元复习的教学中，分为知识梳理—结构呈现—巩固应用三个阶段开展，主要实施方法为：知识梳理（问题线索、习题线索、知识串联）—结构呈现（知识罗列、图示呈现、思想方法）—巩固应用（典型问题、综合问题、拓展问题），适用内容为：数列复习课、函数复习课等。

## 三、教学组织方式的灵活性

教师在数学实际教学过程中，依据不同教学内容的恰当结构化处理方式，从中不仅帮助学生有效掌握直接经验，与此同时也让学生收获间接经验。在教学实践过程中，教师在课堂教学中设置有利于学生自主学习的情境与问题，引导学生进行深度思考与小组交流，这与教师前期的"课堂预设"吻合，利用已有的教学组织形式推进。但是教学过程中不免出现不同学生在教学过程中"即时生成"，此时教师可以选择灵活的策略和组织有效的方式合理应对学生实际学习情况所出现的情境"空白"，这种教学形式的灵活性尤其能够考验教师的应变能力和基本素养，充分利用这种灵活性不仅增加数学课堂的趣味性，也能更好地促进学生相关的基本技能、知识与思想方法的掌握和应用，而且还能最大限度地丰富学生的学习体验，推动学生创新型学习的开展，从中真正培养学生发现问题、分析问题并独立解决问题的综合能力。

## 四、教学组织形式的发展性

数学教学组织方式的变革充分考虑学生的差异性和对于不同知识的需求，为了学生更好地发展，这就要求教学组织形式具有发展性。例如在上教版新教材必修二"三角"章节"正弦、余弦和正切"教学之后，开展"三角函数线"的项目化学习设计，通过项目研究的形式，借助小组合作的方式主动探究三角函数线的基本概念，掌握三角函数线的作法和一些简单的应用，并利用它解决一些具体问题。教师通过以项目化学习的要求引导学生通过实际需求提出问题，将实际问题抽象后进行研究分析，借助三角函数线的概念进行应用实践，将课内知识和课外延伸衔接起来；在研究过程中，学生完全是学习的主体。教师在学生研究遇到

"瓶颈"时给予适时的帮助和指导,让学生真正完成课内知识方法的外显过程,实现知识和能力的迁移,了解知识所形成的整个过程;在推进过程中,对于学生理解有难度的地方,教师可以利用多媒体技术(几何画板、GeoGebra 软件等)进行数学实验体验,不仅通过直观图像设置思维梯度,也可以通过几何图形进行验证。最后鼓励学生进行拓展知识研究的系统化交流,将拓展知识形成和应用过程中的方法、经验进行内显,项目化教学组织方式不仅拓宽学生的数学视野,而且能为学生的未来发展做好充分的准备。

综合考虑数学知识内容和学生的实际情况,教学组织形式有了巨大的变化,丰富了当前的数学课堂教学,也取得较好的教学效果。这一切使"三会"目标的达成和数学核心素养的落实成为现实,也使学生未来发展具有更大的潜力和实力,其中"问题组织教学、结构组织教学、活动组织教学和项目组织教学"等方式受到一线教师的青睐,也在当前教学中得到越来越多的实践和应用。

## 第三节　课堂教学组织方式的探索

### 一、以问题组织教学

#### (一) 什么是以问题组织教学?

##### 1. 以问题组织教学的内涵

问题组织教学从古到今一直被教育工作者所关注,孔子曾在《论语·述而》中说:不愤不启,不悱不发。意指还没到学生尽力想搞清楚,但仍然搞不清楚时,先不要考虑开导他;还没到学生心里清楚,可又无法完善表达清楚时,也不要主动启发他。从中不难看出思考对学生理解的重要性以及教师适时指导对学生提高的关键性,当然不能忽略经恰当思考的"问题"提出和应用。顾泠沅先生曾对课堂教学中的"问题"进行了深入的研究并且给予充分的肯定,他认为"问题"是课堂教学的起点、是学生思维发展的生长点,也是学生能力提升的着力点,以"问题"开展教学有利于教学内容的有效推进,同时鼓励学生积极参加数学教学活动,以激发学生对数学学习的兴趣。他明确指出当前学生数学学习中的最大问题是不会提出问题,因此教师应该引导学生积极思考,鼓励学生根据自己的学习经验和总结自己学习过程中的困难,主动提出问题。当然,教师更应该关注教学过程,在充分了解教材和学情的基础上,引导学生积极思考,自主分析问题和解决问题。

从现代教学理论角度而言,以问题组织教学是指在教学过程中以"问题"为主线开展教学,学生借助自主学习、合作交流等多种方式解决问题,同时在教学过程中发现生成问题的基础上,师生开展合作探究、交流分享的课堂教学形式,这是一种教师利用新的教育理念和教学方法开展教学的课堂教学新模式。以"问题"组织教学与以"讲授为主"的传统教学模式有着明显的区别:当学生在问题情境下,无法利用现有知识、经验解决问题时,教师不会直接提供帮助或者给出所需知识,而是通过激发孩子的好奇心、质疑心、探究欲,设置有趣、有向、有阶梯的问题引导学生自主探究、合作交流来自主发现问题、提出问题、分析问题和解决问题,让学生主动学习,摆脱被老师牵着走的被动学习状态,通过新知推进过程的完整体验真正成为知识的主动发现者。

教师在课程标准指导下,结合教材和学情确定教学目标,根据教学目标和学生的实际水平创设问题情境,设置由浅入深、由易到难的问题链,激发学生数学学习的兴趣和探究的主动性,引导学生以"问题"为"核"进行积极思考,通过主动学习、小组合作、交流反思等各个环节推进数学学习,从中提升学生发现问题、提出问题、分析问题和解决问题的能力。从效果达成来讲,以"问题"组织教学,将数学概念、公式等新知和学生思维的难点进行分解,以问题链的方式,以"问题提出"为突破口,以"问题分析"为关键点,以"问题解决"为攻坚方向,加深学生对新知的理解和应用,养成良好的思维习惯,提高学生数学学习和研究的主动性,也会增强学生数学的学习能力。在这种教学模式下,数学课堂比传统课堂更有活力和乐趣,符合学生的认知规律,能引导学生积极参与活动和主动思考。在教学过程中,学生的问题意识和能力得到了最大程度的提高,最终实现了其"四能"和"四基"的提升,达成了"三会"目标。

**2. 以问题组织教学的特征**

**1) 学生主体地位的凸显**

以"问题"组织教学与传统的教师灌输、学生被动接受的教学状况完全不同,教师通过设置恰当的问题,让学生以解决问题为目标完成思维的过程,学生在过程中完全处于主体地位,教师在过程中往往是引导者或者协助者。比如,在向量数量积公式的推导过程中,以物理中力做功的问题开始引入,由于学生已有物理知识的基础,教师设置从物理问题到数学问题的铺垫,鼓励学生大胆定义数学中向量数量积的运算,学生完全有能力在问题的引导下得到数量积的概念,并且对向量夹角做出定义。过程中的类比迁移使学科融合得以实现,学生将物理中的结论向数学迁移时会养成继续思考的习惯,以后在数学中的概念、公式能不能也向物理迁移呢?抑或是在物理中的概念、公式能不能向数学再迁移呢?以问题为引导,在新知推导过程中借助问题逐层深入,学生在过程中借助已有知识和积累,勇于表达自己的想法,让其真正参与教学过程中,在很大程度上改变了教师过于权威性的现状,真正实现了学生的主体地位。

**2) 与生活实际相融合**

"问题与情境"紧密相连,是核心素养评价的四个方面之一,"双新"课改对于情境创设的要求也同样关注其与生活实际的联系。从学生熟悉的背景知识和生活中找到问题情境的切入口,不仅让学生感受知识的连续性和数学来源于生活,也让学生内心更加容易接受新知的推进,无形中有了亲切感,更加容易克服对探究的畏惧感。

譬如,在教授函数概念的第一课时,可设置如下问题与情境。

**问题 1** 你学习过哪些函数? 能否举几个例子?

**问题 2** 在初中数学中,"函数"是如何定义的?

**问题 3** 下列各情境中的两个量之间的关系是否为函数关系?

**情境 1** 中国体育代表团参加近五届奥运会获得的金牌数 $y$(枚)随参赛年份 $x$ 变化的情况(见表 3 - 3 - 1)。

表 3-3-1　奥运金牌数

| 年份 $x$ | 2004(28 届) | 2008(29 届) | 2012(30 届) | 2016(31 届) | 2021(32 届) |
|---|---|---|---|---|---|
| 金牌数 $y$/枚 | 32 | 51 | 38 | 26 | 38 |

**情境 2**　上海市某年 8 月上半月每天的最高气温 $T$(单位:℃)随日期 $t$ 变化的情况(见图 3-3-1)。

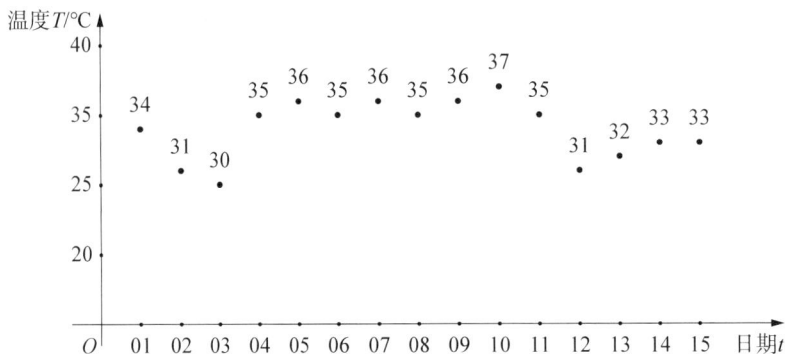

图 3-3-1　最高气温

**情境 3**　上海的出租车价格规定:起步费 14 元,可行 3 km;3 千米以后按每千米 2.5 元计价,可再行 12 km;以后每千米都按 3.75 元计价(假设每一次乘车的车费由行车里程唯一确定)。按上述规定,研究出租车车费 $y$(元)与行车里程 $x$(km)之间的关系。

以初中已有函数知识为切入口,可增加学生对函数概念的熟悉感。依靠生活实际背景提出问题,引导学生自主抽象出函数的概念,提升学生数学抽象的能力,会增加学生学习数学的敏锐度,使其在平时的学习中更容易从生活中提出数学问题,从而具备发现数学问题的数学眼光。其中,诸如奥运会年份和金牌数的函数关系问题还可以融入爱国主义教育的德育元素。

譬如,在教授等差数列的第 1 课时,从生活中举出一系列典型例子,如按序堆放的饮料箱每层的箱数、存入银行 10 万元按单利计息每年的收益、班级同学每天递进式背英语单词的总数量等等,根据生活实例总结出一系列数的共同特征的问题,学生不难抽象出等差数列的定义:从第 2 项起,后一项减去前一项都为同一个常数。以此为契机,学生自然而然地联想到从第 2 项起后一项比前一项为同一个实数的情形,为等比数列研究做好铺垫。通过让学生观察实际生活中的背景问题,引出数学课堂教学的核心"问题",更容易引发学生数学探究的兴趣和信心,激发了他们进一步研究的愿望,实现学生从"学"数学到"用"数学的巨大转变。

3) 学生合作交流的平台

在以"问题"组织教学的课堂中,通过教师不断提出问题和学生自身提出问题,课堂无形中就会增加很多师生、生生间的交流互动,主动参与的学习过程会让学生感受到轻松愉悦的学习氛围,比传统"灌输式"教学中学生被动接受有更好的学习体验。同时,教师根据不同的问题难度,设置不同的推进方式,比较简单的问题由学生直接自主解决,综合性问题教师可以安排小组合作或者采用活动探究的方式,通过小组合作探究,利用集体智慧或者伙伴协助的力量共同解决问题,培养了学生的合作意识,在此基础上进行小组汇报交流,也能增强学生分工合作和交流反思的能力,为实现"三会"目标提供展示的机会和平台。

### (二) 如何以问题组织教学

以"问题"组织教学的教学模式对学生学习推进和能力发展而言具有重要意义,教师将教学目标"问题"化,针对学生学习的重点和难点,以问题为载体,在学生学习有困难时给予适当的引导,鼓励学生自主解决,教学过程的推进符合学生认知发展的规律。整个过程的实质是问题解决的过程,也是学生认知提升发展的过程,为学生的学习做出正确的问题导向,同时注重学生问题意识的培养,真正促进学生"四能"的发展。这种教学模式下新型的师生关系得以确立,充分发挥学生的主体作用,借助师生、生生之间的交流建立良好平等的合作交流关系。结合高中数学的课堂教学实践,利用"五步骤"在课堂教学中将"问题"推进,分别包括:结合实际,巧设问题(发现问题);精心预设,提出问题;点拨引导,分析问题;小组合作,解决问题;拓展探究,反思问题。与此相对的就是教学"五环节":创设情境,导入新课;归纳提炼,引入新知;概念辨析,探究新知;合作交流,建构新知;迁移应用,反思提升。其中"五步骤"和"五环节"的关系如图3-3-2所示,将"问题"贯穿教学的始终,学生在整个过程中按"题"索骥,在教师的适当引导下,利用自主学习和合作探究完成新知建构,成为课堂的主体,享受学习的乐趣和成就感。

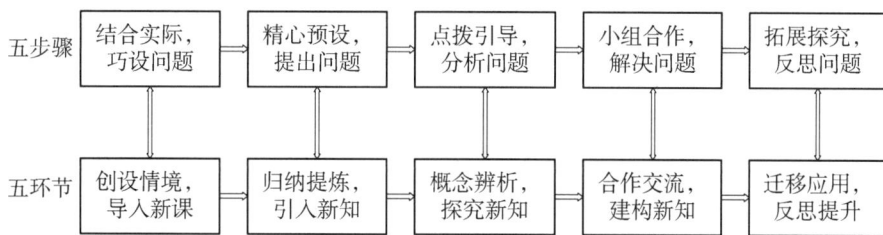

图3-3-2 "五步骤"与"五环节"的关系

教学中以"问题"组织教学的"问题"来源一般是指:①预设性问题。教师在教学设计时的预设问题,是教师根据课程标准、教学目标、教学内容和学生实际水平,在教学设计时提前设计好的针对性问题。②生成性问题。随着教学的推进,在教学过程中面对预设的问题和新知探究衍生出的新问题,需要生生或者师生共同解决。③拓展性问题。教师为引导和启发学生更好地解决问题或对新知进行进一步拓展应用而提出的拓展性问题,为学生思维提升和能力提高做好充足的准备,对学生而言有一定的挑战性。

结合以"问题"组织教学中的"五步"和"五环",制订如下教学策略。

#### 1. 问题情境导入,激发学习兴趣

"问题"导入是以"问题"组织教学的第一步,吸引学生的情境导入可以最大限度地激发学生学习的兴趣,也是课堂教学成功的起点,影响着后续环节的有序推进,为整节课的走向做出准确的定位。在课堂教学中教师以"问题"组织教学,毋庸置疑"问题"要与教学目标和

教学内容息息相关,教师一定要注意在设计导入环节的问题时除了考虑与教学目标、教学内容高度契合之外,还需要充分考虑学生的兴趣和水平,选择的问题情境应能一下子吸引学生的注意力,同时能够激发学生对新知探索的渴望,从而快速进入对问题的积极探索中,顺利切换到教学预期的发展轨道。

譬如,在讲述函数性质之一——奇偶性的第 1 课时,教师在问题情境创设时,先播放了一段 2024 年巴黎奥运会和残运会体育图标视频,配着激扬音乐的视频,一下子就将学生的视线牢牢抓住,在此基础上截取具有典型特征的图片,完成引例的问题。

**引例 1**　观看 2024 年巴黎奥运会、残运会体育图标视频和图片(见图 3-3-3),说说它们体现了哪些对称美?

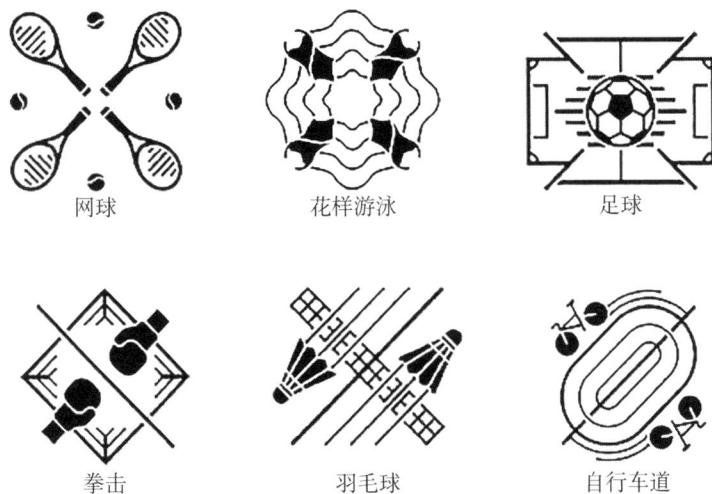

图 3-3-3　体育图标

**引例 2**　观察下列函数的图像,判断函数图像的对称性(见图 3-3-4)。

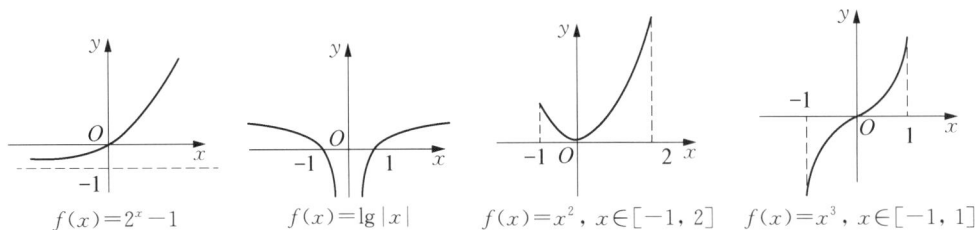

$f(x)=2^x-1$　　$f(x)=\lg|x|$　　$f(x)=x^2,\ x\in[-1,2]$　　$f(x)=x^3,\ x\in[-1,1]$

图 3-3-4　函数图像

**问题**　如何用符号语言描述函数图像对称性的特征?

一段视频、一组图片和函数图像,成功地激发学生学习的兴趣,契合目标的情境创设也是"问题"的导入,引出图像对称的问题和图像对称特征用数学语言表示的问题,成功将学生的思维拉进函数奇偶性研究的氛围中,提升学生数学抽象、直观想象的核心素养,让学生学会用数学的眼光观察世界。

**2. 新知问题预设,引导学习方向**

　　教师和学生在教学目标的指引下进行教与学,在当前"知识应用问题化,问题设计情境化,情境创设多样化"的新教育理念召唤下,在导入情境中提出问题,并有相应预设问题的延续,对学生新知的接受而言也是至关重要的。通过预设问题的思考和研究,在教学过程中学生对本节课的学习目标明明白白,使整节课的走向和流程中凸显明确的目标性,利用"问题"引导学生学习的方向。

　　譬如,在教授函数的最值第 1 课时,可设置如下几个问题。

　　**问题 1**　这是 2023 年上海全年温度曲线图(图 3-3-5),可以得到全年 12 个月每月日均最高气温和日均最低气温值,请问哪一个月日均气温最高? 哪一个月日均气温最低? 如何判断最高和最低?

每月天气走势

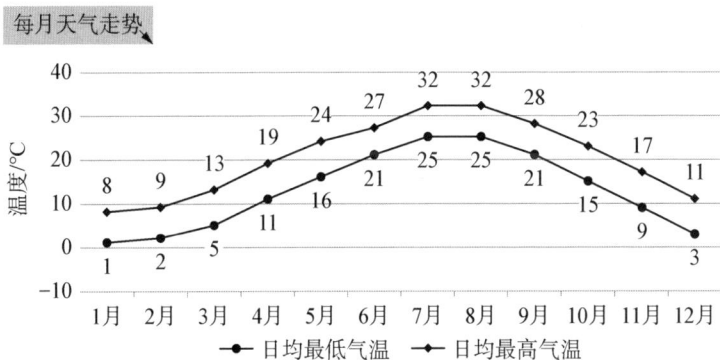

图 3-3-5　全年温度曲线图

　　**问题 2**　当 $x > 0$ 时,$x + \dfrac{1}{x}$ 的最小值是多少? 何时取到最小值? 当 $x > 0$ 时,$x + \dfrac{1}{x}$ $\geq 2 \geq 1$,可以据此说 $x + \dfrac{1}{x}$ 的最小值是 1 吗? 为什么?

　　**问题 3**　"对于定义在 $D$ 上的函数 $y = f(x)$,$M$ 是函数 $y = f(x)$ 的最小值",如何用符号语言描述呢? 定义中的"任意"改成"存在"行吗?

　　**问题 4**　类比函数最小值的定义,函数最大值该如何定义?

　　从问题 1 引出生活中的最值问题,从问题 2 引出代数中的最值问题,利用预设问题:"当 $x > 0$ 时,$x + \dfrac{1}{x} \geq 2 \geq 1$,可以说最小值是 1 吗? 为什么?"引发学生在已有直观理解的基础上对最小值概念进一步思考。问题 3 激发学生将引例中最值概念抽象成符号语言表示,在预设问题的加持下准确表述概念,得到新知。问题 4 引导学生将函数最小值概念与最大值概念作类比。在一系列预设问题的引导下,学生将本节课教学目标与"问题"建立密切联系,有助于使"问题"的指向更清晰,让学生能更好地借助问题将目标落实。教师在教学设计时将"教学目标"转化成"问题"进行外显,教师结合学生的实际水平设计一系列系统性、逻辑性的"预设问题"使教学目标内化,提升学生数学抽象、直观想象的核心素养。

### 3. 辨析问题推进，促进深层理解

在获得新的概念、定义或者公式时，需要借助"问题"对新知进行辨析，以便掌握新知的内涵和外延，从而实现对新的概念、定义或者公式认识的深化，促进学生对知识的深层理解。"辨析问题"是指在新知形成的基础上，通过设置层次性、阶梯性问题，即不同层次且有梯度的问题，帮助学生加深对新知的理解，主要目的是促进学生灵活运用文字语言、数学符号语言和图形语言结合自己的理解准确表述新知。教师要注意在学生碰到困难或者表述不完整时给予适当的引导和指点。

譬如，在教授直线与平面位置关系之一——直线与平面的垂直的第 1 课时，学生学完直线与平面垂直的定义后，可设置"问题：请同学们思考如何用文字语言、符号语言和图形语言分别对直线与平面垂直的概念进行描述？"加深学生对直线与平面垂直的定义的理解。在用"三种语言"表述定义的基础上，通过一系列情境问题、预设问题概括得到直线与平面垂直的判定定理的文字语言表述，这对学生而言难度不大，此时引导学生用"三种语言"来表述判定定理也顺理成章，而学生却在此处碰到了困难，接着可设置如下问题。

**问题 1**　若想一条直线与平面垂直，需要平面中几条直线与这条直线垂直？

**问题 2**　平面中两条直线与这条直线垂直，就能得到这条直线与平面垂直吗？

在已有判定定理的基础上设置辨析问题，让学生对"平面内两条相交直线"的要求铭记于心，深刻感受"线不在多，两条就行，相交就灵"，与此同时提升逻辑推理的核心素养，让学生学会用数学的思维思考世界。

### 4. 变式问题应用，提升思维水平

在新知应用环节，需要设置具有层次性的问题，让学生对新知应用有全面的认识和系统的建构，落实学以致用的任务，也就是让学生学会如何运用新知去解决某些类型的问题或题目，并在此基础上进行知识的梳理和方法的提炼。教师根据学生的学情，编制处于学生"最近发展区"的问题或者题目进行应用教学，在学生问题解决的过程中根据问题的难易程度选择不同的方式推进，对于难度较高的问题鼓励小组合作学习，利用团队合作的方式突破学生问题解决的难点和困惑点，鼓励学生积极表达观点。在学生碰到困难无法推进时，教师不会直接给出解决方案，而是采用引导提示的方式，让学生自主探究完成，促进学生的灵活应用。在问题解决的梳理环节，教师也会有针对性、有目的性地对学生的困惑点进行精讲、追问、反问，让学生在一题多解、一题多变等多种问题类型中破解难点、抓住重点，自主找出解题规律，真正实现学生分析、思考、解决问题能力的提升，实现教学效益的最大化。

譬如，在教授函数的性质之一——函数的最值时，可提出如下问题与变式。

**问题 1**　求函数 $y = x^2 - 4x + 1$，$x \in \mathbf{R}$ 的最小值。

**变式 1**　求函数 $y = x^2 - 4x + 1$，$x \in (-\infty, 3]$ 的最小值。

**变式 2**　求函数 $y = x^2 - 4x + 1$，$x \in [3, 4]$ 的最小值。

**变式 3**　设 $t$ 是实数，且 $t < 4$，求函数 $y = x^2 - 4x + 1$，$x \in [t, 4]$ 的最小值 $g(t)$。

**变式 4**　设 $t$ 是实数，求函数 $y = x^2 - 4x + 1$，$x \in [t, t+1]$ 的最小值 $g(t)$。

**变式 5**　设 $t$ 是实数，求函数 $y = x^2 - 2tx + 1$，$x \in [3, 4]$ 的最小值 $g(t)$。

在深入理解函数最值概念的基础上进行最值求解的应用，针对学生熟悉的二次函数最

值问题的应用,设置一系列变式问题,即通过不断改变二次函数的部分条件,使之成为一系列新题。在学生已经充分了解的基础上设置由易到难的梯度问题进行实战操练,前三题对学生而言没有任何障碍,从变式 3 开始进行小组合作学习,鼓励学生借助团队合作的力量突破难点,抓住参数的特征进行分类讨论,结合图像直观地理解,将常见的函数——二次函数的最值问题"一网打尽"。教师编制不同要求的问题使得不同能力水平的学生都能在解题的过程中获得成功的体验,达到提升思维水平的效果,学生从中建构有效的模型来解决最值问题,提升学生数学建模核心素养,让学生学会用数学的语言表达世界。

### 5. 拓展问题研究,培养创新能力

在课堂教学的最后环节进行课堂小结,应该是一节课的"最后一个高潮",是学生自我反思、自我总结和自我提升的绝佳机会,也是学生数学知识、数学方法和数学结构形成的良机,教师在此时设置适当的反思问题可以助推学生数学知识的升华。

课堂小结阶段教师可以将教学过程中学习的概念、定义和公式等新知,用富含结构特征的思维导图来直观展示,学生按照自己的理解借助各种形状的思维导图来梳理繁多无序的数学知识和方法。学生在教师的引导下可以在课堂小结中完成本节课的思维导图,也可以作为拓展问题,在课后将一单元的知识进行梳理,完成系统的思维导图,将新知纳入已有的知识框架中,每节课的补充可以不断扩大学生的知识结构网。按照常规课堂小结,对知识层面、思想方法层面和数学核心素养三个方面进行总结,长期坚持这样的习惯,学生很容易将所学知识实现点—线—面的连接,不断完善知识结构,从而建构完整的思维导图。

在课堂小结阶段,教师可以提出拓展性问题,拓展性问题可以是本节课内容的延伸和发展,也可以设置连续性的拓展问题,让学生具有连续研究和探索的习惯。

譬如,在教授等式与不等式的性质之一——一元二次方程的解集及根与系数的关系时,可提出拓展问题。

**拓展问题** 高次方程根与系数的关系如何?

(1) 若一元三次方程 $ax^3 + bx^2 + cx + d = 0(a \neq 0)$ 的三个根为 $x_1$、$x_2$、$x_3$,能否类比一元二次方程的根与系数的关系的证明,给出一元三次方程的根与系数的关系并且给出相应证明?

(2) 一般地,若一元 $n$ 次方程 $a_n x^n + a_{n-1} x^{n-1} + \cdots + a_1 x + a_0 = 0(a_n \neq 0)$ 的 $n$ 个根为 $x_1$, $x_2$, $\cdots$, $x_n$,能否推广出一元 $n$ 次方程的根与系数的关系? 不必证明。

让学生尝试从一元二次方程根与系数的关系类比到一元三次方程根与系数的关系,直至一元 $n$ 次方程的根与系数的关系的研究,对学生而言既有研究的兴趣和阶梯,又有研究的挑战性,在完成拓展问题的过程中学生的思维和能力会得到进一步的启发和提升,对核心素养的发展有很大的帮助。

譬如,在教授基本不等式及其应用之一——平均值不等式及其应用时,可设置问题引导探究。

**探究问题** 弦图。

弦图(见图 3-3-6)是我国古代三国时期的数学家赵爽为《周髀算经》作注时为证明勾股定理所绘制,此图曾作为 2002 年在北京召开的第 24 届国际数学家大会的会标图案(见图

$3-3-7)$。

图 3-3-6　著名的"赵爽弦图"

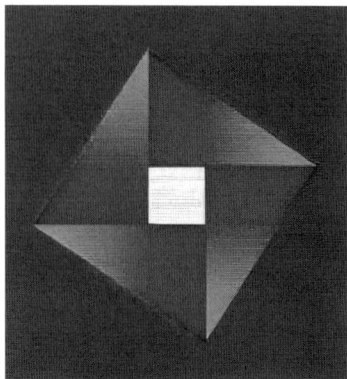

图 3-3-7　2002 年国际数学家大会的会标图案

**探究 1**　利用弦图证明勾股定理。

**探究 2**　利用弦图证明不等式 $(a^2+b^2)(x^2+y^2) \geqslant (ax+by)^2$，当且仅当 $ay = bx$ 时等号成立。

**探究 3**　计算 $(a^2+b^2+c^2)(x^2+y^2+z^2)-(ax+by+cz)^2$，并思考由此能否得到一个相应的不等式?

利用赵爽弦图的探究性问题不仅能证明勾股定理,也可以获得平均值不等式的证明和几何意义的解释,在不断探究的过程中开阔学生的眼界,提高学生思维的灵活度,更重要的是调动学生探究的热情。

以"问题"组织教学作为当前比较常见的教学模式,受到教师和学生的喜欢,在高中数学课堂教学中得到广泛的应用,这种模式对于建构高效课堂和改变教学氛围有着重要意义。作为一线数学教师应善于设计一系列"问题"来引导学生进行数学学习和研究,让学生在自主解决问题的过程中激发数学学习的热情和研究的主动性,促使学生在"问题"的主线引领下更好地掌握数学知识并灵活应用,在拓展问题的研究中培养创新意识,打造高效的数学课堂,真正实现学生"四基""四能"的提升,实现"三会"的数学教育目标。

## 二、以结构组织教学

### (一) 什么是以结构组织教学?

#### 1. 以结构组织教学的内涵

"双新"教改新理念下通过教学组织方式的不断改革来改变学生的思维习惯和提升学生的思维能力,最终发展学生的数学核心素养。学生在"四基""四能"提高的同时,不断提升对数学本质的把握和理解。数学研究的主要对象是数量关系和空间形式,当学生经历过有意识、有目的的数学学习和研究训练并具备一定的自主研究能力时,他们在问题研究之初就会自然而然地顺着研究习惯向自己发问:我要研究的数学问题到底是什么? 我要研究的内容是数量关系还是空间形式? 解决这类问题有哪些相关知识和数学思想方法呢? 一系列程序化的问题经过思考之后就是对数学问题处理的程序化操作步骤,经过无数次实践后就会在学生思维中形成对这类问题操作步骤的形式化处理,学生的知识结构和认知结构在此过程中也会不断完善和丰富。结构化观点在一般的认知里作为一种方法,在发现、提出、分析和解决问题的过程中促进学生理解数学的本质,这在提高学生的数学素养进而掌握数学研究方法和途径中有着举足轻重的作用。

通过对结构主义观点的分析不难发现"整体"和"统一"是数学结构观点下的重要特征,能同时关注数学知识和方法之间的相互"关系"。高中数学所要研究的数学结构应通过数学知识和心理感应两者结合所体现出的结构特点来分析,更应关注数学结构在高中数学教学中的运用,当然也包括结构在数学学科中的具体体现。要重视认知水平,就要求教师在结构主义观点下的教学设计应根据学生的认知水平制定目标,形成高中数学知识结构体系。在教师恰当教学方法的引导下,学生学习数学的认知结构从低级结构得以向更高级的结构方向发展,结合课程、教学和认知结构之间的"关系",可以用图 3-3-8 表示,撇去其他各种外界因素的影响,在数学学科中,课程、教学和学生的数学认知结构是相互促进的有机统一的整体。

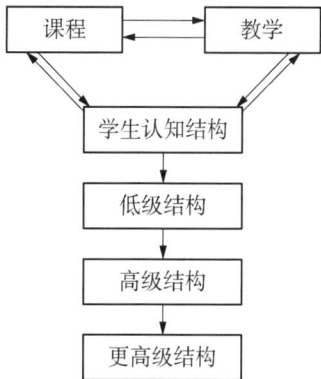

图 3-3-8 学生认知结构发展

我国数学教育专家章建跃老师提出:"我国中学数学教育,一直注重结构体系的系统性、逻辑性和联系性。"数学是有自身结构的,数学结构体系的系统性与联系性就要求教师须从整体上把握教学内容,揭示本质,找寻联系。新课程标准强调"数学教学应注意沟通各部分内容之间的联系。通过类比、联想、知识的迁移和应用等方式,使学生体会知识之间的有机联系,感受数学的整体性,进一步理解数学的本质,提高解决问题的能力"。

《高中新课标》提出了"学生发展为本,立德树人,提升素养;优化课程结构,突出主线,精选内容;把握数学本质,启发思考,改进教学重视过程评价,聚焦素养,提高质量"的基本理念。由此可见,教学结构是课改新理念中的重点关注对象,提倡通过教学让学生建构自己的认知结构,重视新知识与实际的联系和应用,突出主线,重视过程和评价。借助变式应用,最终建立趋于完善的认知结构。

数学知识教学和数学知识的应用教学构成高中数学教学的两大重要内容,不管是数学知识的学习抑或是应用都需要从结构的观点出发,数学研究的过程中教师就需要通过结构教学让学生掌握数学知识的结构特征以及数学应用的结构特征。数学结构化教学,具体而言就是在教学初期教师引导学生从整体上先形成一个基本的学习和研究思路,接下来的学习和研究就延续这个思路,不断学习递进的数学对象,递进式的学习和研究就帮助学生形成更高级的数学结构,不断完善学生的数学知识结构。

一般来说,数学知识之间的上下级和平行(并列)关系是数学知识之间两种最常见的关系。因此,在高中数学教学中要让学生抓住知识之间的关联和结构之间的关系,不仅需要关注同一结构之间的关系,也包括不同结构的知识之间的关系。在"双新"改革中,数学教学中强化单元教学模式,借助单元教学将整个单元数学知识和思想方法以结构教学形式进行整体把握,从而形成完整的知识体系架构。从整个单元知识出发,教师将同一板块或相似结构下的知识进行统一的处理,引导学生采用类似的学习和研究方法来处理这些相似的内容,从而达到系统掌握知识、方法和发展素养的目的,当然在整体把握知识之间联系的同时还需要特别关注彼此之间的区别。在这种情况下,选择类比式的教学对数学结构的形成具有重要的意义,也是教师对此类问题常用的教学方法,对学生迁移类比能力的培养具有非常重要的作用。

从操作层面上分析,对于同一板块结构下的数学知识和方法,教师没有必要将知识内容和研究的方法重复讲解,因为这样不仅造成学习资料和时间的浪费,也会引起学生在数学学习研究中缺乏挑战性和拓展性,影响学生的后续发展。教师在上位知识的处理中,应该抓住数学知识中的关键知识点和研究方法,也就是数学知识中的核心概念和关键方法,引导学生体验数学知识产生、形成与发展的全过程,同时将研究过程中的数学思想方法或者数学解题思路的形成过程让学生有充分的体验和消化。唯有利用这种方法,学生在面对新问题时才能具备解决的能力和方法,学生在知识的实质性关联中加深理解,把握数学知识的来龙去脉,形成系统的数学知识结构,培养严谨的逻辑思维,促进数学能力的真正发展。只有通过不断努力完整体验知识形成和应用的过程,才能将不断建构的新知识真正纳入原有的知识体系,如此才能在大脑中建立与完善良好的数学认知结构,并且学生学会将其熟练应用在今后的学习和研究中。数学知识间的"关系"梳理和研究方法,将会不断延续,对学生的发展而言也会达到事半功倍的效果。

**2. 以结构组织教学的特征**

1）整体性原则

整体性原则是指高中数学结构化教学设计时,从课程标准对于学生掌握的知识和应具备的核心素养要求出发,以高中数学单元或主题教学的形式,从整体上把握教学内容,基于结构化思维进行本节课的教学设计,并对整个单元或主题内容进行整体规划,对教材内容形成整体认知、确定教学重难点、确定教学目标、选择恰当的教学方法,特别是对整个单元内的知识、数学思想方法和核心素养的培养有整体安排和规划,采用结构化的培养模式推进教学目标的具体落实。将系统知识传授给学生是结构化教学的目标,一般从四个常见的环节进行整体推进,教师在环节1中设计适当情境的创设引出新知识;在环节2中设置整体性的阶梯形问题链,通过新旧知识之间的关系将知识有机串联起来,搭建系统知识模型;在环节3中教师引导学生对知识内涵与外延进行研究,搞清楚知识的来龙去脉,最终初步构建自己的知识框架,形成一定的知识结构;在环节4中选择恰当的例题和练习将建构的知识进行系统应用,分别从"上位、中位、下位"三方面对新旧知识点进行梳理,通过主动内化新知并纳入自己知识体系,不断完善自己的知识结构。

因此,高中数学结构化的教学设计的各个环节都是相互关联和递进的,从整体上促进学生知识的内化和建立新旧知识点的联系,引导学生从整体上把握单元数学教学的内容,培养学生的整体思维,促进学生认知结构的完善和思维结构的形成。

2）主体性原则

主体性原则是在新课改理念"以人为本,面向全体学生,为了一切学生的发展"背景下提出的,教学就是为了学生更好地发展,在教学中充分发挥学生的主体地位,最大限度发挥学生学习的主动性,提升学生学习的有效性。在传统课堂教学中,教师占据主体地位,课堂中完全在教师的指导下而学生则比较被动地参与课堂教学全程,知识的引出、推进、建构和应用只是在教师的推动下向前走,学生根本没有主动性可言。在新课程理念下,就结构化教学操作层面上而言,教师在充分考虑学生的实际情况和课标要求的同时,对于教学准备、教材分析、教学目标、教学重难点进行前期思考和综合考量,为了一切学生的发展进行恰当方法的选择和使用。在教学过程中,为了学生更好建构自己的知识结构,通过设置一系列情境、问题促进学生的主动思考,设置一系列活动促进学生的主动发现,通过小组合作和小组交流促进学生的主动表达,一切努力就是促使学生主动将原有知识结构进行激活,主动寻找知识和思维的生长点,真正提高学生的思维能力和核心素养。如何完成建构?利用自我反思性评价来主动检验教学效果,扪心自问:这节课我学到了什么知识?怎么得到这些知识?怎么运用这些知识?这些知识和原有知识有哪些联系和区别?……通过一系列反思性问题促进学生的主动思考和主动建构。

3) 结构性原则

结构性原则是指教师为了使学生原有的认知结构更加完善,从学生已掌握的知识以及学生现有的水平和特点出发,对教学内容和教学过程进行结构化设计。从结构化教学操作层面而言,就是教师要从数学知识结构化的特征出发,结合学生的认知结构的形成和培养目标,从结构性和系统性上处理教材和教学内容,让学生能够从整体上了解和把握数学的知识结构与方法结构。引导学生对于相同结构的内容进行类比学习,用相同的方法进行研究来发现新知、探究新知,当然还要有意识地对学生原有的认知结构的稳定性与清晰性进行提升,使新旧知识融为一体,从而使学生头脑中已有数学知识的概念、观点和联系得到最大程度的拓展,促进学生全面发展。

教学过程中学生掌握结构化的数学知识,在教师的全力推动下形成一个良好的认知结构,因此在结构化教学的设计和开展时,一定要遵循结构性的原则。在进行教学设计时,既要考虑学生已有的数学认知结构,也要考虑数学学科的知识结构特点。比如,学生在学习等差数列的基础上,从生活实例中抽象出等差数列的定义,利用猜想归纳或者累加推导等差数列的通项公式,归纳出等差中项的性质,在此基础上也对等差数列前 $n$ 项的和进行研究,从四个环节设计中将等差数列知识的结构进行完整搭建。在此学习和研究的基础上,对于等比数列的定义、通项公式、前 $n$ 项和的公式探究可以类比等差数列完成。等差数列已有的知识推进体验和结构搭建,都为等比数列的推进做好结构准备,学生自主学习的热情在已有结构的基础上得到最大程度的发挥。同时,学生也会通过比较和内化,对两个数列从本质上进行辨析,探寻两个特殊数列的联系和区别并进行自主知识结构化,渗透类比思想。在环节 1 和环节 2 类比探索定义和公式阶段,要注重学习方式的渗透和引导;在环节 3 巩固新知和应用阶段,引导学生从多个角度去思考问题和解决问题,发散学生的思维和提升学生的能力,深化学生对此类知识的熟练架构和对建构方法的有效提炼,为今后自主研究新问题做好准备;在环节 4 课堂小结阶段,引导学生反思总结自己的知识建构过程和方法,归纳内化自己的方法和经验,完善认知结构的框架。

4）发展性原则

发展性原则是指教师根据学生的认知水平和认知内容结构,基于核心素养的培养目标,以和谐、全面、富有个性的发展为导向,选择恰当且具有发展性的教学理念进行教学设计。教师作为教学的主设计师,就是明确我的教学是"要培养什么样的人",只有明确对培养对象的要求和目标,才能及时更新自己的教育观念和教学方式。新课标将"双基"扩充到"四基"和"四能",教学目标也从三维目标到核心素养的密切融入。显然,教学实践需要与时俱进,也给一线教师提出了更大的挑战和要求。作为一线教师必须用发展性的观点来思考问题和不断更新自己的教育理念,针对不同内容的要求和学生发展的要求,适时地做出相应的调整。在教学过程中,不仅将结构化知识渗透,还要重视对学生思维能力的培养,关注每一名学生能力和素养的提升,使每个学生在数学学习上得到最大限度的发展,也为未来的进一步发展做好准备。

### （二）如何以结构组织教学?

#### 1. 高中数学以结构组织教学的实施途径

1）数学知识的结构化

双新背景下高中数学内容繁多,按照必修和选择性必修编排的前后内容之间联系不够紧密,在看似零散的各种数学知识面前,如果没有系统建构和主线梳理,学生往往会无所适从,更别说主动找出数学知识间的联系和区别,完善自己的知识结构和方法体系。

上教版新教材的知识主线包含函数、代数与几何、概率与统计、数学建模活动与数学探究活动四个板块的内容,数学思想方法领域包含了数学知识点教学所渗透的思想方法与解题的思想方法两个层面。教师在课堂教学设计时,从数学知识主线进行设计,在知识渗透的过程中发散教学内容、融入数学思想方法,达成数学核心素养培养的目的。以同一数学结构或者数学知识体系为出发点,以循序渐进的方式丰富学生的知识、提升学生的能力、落实学生的素养。数学知识的结构化旨在让学生在纷繁复杂的知识内容中,以知识主线为抓手,从整体上对高中阶段数学的学习内容、学习方法和学习目标有一个大致的了解与掌握,指导学生用整体性、结构化的观点学习高中数学,在系统培养的要求下不断建立完善学生的数学认知结构。

以上教版新教材的函数为例,在必修一第 4 章中以三个具体函数:幂函数、指数函数与对数函数的图像和性质的研究,作为三个相同结构的具体函数,都是从具体情境中抽象出定义,体现"情境—定义"的抽象过程;三个函数都是从图像中抽象出函数的特征,体现"图像—特征"的抽象过程;从观察图像特征结合幂的基本不等式、对数不等式等进行严格的论证,体现"特征—性质"的逻辑证明过程,整体体现新教材"特殊——一般"的研究思路,利用三个特殊函数的研究过程为学生对函数研究的一般方法做好准备,不管今后是在新函数研究抑或是解题应用中新型函数定义的问题,学生都可以具有"定义—图像—特征—性质"的结构性函数研究路径;在此具体函数研究的基础上,第五章利用创设情境抽象出函数的概念,结合函数图像直观感受和代数定义提炼出函数的性质,这不仅是"特殊——一般"的实践,也是函数研究"定义(概念)—图像—特征—性质"结构性函数的研究方法的应用,体现知识结构化应用中的"不变";接下来在第 7 章三角函数中增加函数周期性的研究,针对一般的研究路径略调整后为"图像—特征—性质—应用",体现知识结构化研究过程中因内容和需求的"变"。在选择性必修教材中对函数进行更加深入的研究,通过离散型函数——数列来研究"序",利用导数来研究"变化",显然此时和函数一般的研究结构发生了"大变化",但是从等差数列到等比数列再到数列的研究延续了"特殊——一般"的研究方法,等差数列和等比数列的研究方法依然是如出一辙;而对于利用导数探讨函数性质(单调性、极值、最值)的研究也可以结构化地进行。在函数主线把握的情况下,又可以将函数与其他主线的内容之间关系进行联结,衍生出更多新的知识点,完善整个知识结构。

2) 数学思想方法的结构化

数学知识结构化和数学思想方法结构化构成高中数学结构化的主要内容,在整个高中数学架构中数学知识是明线,思想方法是暗线。数学思想方法包括数学思想与数学方法两个部分,但在教学一线经常不做严格的区分,而是统称为高中数学思想方法。数学思想是指现实世界的空间形式和数量关系反映到人的意识之中,经过思维活动而产生的结果。数学方法是人们从事数学活动时所使用的方法,数学思想与数学方法既有联系又有区别,思想是对事物和客观规律的本质加以概括认识,而方法是达成这种认识的手段和步骤。张奠宙教授指出:"同一个数学成就,当用它去解决别的问题时,称之为方法;当评价它在数学体系中的自身价值和意义时,称之为思想。"数学教育界普遍认为,数学基本知识和基本技能是数学思想方法应用的前提,在学生知识积累和数学结构完善的过程中,对于学生数学能力的提升,数学思想方法的应用具有举足轻重的作用,也是数学结构化的关键之所在,相对数学知识对于数学思想方法的重要性,数学思想方法对于学生数学核心素养的提升也是非常关键的。

根据对数学思想方法结构化的理解,高中阶段的数学思想方法包括知识层面、解题层面和应用层面的数学思想方法。通过分析,高中数学常用的思想方法又包括函数与方程思想、数形结合思想、分类与整合思想、转化与化归思想、特殊与一般思想、有限与无限思想、必然与或然思想。其中,前五种比较常用,特别是特殊与一般的思想不仅在上述三个层面上应用,也在上教版新教材内容推进中贯穿始终,有限与无限思想体现从量变到质变的飞跃,在高中数学学习中让学生有所了解和接触,更深入的应用将在高等数学中继续开展;利用必然与或然思想解释随机想象内部的规律。为了更好地理解常见的数学思想方法,以便学生掌握其结构化,下面将四种最常见的数学思想方法进行分解(见表3-3-2)。

表3-3-2　四种最常见的数学思想方法

| 数学思想方法 | 内涵 | 结构图 |
|---|---|---|
| 函数与方程 | 将某些数学问题转化成函数或方程问题,通过分析未知数、变量关系加以解决 | |

(续表)

| 数学思想方法 | 内涵 | 结构图 |
| --- | --- | --- |
| 数形结合 | 将数与形结合起来解决问题 | |
| 分类讨论 | 按标准将问题分解成小问题,通过解决小问题使整体问题得以解决 | |
| 转化与化归 | 将数学问题转化成简单、易解的问题加以解决 | |

掌握数学思想方法可以促进学生主动地将知识进行串联,避免新知识无序、杂乱堆积,有序建构完整的知识网络,建立良好的数学认知结构,促进学生数学知识的应用和迁移,提升学生的数学思维能力和思维水平。针对数学思想方法的具体表现进行恰当强化,促进数学思想方法在知识形成以及实践中的灵活应用。因此,教师在教学时,要有意识地渗透数学的思想方法,引导学生充分挖掘数学知识以及数学问题中隐含的数学思想方法,并能够用自己的语言进行科学合理的表达。

3) 数学素养的结构化

高中数学的每一个单元或者主题都有特定的研究对象和需要培养的核心素养,在新教材的设计中,不同单元或主题中,研究对象、研究内容和操作方法都会由于教师的不同设计和不同理解而有所变化,但整体框架和研究路径基本相同,特别是同一主线下的教学不仅具有知识上的传承、方法上的递进,还有数学核心素养培养上的延续性。这种统一的研究路径和知识结构不仅可以使新教材体现其整体性,而且能使学生通过每个具体对象的学习,逐步明确研究一个数学对象的基本框架和路径,这对学生数学思维的培养具有重要意义。

在数学结构化教学的操作层面上,课堂教学主要包括数学知识结构教学、数学解题结构教学和数学应用结构教学,在课堂推进过程中三类结构教学具有延续性和推进性。这三种课堂教学形式具有对应的数学学科核心素养,彼此之间具有明显的区别和联系,教师在教学设计的同时,必须时刻关注核心素养结构化的落实。

在数学知识结构教学中,主要研究数量关系和空间形式,在学生原有认知基础上获得数学知识新发现,落实数学抽象和直观想象的核心素养,真正实现学生会用数学的眼光观察世界。

在数学解题结构教学中,算法和演绎成为主旋律,其中落实逻辑推理和数学运算的核心素养,利用结构化特征对数学概念、定义的应用,利用公式、法则和性质进行运算、证明,数学运算成为数学推理的一种很好体现,真正实现会用数学的思维思考世界。

在数学应用结构教学中,主要是应用数学知识和方法服务现实世界,将所获得的知识应用于实际。教师的教学设计应该更加关注培训学生从实际生活中发现问题、提出问题、分析问题和解决问题,在这一过程中落实数学建模和数据分析的数学核心素养,数据分析是收集、整理、分析数据,并获得推断,数学建模是在实际情境中建立数学模型,是数学与生活的纽带,真正实现会用数学的语言表达世界。

三种课堂结构化教学内容有其延续性,"三会"素养的培养也会随着教学内容和形式的推进而具有延续性,从"会看""会想""会说"三个层次完成数学核心素养的落实。

数学素养的结构化关系,如图 3-3-9 所示。

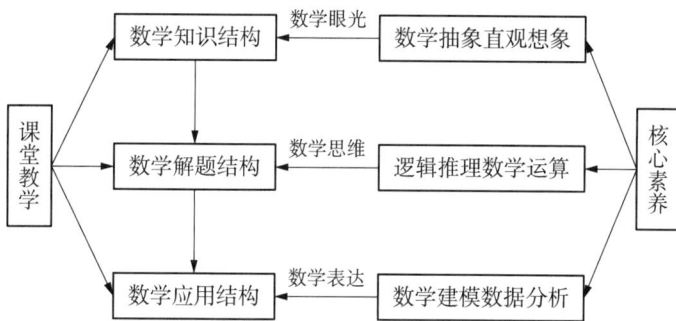

**图 3-3-9　数学素养的结构化**

### 2. 高中数学以结构组织教学的实施策略

结合高中数学教学实践,高中数学结构化教学可在以下几个方面具体落实实施。

1) 抓住结构化知识生长点理解新知

结构化教学设计时教师需要找准知识结构中的核心概念和知识的生长点,利用知识之间的"关系"不断构建新的知识结构,通过类比式教学推进新知识的学习和研究,促进学生的理解。譬如"对数函数的图像和性质"的教学需要通过类比"指数函数的图像和性质"的学习研究过程得以顺利达成。对于通过生活情境抽象出的新的指数函数特征和定义,通过列表、描点和连线得到指数函数图像,借助图像得到指数函数的性质,同时应用幂的基本不等式得以将性质进行严格论证,培养学生的数学抽象、直观想象和逻辑推理的数学核心素养。对于对数函数的图像和性质,可以类比指数函数的研究过程完美解决。当然指数函数与对数函数还有互为反函数的关系,以此建立联系,可以帮助学生更快、更方便地借助指数函数理解对数函数的相关内容和性质。作为两个平行结构或上下位结构的知识点,教师只需要将核心概念和基本方法讲解清楚,接下来面对新的函数的图像和性质的一系列学习和研究,学生可以自主完成。

2) 借助结构化通式通法建构新知

进行结构化教学设计时,教师要考虑学生最容易接受的、较为顺畅的方法和思路,对于新知的推进通式通法更方便学生记忆和直接应用,而平铺直叙或者充满技巧性的方法往往成为学生最容易忘记的部分。有效的设计往往要求教师学会换位思考,将自己的思维退回学生的思维水平进行思考,也就是说作为学生哪一种方法我最能接受?哪一种方法我最能想得到?按照学生的思维模式来思考问题并进行相应的设计,这样才能更好地帮助学生快速进入学习状态,理解数学知识产生的合理性,不管是以此建构的知识还是研究的方法在今后的研究中更方便提取应用。譬如在教学集合的运算时,直接给出几个常见的数集进行运算后得到交集的定义,这样看似简单明了,但是学生对此接受度却并不高,特别是抽象的数集对学生而言理解上较有难度,对接下来对并集和补集的学习也没有帮助。退回到学生所处思维的实际情况,针对高一新生,若在情境创设时加入学生刚进高中时选报社团的实际问题,利用选报辩论社等热门社团人员的具体统计结果引出交集运算,学生不仅非常感兴趣,也更易于理解。在此基础上统计选报热门辩论社或天文社的人数,引出并集的运算;利用全班社团选报中选报辩论社以外的学生的情况统计,得到补集运算的定义。作为类似结构的集合运算,选择一脉相承的生活实际情境,在此结构上建构集合运算,符合学生的认知水平和认知规律,也方便学生对集合运算自定义的思考,发挥学生思维的开放性和创新性。

3) 借助结构化层次性推进建构新知

结构化教学需要培养学生具有逐层推进的认知结构,教师在教学设计时对教学内容和教学要求的处理需要体现层次性,无论是数学基础知识的教学还是数学应用的教学,都需要由浅入深、由易到难,以层层递进的方式展开,帮助学生学习成递进关系的学习对象,让学生有拾级而上的勇气和信心。譬如,在教授等式和不等式时,从一次方程到二次方程的研究,从等式性质到不等式性质的研究,从一元一次不等式——元二次不等式、一元一次不等式——一元一次不等式组、一元二次不等式——一元二次不等式组的研究,从平均值不等式到三角不等式的研究,都可以采用类比式教学设计,就是需要从前到后按照从低到高的层次性设计。显然从前到后的研究按照"等式—不等式—等式"推进模式,阶梯式由易到难的层次性设计,才能真正实现教学目标的实现。在每一块内容处理中,前后层次性的设计也为下一块相似结构的处理留下借鉴性的方法。

4) 借助结构化思维差异建构新知

在数学解题应用教学中采用结构化教学,可将学生常见的不良解题思路与正确的思路进行比较,找到思维模式的差异处,利用解题方法的本质分解打通学生的思维屏障,引导学生合理、正确地思考。在平均值不等式解题应用中,利用实际问题模型提出"积定和最小""和定积最大""1的活用"等常见的应用,结合平均值问题的结构特征选择恰当的方法展开教学。

**问题 1**　同学甲读完《九章算术》"方田篇"后有所思:若有方田,周一百步,问广从几何,田最大?

**设计意图**　利用《九章算术》数学史背景修改条件,引出"和定积最大"的模型应用。

**问题 2**　同学乙又有一疑问:今有方田 100 亩,问广从几何,周最小?

设计意图 在同学甲的问题的启发下改变问题条件,引出"积定和最小"的模型应用。

**问题 3** 浦东新区正在创建全国文明城区,对全区范围内各小区进行环境改造,发现某居民小区有一个长为 40 m,宽为 20 m 的矩形花园需要改造。如图 3-3-10 所示,矩形花园 $ABCD$ 中,$AB = 40$ m,$AD = 20$ m,花园里在点 $P$ 处有一棵树,其到花园两边 $AD$、$AB$ 的距离分别是 1 m、2 m,设计师想过点 $P$ 用 $EF$ 将花园分出一个三角形小池塘 $AEF$。设 $AE$ 的长为 $a$ m,为使小池塘边界 $AE$ 与 $AF$ 的长度之和最小,请确定 $a$ 的值。

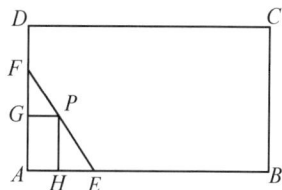

图 3-3-10 矩形花园

设计意图 从一个具有实际背景的问题出发,通过设变量得到等量关系,进而选择合适的方法使问题获解。

设 $AF$ 的长为 $b(b > 2)$,由三角形相似比,可得 $\dfrac{GP}{AE} = \dfrac{FG}{FA}$,即 $\dfrac{1}{a} = \dfrac{b-2}{b}$,整理得 $a = \dfrac{b}{b-2}$。

**方法 1** 直接转化成"积定和最小"的解题模型。

**方法 2** 将条件 $a = \dfrac{b}{b-2}$ 变形为 $\dfrac{1}{a} + \dfrac{2}{b} = 1$,从而用"1 的活用"的解题模型解决问题。

**方法 3** 通过建系,利用坐标法和常量代换,将长度之和表示成同一变量的函数形式,再化归为"积定和最小"的解题模型。

在概念、命题和公式推导的基础上,并在知识的应用过程中,教师应设计具有典型特征的不同问题,让学生实践各种解题模型,在结构特征应用的基础上进行解题方法、解题要求和公式应用条件的梳理,方便学生正确地掌握和应用,避免学生由于方向错误而走弯路。

5) 突破结构化难点错处深化新知

在结构化教学设计时,教师应该清楚学生在探究或者解题时思考不到或者容易卡住的关键点,要有提前的预设和应对方式来帮助或者引导学生突破难点或者易错点。

譬如,在教授三角不等式之后,设计以下证明题。

**证明** $|x-3| + |x-5| \geqslant 2$ 对所有实数 $x$ 恒成立,并求等号成立时 $x$ 的取值范围。

设计意图 这个证明题对于公式应用的形式和条件都有要求,如果只有 $|a| + |b| \geqslant |a+b|$ 的公式推导经历,学生显然无法解决问题。教师在设计时,一方面可以利用相同结构公式的推导方法完善三角不等式,得到 $|a| + |b| \geqslant |a \pm b|$,方便学生直接应用公式;另一方面,在例题应用时强化利用绝对值的定义进行公式变形,借助表达式进行变形的方法,将原式加以变形为 $|x-3| + |x-5| = |x-3| + |5-x|$,接下来就直接应用三角不等式即可。针对等号成立的条件,类比平均值不等式使用的"一正,二定,三等号"的应用模型中对等号的要求,在三角不等式中强化等号的要求,同时在推导过程中对等号的要求进行全方位解析,让学生体会到三角不等式中"为什么"和"怎么做"两大问题。

6) 正反面辨析结构化错误深化新知

采用结构化教学进行数学解题应用教学,教师不仅要教会学生根据问题结构选择正确的思路和方法,而且要针对学生容易出现的典型错误进行错误辨析,将错误完整地呈现在学生面前,对学生而言也是知识正向和逆向应用的需求,在此基础上进行纠正性练习将会非常有效。

在平均值不等式的应用环节,对于问题 3 的方法 4 进行辨析,具体如下:

由 $\dfrac{1}{a} = \dfrac{b-2}{b}$,得 $\dfrac{1}{a} + \dfrac{2}{b} = 1$,则 $1 = \dfrac{1}{a} + \dfrac{2}{b} \geqslant 2\sqrt{\dfrac{1}{a} \cdot \dfrac{2}{b}}$,进而得 $ab \geqslant 8$。

于是 $a + b \geqslant 2\sqrt{ab} \geqslant 2\sqrt{8} = 4\sqrt{2}$,当且仅当 $a = b$ 时等号成立。

因此,小池塘边界 $AE$ 与 $AF$ 的长度之和最小为 $4\sqrt{2}$。

与前面 3 种方法进行对比,学生发现自己的方法很简便,答案看上去也很正常;殊不知两次使用平均值不等式,按照"一正,二定,三等号"的要求,两次取到等号的条件不一致,为此得到的结果就不是所求的最值。通过学生练习中的一个错误辨析,不仅找到问题之所在,也让学生无形中对等号条件另眼相看,对结构化应用平均值不等式有了更深入的理解。

7) 解决结构化变式拓展应用新知

在结构化教学解题应用中,为了使学生更加灵活和全面应用知识结构中的数学知识解决问题,教师可以有针对性地对学生头脑中的已有知识、相关试题进行变式、拓展,帮助学生形成数学知识与方法结构以及解题结构。

### (三) 以结构组织教学在数列教学中的案例

函数是高中数学新课标、新教材四条主线之一,数列又是定义域为正整数集或其子集的特殊函数,在高中数学学习中占有重要地位。数列知识在中学数学知识体系中,是多个知识的交汇点,与以前学过的不等式、方程和函数等知识有着紧密的联系,也为接下来函数的进一步研究和极限等内容做好准备,数列是已学内容的延伸和发展,也是后续内容学习的铺垫。

数列作为特殊的函数,类比函数的知识结构可以得到数列的知识结构,如图 3-3-11 所示。

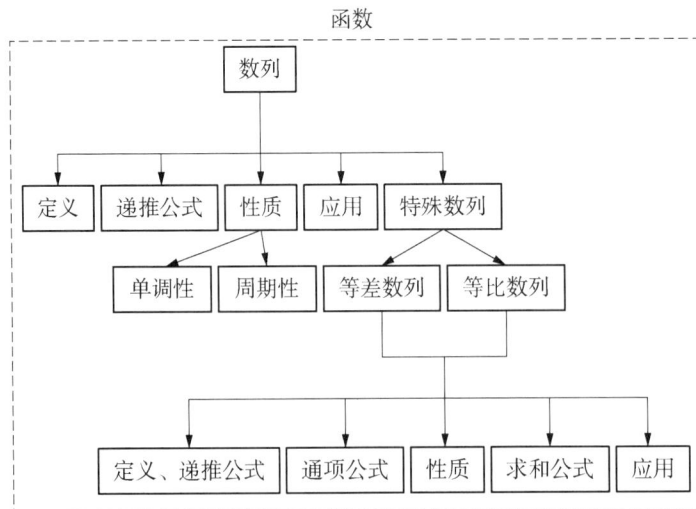

图 3 - 3 - 11　数列的知识结构

不难发现两种特殊的数列——等差数列和等比数列具有类似的结构,以结构组织教学是其教学组织形式的首选。对于等差数列的研究,不管是引入、情境创设、定义抽象过程和知识应用等研究过程,抑或是递推公式、通项公式和前 $n$ 项和公式等研究内容,完全可以利用类比的方法完成等比数列的研究,当然在研究过程中教师应有意识地引导学生发现两者之间不仅有联系也有区别,这也是对学生辩证思维和发散思维的培养过程,利用结构组织教学来研究等差数列和等比数列,不仅使学生事半功倍地完成数列的知识建构,也为学生今后对相似问题的研究提供方法和途径。

1. **案例 1:等差数列及其通项公式**

### 等差数列及其通项公式

学生在小学和初中对数列均有过接触,找规律填空的问题体验使学生对特殊的等差数列不陌生。以特殊数列的等差数列作为数列章节的开端研究,也是充分考虑学生的认知水平和认知规律,借助特殊数列的引入降低学生理解和接受的难度,而且能使学生更好地研究数列的整体内容。等差数列的学习既是对曾经接触过具体数列的抽象化,也是对已学习过函数概念、函数性质等内容的发展和延伸,同时为学生接下来进行等比数列类比研究做好铺垫,担负着承上启下的重任。

## 一、教学内容分析

### 1. 教材分析

本课是上教版新教材选择性必修一第 4 章第 1 节的第 1 课时——《等差数列及其通项公式》。本节课起着承上启下的作用,本节内容既是对前面所学一次函数的延展,又为后续等差数列的前 $n$ 项和公式、等比数列的学习与研究打下基础。等差数列的内容是学生数列研究的第一块内容,学生对等差数列的研究方法和研究内容以结构组织方式呈现,这种处理方法对于后续相关内容的学习具有重要意义,分别从知识层面和数学思想方法层面得以体现。等差数列在实际生活中有很多应用的实例,不仅在数列章节中占有重要地位,也是高考的热点内容。因此,利用来源于生活的等差数列实例来引入等差数列成为教师情境创设的首选,多个等差数列生活化实例模型的选择给出了数列的实际背景,不仅让学生切实感受到等差数列来源于现实生活的数学模型,也便于学生观察多个实例的共同特征以抽象出等差数列的定义,这是"三会"素养中"会看"的体现;从特殊等差数列的定义中,在结构分析的基础上用数学符号语言表达等差数列相邻项之间的关系即等差数列递推公式的表述,组织学生开展各种活动和形式将递推关系转化成通项公式,并利用多种方法推导和证明,这是"三会"素养中"会想"的体现;在等差数列定义、递推关系和通项公式结构分析和内化的基础上,对等差数列递推关系和通项公式进行模型化的综合应用,这是"三会"素养中"会说"的体现。

### 2. 教学目标

(1)掌握等差数列概念、公差和等差中项的概念,理解等差数列递推关系和通项公式的概念，掌握通项公式的推导方法；应用等差数列的递推公式和通项公式解决简单的实际应用问题。

（2）通过生活化实际情境的创设，借助对实例共同特征的提炼，抽象出等差数列、公差等概念，设计多种活动形式推导出等差数列的递推公式和通项公式，体会从特殊到一般的研究方法，获得从实际生活中发现问题、提出问题、分析问题和解决问题的能力。

（3）通过对等差数列的通项公式与一次函数之间对应关系和结构特征的研究，提升知识和方法类比以及归纳推理的能力。在整个概念、知识推进和应用的过程中，提升数学抽象、逻辑推理和数学建模的素养，实现“三会”素养的真正落实。

**3. 教学重难点**

重点：等差数列的定义及通项公式。

难点：等差数列通项公式的推导。

## 二、教学过程

### （一）环节一：情境引入

班委会组织同学背高考英语词汇，小明计划从 9 月 1 日起，第 1 天背 5 个单词，接下来每天背的单词比前 1 天增加 5 个，问：根据以上规律，能否预测 9 月 10 日小明将背几个单词？哪一天小明要背 80 个单词？

下面我们来看一些经常接触或是生活中的一些数列：

（1）自然数从小到大依次排列为：0，1，2，3，…。

（2）月历的最后一列数依次为：3，10，17，24，31（图 3－3－12）。

| 日 | 一 | 二 | 三 | 四 | 五 | 六 |
|---|---|---|---|---|---|---|
| | | | | 1 十四 | 2 十五 | 3 十六 |
| 4 十七 | 5 十八 | 6 十九 | 7 二十 | 8 廿一 | 9 廿二 | 10 廿三 |
| 11 廿四 | 12 廿五 | 13 廿六 | 14 廿七 | 15 廿八 | 16 廿九 | 17 二月 |
| 18 初二 | 19 初三 | 20 初四 | 21 初五 | 22 初六 | 23 初七 | 24 初八 |
| 25 初九 | 26 初十 | 27 十一 | 28 十二 | 29 十三 | 30 十四 | 31 十五 |

**图 3－3－12　月历的最后一列**

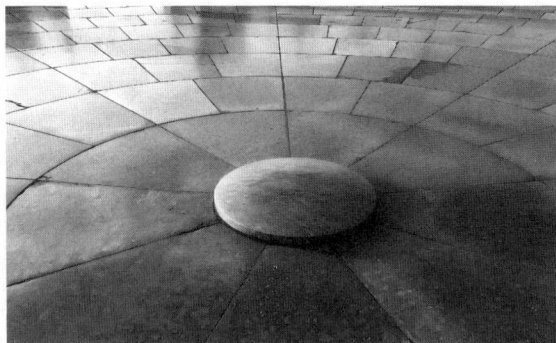

**图 3－3－13　扇环形石板**

（3）北京天坛圜丘坛的地面由石板铺成，最中间是圆形的天心石，围绕天心石的是 9 圈扇环形的石板（图 3－3－13），从内到外各圈的石板数依次为：9，18，27，36，45，54，63，72，81。

（4）老师买房贷款选择每月等额本息还款，每月还款数依次为：1 000，1 000，1000，…。

提问：在代数的学习中，我们常常通过运算来发现规律，你能通过运算发现以上数列的取值规律吗？这 4 个数列有何共同特点呢？

设计意图　通过各类情境创设，激发学生数学学习的兴趣和热情，让学生体会到数学既来源于生活又服务于生活的真谛。借助层次性问题的设置，引导学生主动猜想、推理、归纳等思维的全过程，依靠从特殊到一般的思维方法，降低学生思维的难度，提高学生发现问题、分析问题和解决问题的能力。

### （二）环节二：形成概念

对于常见数列(1)，我们发现

$$1-0=1, 2-1=1, 3-2=1, \cdots\cdots$$

如果用 $\{a_n\}$ 表示数列(1)，那么有

$$a_2-a_1=1, a_3-a_2=1, \cdots, a_{n+1}-a_n=1。$$

这表明，数列(1)有这样的取值规律：从第 2 项起，每一项与它的前一项的差都等于同一个常数。

数列(2)(3)(4)也有这样的取值规律。

#### 1. 等差数列的概念

| 文字语言 | 如果一个数列从第 2 项起，每一项与它的前一项的差都等于同一个常数，那么这个数列就叫做等差数列，这个常数叫做等差数列的公差，公差通常用字母 $d$ 表示 |
|---|---|
| 符号语言 | $a_{n+1}-a_n=d(d$ 为常数，$n \in \mathbf{N}, n \geqslant 1)$ |

**概念解析**

(1) 概念中"每一项与它的前一项的差"这一运算要求是指"相邻且后项减去前项"，强调两个关键词：顺序和相邻。

(2) 定义中的"同一常数"是指全部的后项减去前一项都等于同一个常数。

**概念深化**

提问：如何理解定义中的"从第二项起""每一项与其前一项的差""同一个常数"这三个关键词？

提问：判断下列数列是否为等差数列？

(1) 5, 9, 13, 17, 21；

(2) 9, 7, 5, 3, 1, -1；

(3) 6, 6, 6, 6, 6, 6；

(4) 0, 1, 0, 1, 0, 1；

(5) 1, 3, 7, 13, 21。

设计意图　通过对具体数列特点的归纳和整理，提炼出等差数列的概念，鼓励学生从文字语言和符号语言两方面表示等差数列的概念，并借助关键词对等差数列概念进行

辨析,使学生抓住等差数列概念的内涵和本质。通过若干具体数列是否为等差数列的判断,检验学生对等差数列定义的掌握程度和判别方法的应用,加深学生对等差数列概念的理解。

**2. 等差中项的概念**

提问:如果在 $a$ 与 $b$ 中间插入一个数 $A$,使 $a$,$A$,$b$ 成等差数列,那么 $A$ 应满足什么条件?

三个数 $a$,$A$,$b$ 组成的等差数列可以看成是最简单的等差数列。这时,$A$ 叫做 $a$ 与 $b$ 的等差中项,根据等差数列的定义可知 $2A = a + b$。

**概念解析**

(1) 条件:如果 $a$,$A$,$b$ 成等差数列;

(2) 结论:$A$ 叫做 $a$ 与 $b$ 的等差中项;

(3) 关系式:$2A = a + b$。

设计意图 从三个方面完成等差中项的结构化建构,为等比数列中等比中项建构做好准备。

**3. 等差数列的通项公式**

提问:情境中的数列(1)—(4)都是等差数列,能不能用公式表示项和项数之间的关系? 如果是更一般的等差数列,大家能否也推导出对应的公式?

问题:已知等差数列 $\{a_n\}$ 的首项为 $a_1$,公差为 $d$,求 $\{a_n\}$ 的项和对应项数之间的关系式。

**方法 1 不完全归纳法**

设一个等差数列 $\{a_n\}$ 的首项为 $a_1$,公差为 $d$,根据等差数列的定义 $a_{n+1} - a_n = d$,则有

$$a_2 - a_1 = d, \ a_3 - a_2 = d, \ a_4 - a_3 = d, \ \cdots\cdots$$

所以

$$a_2 = a_1 + d,$$
$$a_3 = a_2 + d = (a_1 + d) + d = a_1 + 2d,$$
$$a_4 = a_3 + d = (a_1 + 2d) + d = a_1 + 3d,$$
$$\cdots\cdots$$

归纳可得

$$a_n = a_1 + (n - 1)d \ (n \geqslant 2)。$$

当 $n = 1$ 时,上式为 $a_1 = a_1 + (1 - 1)d$。

因此,首项为 $a_1$,公差为 $d$ 的等差数列 $\{a_n\}$ 的通项公式为

$$\boxed{a_n = a_1 + (n - 1)d}。$$

**方法 2 累加法**

$$a_2 - a_1 = d,$$
$$a_3 - a_2 = d,$$
$$a_4 - a_3 = d,$$
$$\cdots\cdots$$
$$a_n - a_{n-1} = d(n \geqslant 2),$$

将上述 $(n-1)$ 个式子相加,得

$$a_n - a_1 = (n-1)d(n \geqslant 2),$$

所以 $a_n = a_1 + (n-1)d(n \geqslant 2)$。

当 $n = 1$ 时,上式为 $a_1 = a_1 + (1-1)d = a_1$。

因此,首项为 $a_1$,公差为 $d$ 的等差数列 $\{a_n\}$ 的通项公式为

$$\boxed{a_n = a_1 + (n-1)d}。$$

**方法 3 迭代法**

根据等差数列的概念,得

$$a_n = a_{n-1} + d = a_{n-2} + 2d = \cdots = a_1 + (n-1)d,$$

因此,首项为 $a_1$,公差为 $d$ 的等差数列 $\{a_n\}$ 的通项公式为

$$\boxed{a_n = a_1 + (n-1)d}。$$

**设计意图** 引导学生通过小组合作交流得到等差数列通项公式的多种推导方法,培养学生思维的多样性和发展性,也为等比数列通项公式的推导做好准备。同时帮助学生理解叠加法与迭代法的意义和价值,不仅可以对等差数列通项公式进行推广,也可以加深学生对数学思想方法的理解和对思维的深度拓展。

**(三)环节三:巩固应用**

**例 1** (1) 已知等差数列 $\{a_n\}$ 的通项公式为 $a_n = 5 - 2n$,求 $\{a_n\}$ 的公差和首项;

(2) 求等差数列 8,5,2,$\cdots$ 的第 20 项。

**解** (1) 当 $n \geqslant 2$ 时,由 $\{a_n\}$ 的通项公式 $a_n = 5 - 2n$,可得 $a_{n-1} = 5 - 2(n-1) = 7 - 2n$,于是 $d = a_n - a_{n-1} = (5 - 2n) - (7 - 2n) = -2$。

把 $n = 1$ 代入 $a_n = 5 - 2n$,得 $a_1 = 5 - 2 \times 1 = 3$。

所以,$\{a_n\}$ 的公差为 $-2$,首项为 3。

(2) 由已知条件,得 $d = 5 - 8 = -3$。

把 $a_1 = 8$,$d = -3$ 代入 $a_n = a_1 + (n-1)d$,得

$$a_n = 8 - 3(n-1) = 11 - 3n。$$

把 $n=20$ 代入上式,得 $a_{20}=11-3\times20=-49$。

所以,这个数列的第 20 项是 $-49$。

**例 2**　安装在同一根轴上的 6 个皮带轮的直径成等差数列,如果最大和最小的皮带轮的直径分别为 220 毫米和 100 毫米,求中间四个皮带轮的直径。

**解**　设 6 个皮带轮的直径(单位:毫米)分别为 $a_1$,$a_2$,$a_3$,$a_4$,$a_5$,$a_6$,则 $a_1=100$,$a_6=220$,得 $5d=120$,解得 $d=24$。

所以 $a_2=124$,$a_3=148$,$a_4=172$,$a_5=196$。

答:中间四个皮带轮的直径分别为 124 毫米,148 毫米,172 毫米,196 毫米。

**练习 1**　在等差数列 $\{a_n\}$ 中,

(1) 已知 $a_5=-1$,$a_8=2$,求 $a_1$ 和 $d$;

(2) 已知 $a_1+a_6=12$,$a_4=7$,求 $a_9$。

**解**　(1) 因为 $a_5=-1$,$a_8=2$,所以 $\begin{cases}a_1+4d=-1,\\a_1+7d=2,\end{cases}$ 解得 $\begin{cases}a_1=-5,\\d=1。\end{cases}$

(2) 设数列 $\{a_n\}$ 的公差为 $d$。

由已知得,$\begin{cases}a_1+a_1+5d=12,\\a_1+3d=7,\end{cases}$ 解得 $\begin{cases}a_1=1,\\d=2。\end{cases}$

于是 $a_n=1+(n-1)\times2=2n-1$,得 $a_9=2\times9-1=17$。

**练习 2**　《周髀算经》是中国最古老的天文学和数学著作,书中提道:从冬至之日起,小寒、大寒、立春、雨水、惊蛰、春分、清明、谷雨、立夏、小满、芒种这十二个节气的日影子长依次成等差数列,若冬至、立春、春分的日影子长的和是 37.5 尺,芒种的日影子长为 4.5 尺,则立夏的日影子长为(　　　)。

(A) 15.5 尺　　　　(B) 12.5 尺　　　　(C) 9.5 尺　　　　(D) 6.5 尺

**解**　因为从冬至之日起,小寒等十二个节气的日影子长依次成等差数列,所以可设该等差数列为 $\{a_n\}$,则冬至、小寒、大寒、立春、雨水、惊蛰、春分、清明、谷雨、立夏、小满、芒种的日影子长分别记为 $a_1$,$a_2$,$a_3$,$\cdots$,$a_{12}$,由题可得

$$\begin{cases}a_1+a_4+a_7=37.5,\\a_{12}=4.5,\end{cases}\text{即}\begin{cases}3a_1+9d=37.5,\\a_1+11d=4.5,\end{cases}\text{解得}\begin{cases}a_1=15.5,\\d=-1。\end{cases}$$

所以,立夏的日影子长 $a_{10}=a_1+9d=15.5+9\times(-1)=6.5$(尺)。

故选 D。

**练习 3**　设等差数列 $\{a_n\}$ 的公差为 $d(d\geqslant0)$,若 $a_2^2$ 是 $a_1^2$ 与 $a_3^2-2$ 的等差中项,求 $d$ 的值。

**解**　由题意得 $2a_2^2=a_1^2+a_3^2-2$,即 $2(a_1+d)^2=a_1^2+(a_1+2d)^2-2$,解得 $d^2=1$,又 $d\geqslant0$,所以 $d=1$。

**练习 4**　已知数列 $\{a_n\}$ 是等差数列,$a_1=t^2-t$,$a_2=4$,$a_3=t^2+t$,求数列的通项公式。

**解** 由题意得 $a_1 + a_3 = 2a_2$，即 $t^2 - t + t^2 + t = 2t^2 = 8$，解得 $t = \pm 2$。

当 $t = 2$ 时，$a_1 = 2$，公差 $d = 2$，所以 $a_n = 2n$；

当 $t = -2$ 时，$a_1 = 6$，公差 $d = -2$，所以 $a_n = 8 - 2n$。

**设计意图** 通过各种例题和练习，将等差数列通项公式进行正用和逆用，不仅可以检验对等差数列的通项公式的掌握情况，也可以进一步理解其参数的意义。所选例题和练习难度由易到难，尽量照顾到每个层次学生的需求，使学生充分理解并掌握等差数列的通项公式，其中也有借助数学史与生活实际联系的实际问题，让学生进一步感受数学来源于生活又服务于生活的真谛。完成练习后引导学生对概念和公式的应用类型进行梳理和总结，将等差数列常见题型结构以及解题方法进行有效建构，为等比数列的应用做好充分准备。

### (四) 环节四：拓展延伸

提问：观察等差数列的通项公式，你认为它与我们熟悉的哪一类函数有关？

因为 $a_n = a_1 + (n-1)d = dn + (a_1 - d)$，所以当 $d \neq 0$ 时，等差数列 $\{a_n\}$ 的第 $n$ 项 $a_n$ 是一次函数 $f(x) = dx + (a_1 - d)(x \in \mathbf{R})$ 当 $x = n$ 时的函数值，即 $a_n = f(n)$。

如图 3-3-14，在平面直角坐标系中画出 $f(x) = dx + (a_1 - d)$ 的图像，就得到一条斜率为 $d$，在 $y$ 轴上的截距为 $a_1 - d$ 的直线。

在这条直线上描出点 $(1, a_1)$，$(2, a_2)$，$\cdots$，$(n, a_n)$，$\cdots$，就得到了等差数列 $\{a_n\}$ 的图像。

事实上，公差 $d \neq 0$ 的等差数列 $\{a_n\}$ 的图像是点 $(n, a_n)$ 组成的集合，这些点均匀分布在直线 $f(x) = dx + (a_1 - d)$ 上。

反之，任给一次函数 $f(x) = kx + b(k, b$ 为常数)，则 $f(1) = k + b$，$f(2) = 2k + b$，$\cdots$，$f(n) = nk + b$ 构成一个等差数列 $\{nk + b\}$，其首项为 $(k + b)$，公差为 $k$。

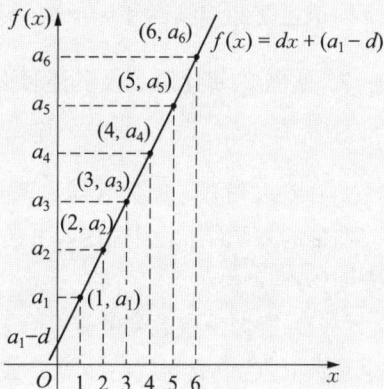

图 3-3-14 函数图像(等差数列)

**设计意图** 通过对等差数列和一次函数关系的研究，进一步理解数列作为特殊函数的本质，从函数的角度理解等差数列。借助函数图像的直观，为学生借助几何直观进行数学抽象打下基础，同时为等比数列和指数函数的联系做好知识建构的准备。

### (五) 环节五：课堂小结

知识层面：①等差数列的概念；②等差中项；③等差数列的通项公式；④从函数角度认识等差数列。

思想方法层面：①不完全归纳法；②累加法；③迭代法；④数形结合；⑤分类讨论；⑥转化与化归。

素养层面：①数学抽象；②直观想象；③逻辑推理；④数学建模。

### 三、教学反思

在"双新"改革中素养目标的达成是教学评价的首要内容,教师在教学设计时特别关注知识内在结构的架构和前后知识的联系,将对学生新知的获得和深入研究起到非常积极的作用,也将为接下来学习的知识做好研究方法和研究内容的准备。针对数列的教学设计中,数列本身是特殊的离散型函数,教师可以引导学生对类比函数的结构特征开展数列的学习。在等差数列概念和通项公式的研究中,教师的设计围绕实际情境的创设、关键问题的设计和探究过程的引导,无不体现教师期望通过适当活动的开展使学生掌握等差数列的概念,并对通项公式进行推导,向学生完整地呈现概念和公式的发现、发展过程,以及通项公式的多种推导方法,便于学生进一步理解等差数列相关知识的来龙去脉,培养学生思维的发展性和发散性。在数列内部知识结构的研究中,等差数列与等比数列作为数列研究中的一对特殊数列模型,两者从各个方面都呈现出高度相似性,有着非常紧密的关系,教师的教学设计要充分考虑等差数列和等比数列作为两个特殊数列之间的联系和区别,借助等差数列相应内容的研究过程,为等比数列相应的研究方法和研究内容做好充分的准备,将等差数列的积极影响发挥到最大效果,引导学生从结构上理解各个知识之间的连续性和传承性。

**2. 案例2:等比数列及其通项公式**

#### 等比数列及其通项公式

等差数列和等比数列作为两类特殊的数列,两者之间有着紧密的联系和延续性,等差数列的知识结构、研究内容和方法对等比数列的研究具有指导意义,可以在以下五个方面体现:

(1)根据等差数列的定义(一个数列从第二项起,每一项与其前一项的差等于同一个常数 $d$,这个数列就叫做等差数列,而这个常数叫做等差数列的公差)可类比得到等比数列的定义:一个数列从第二项起,每一项与其前一项的商等于同一个常数 $q$,这个数列就叫做等比数列,而这个常数叫做等差数列的公比。

(2)根据等差数列的递推关系 $(a_{n+1} - a_n = d)$ 可得等比数列的递推关系为:$\dfrac{a_{n+1}}{a_n} = q$。

(3)根据等差数列的通项公式 $(a_n = a_1 + (n-1)d$ 或 $a_n = a_m + (n-m)d)$ 可得等比数列的通项公式为:$a_n = a_1 q^{n-1}$ 或 $a_n = a_m \cdot q^{n-m}$。

(4)根据等差数列的项的性质(若 $m + n = p + q$,$m$、$n$、$p$、$q$ 均为正整数,则有 $a_m + a_n = a_p + a_q$)可得等比数列的项的性质:若 $m + n = p + q$,$m$、$n$、$p$、$q$ 均为正整数,则有 $a_m \cdot a_n = a_p \cdot a_q$。

(5)等差数列前 $n$ 项和公式为:$S_n = \dfrac{(a_1 + a_n)n}{2} = na_1 + \dfrac{n(n-1)}{2}d$;

等比数列前 $n$ 项和公式为：$S_n = \begin{cases} na_1, & q = 1, \\ \dfrac{a_1(1-q^n)}{1-q}, & q \neq 1。 \end{cases}$

充分考虑两类特殊数列之间的紧密关系,在进行两节内容的教学设计时,等比数列的概念、等比中项、通项公式和等比数列与函数的关系完全可以从等差数列的研究结构类比得到,当然两者之间仍有一定的区别,需要学生充分理解其相互关系并用好两者之间横向联系的结构特征。

## 一、教学内容分析

### 1. 教材分析

本课是上教版新教材选择性必修一第 4 章第 2 节的第 1 课时——《等比数列及其通项公式》。等比数列是一类特殊的数列,在数列研究中和等差数列一样占有重要地位,它不仅在现实生活中有着广泛的实际应用,如银行储蓄、人口增长的有关计算等,而且在对其相关公式进行推导的过程中蕴含着类比、化归、迭代等多种思想方法,这些对学生数学核心素养的提升与未来学习所需能力的掌握起着至关重要的作用。

等比数列和等差数列是数列中常见的两类特殊数列,两者的知识结构和研究方法极其相似,借助等差数列的研究过程和结构,对学生学习等比数列有着极大的帮助。首先可通过提炼实例的共同特征,抽象出等比数列的概念,再用各种方法推导其通项公式,给出等比中项的概念,进而研究数列对应函数的图像,最后通过各种例题和练习进行等比数列的应用。

### 2. 教学目标

（1）掌握等比数列的概念、公比和等比中项的概念,理解等比数列递推关系,掌握通项公式的推导方法;应用等比数列的递推公式和通项公式解决简单的实际应用问题。

（2）通过生活化实际情境的创设,借助实例共同特征的提炼,抽象出等比数列、公比等概念,设计多种活动形式推导等比数列的递推公式和通项公式,体会从特殊到一般的研究方法,获得从实际生活中发现问题、提出问题、分析问题和解决问题的能力。

（3）通过对等比数列通项公式与指数函数之间对应关系和结构特征的研究,提升在知识和方法上的类比能力以及归纳推理能力。在整个概念、知识推进和应用的过程中,提升数学抽象、逻辑推理和数学建模的素养,实现"三会"素养的真正落实。

### 3. 教学重难点

重点:等比数列的概念及通项公式。

难点:等比数列通项公式的推导。

## 二、教学过程

### (一) 环节一:情境引入

图 3-3-15　折纸 30 次

假设一张纸的厚度为 0.01 mm,将这张纸进行对折,请问折 30 次后所得厚度是多少(见图 3-3-15)?

动一动:将老师下发的 A4 纸进行对折。

折一折:看看最多能折多少次?

看一看:对折后纸张的厚度是多少?

依次折 1 次,折 2 次,折 3 次,折 4 次,…,折 30 次后,所得厚度是原来纸张厚度的 $2$, $2^2$, $2^3$, $2^4$, …, $2^{30}$ 倍,分别看看厚度是多少?

算一算:计算纸张对折 30 次后的厚度。

因为 0.01 mm $= 0.01 \times 10^{-3}$ m,所以

对折 30 次后,纸张厚度为 $2^{30} \times 0.01 \times 10^{-3}$ m $= 10\,737.418\,24$ m。

比一比:珠穆朗玛峰是世界上海拔最高的山峰,2005 年测定的高度为 8 844.43 m;将一张纸对折 30 次后所得厚度超过了珠穆朗玛峰的高度。

下面我们一起来看几个实例。

(1) 在两河流域发掘的古巴比伦时期的泥板上记录了下面的数列:

$$9, 9^2, 9^3, \cdots, 9^{10};$$　　　　　①

$$5, 5^2, 5^3, \cdots, 5^{10}。$$　　　　　②

(2)《庄子・天下》中提道:"一尺之棰,日取其半,万世不竭。"如果把"一尺之棰"的长度看成单位"1",那么从第 1 天开始,各天得到的"棰"的长度依次是

$$\frac{1}{2}, \frac{1}{4}, \frac{1}{8}, \frac{1}{16}, \frac{1}{32} \cdots。$$　　　　　③

(3) 在营养和生存空间没有限制的情况下,某种细菌每 20 min 通过分裂繁殖 1 代,那么 1 个这种细菌从第 1 次分裂开始,各次分裂产生的后代数依次是

$$2, 4, 8, 16, 32, 64, \cdots。$$　　　　　④

(4) 某人存入银行 $a$ 元,存期为 5 年,年利率为 $r$,按照复利计算,该人在这 5 年的每年末得到的本利和分别是

$$a(1+r), a(1+r)^2, a(1+r)^3, a(1+r)^4, a(1+r)^5。$$　　　　　⑤

提问:类比等差数列的研究,你认为可以通过怎样的运算发现以上数列的取值规律?如何表达以上数列的共同特征?

**设计意图**　通过让学生动手做小实验,激发学生研究数学的兴趣,也让学生在动手操作的过程中对等比数列有更直观的认识。借助常见数列和生活中的实例,引导学生提炼以上数列的共同特征,为用文字语言表述等比数列的定义做好铺垫与准备。

**(二)环节二:形成概念**

类比等差数列的特征,引导学生用数学符号表示各数列的规律。如果用$\{a_n\}$表示数列①,那么有$\frac{a_2}{a_1}=9$,$\frac{a_3}{a_2}=9$,$\cdots\frac{a_{10}}{a_9}=9$。这表明,数列①有这样的取值规律:从第2项起,每一项与它的前一项的比都等于9。类比数列①的规律,其余数列是否有相同的结论?

提问:类比等差数列的概念,从上述几个数列的共同规律中,你能抽象出等比数列的定义吗? 该怎样表述?

**1. 等比数列概念**

| 文字语言 | 如果一个数列从第2项起,每一项与它的前一项的比都等于同一个常数,那么这个数列就叫做等比数列,这个常数叫做等比数列的公比,公比通常用字母$q$表示$(q \neq 0)$ |
|---|---|
| 符号语言 | $\frac{a_{n+1}}{a_n}=q(q$为常数$,q \neq 0, n \in \mathbf{N}, n \geqslant 1)$ |

**概念辨析**

(1)"从第2项起"说明等比数列至少有三项。

(2)"每一项与它的前一项的比"与"每相邻两项的比"的区别,强调前后比的顺序。

(3)等比数列中的任意项和公比都不为零。

(4)同一个常数$q$是等比数列的公比,即$q=\frac{a_n}{a_{n-1}}(n \geqslant 2)$或$q=\frac{a_{n+1}}{a_n}$。

当$q=1$时,等比数列为非零常数列。

**概念深化**

判断下列数列是否为等比数列? 若是,请写出它的公比。

(1) $3, 9, 15, 21, 27, 33$;

(2) $1, 1.1, 1.21, 1.331, 1.4641$;

(3) $\frac{1}{3}, \frac{1}{6}, \frac{1}{9}, \frac{1}{12}, \frac{1}{15}, \frac{1}{18}$;

(4) $4, -8, 16, -32, 64, -128$;

(5) $1, a, a^2, a^3, a^4$。

**设计意图**　通过对具体数列特点的归纳和整理,提炼出等比数列的概念,鼓励学生从文字语言和符号语言两方面表示等比数列的概念,并借助关键词对等比数列概念进行辨析,引导学生抓住等比数列概念的内涵和本质。通过若干具体数列是否为等比数列的判断,检验学生对等比数列定义和判别方法的掌握程度,加深学生对等比数列概念的理解。

### 2. 等比中项的概念

类比等差中项的概念可得等比中项的概念:如果在 $a$ 和 $b$ 中间插入一个数 $G$,使 $a$,$G$,$b$ 成等比数列,那么 $G$ 叫做 $a$ 与 $b$ 的等比中项。此时 $G^2=ab$。

**概念辨析**

(1) 条件:如果 $a$,$G$,$b$ 成等比数列。

(2) 结论:$G$ 叫做 $a$ 与 $b$ 的等比中项。

(3) 关系式:$G^2=ab$。

**特别关注**

(1) 若 $G$ 是 $a$ 与 $b$ 的等比中项,则 $a$ 与 $b$ 的同号;异号的两个实数不存在等比中项。$G=\pm\sqrt{ab}$,即等比中项有两个,且互为相反数。

(2) 当 $G^2=ab$ 时,$G$ 不一定是 $a$ 与 $b$ 的等比中项。

设计意图　等比中项三个方面的建构与等差中项一致,又从两个方面分析等差中项与等比中项的区别,对学生易错的点进行辨析。

### 3. 等比数列的通项公式

提问:你能根据等比数列的定义推导它的通项公式吗?

设等比数列 $\{a_n\}$ 的公比为 $q$,根据等比数列的定义,可得

$$a_{n+1}=a_n \cdot q。$$

所以

$$a_2=a_1 q,$$
$$a_3=a_2 q=(a_1 q)q=a_1 q^2,$$
$$a_4=a_3 q=(a_1 q^2)q=a_1 q^3,$$
$$……$$

由此可得

$$a_n=a_1 q^{n-1}(n \geqslant 2)。$$

又 $a_1=a_1 q^0=a_1 q^{1-1}$,即当 $n=1$ 时上式也成立。

因此,首项为 $a_1$,公比为 $q$ 的等比数列 $\{a_n\}$ 的通项公式为

$$\boxed{a_n=a_1 q^{n-1}}。$$

(此处省略了用累乘法和迭代法推导等比数列通项公式的过程)

设计意图　引导学生通过小组合作交流得到等比数列通项公式的多种推导方法,这些均与等差数列通项公式的多种推导方法相吻合,能培养学生思维的多样性和发展性。

**(三) 环节三:巩固应用**

**例1**　若等比数列 $\{a_n\}$ 的第 4 项和第 6 项分别为 48 和 12,求 $\{a_n\}$ 的第 5 项。

**方法 1**  由题意得

$$\begin{cases} a_1 q^3 = 48, \\ a_1 q^5 = 12, \end{cases}$$

两式相除,得 $q^2 = \dfrac{1}{4}$,解得

$$q = \frac{1}{2} \text{ 或} -\frac{1}{2}。$$

把 $q = \dfrac{1}{2}$ 代入,得 $a_1 = 384$,此时 $a_5 = a_1 q^4 = 384 \times \left(\dfrac{1}{2}\right)^4 = 24$。

把 $q = -\dfrac{1}{2}$ 代入,得 $a_1 = -384$,此时 $a_5 = a_1 q^4 = -384 \times \left(-\dfrac{1}{2}\right)^4 = -24$。

因此,$\{a_n\}$ 的第 5 项是 24 或 $-24$。

**方法 2**  因为 $a_5$ 是 $a_4$ 与 $a_6$ 的等比中项,所以

$$a_5^2 = a_4 a_6 = 48 \times 12 = 576。$$

于是 $a_5 = \pm\sqrt{576} = \pm 24$。

因此,$\{a_n\}$ 的第 5 项是 24 或 $-24$。

**例 2**  数列 $\{a_n\}$ 共有 5 项,前三项成等比数列,后三项成等差数列,第 3 项等于 80,第 2 项与第 4 项的和等于 136,第 1 项与第 5 项的和等于 132,求这个数列。

**解**  设前三项的公比为 $q$,后三项的公差为 $d$,则该数列的各项依次为

$$\frac{80}{q^2}, \frac{80}{q}, 80, 80+d, 80+2d。$$

于是得

$$\begin{cases} \dfrac{80}{q} + (80+d) = 136, \\ \dfrac{80}{q^2} + (80+2d) = 132, \end{cases}$$

解方程组,得 $\begin{cases} q = 2, \\ d = 16, \end{cases}$ 或 $\begin{cases} q = \dfrac{2}{3}, \\ d = -64。 \end{cases}$

所以,这个数列是 20,40,80,96,112 或 180,120,80,16,$-48$。

**练习 1**  已知数列 $\{a_n\}$ 是等比数列,下列说法中错误的是(　　)。

(A) $a_3$,$a_5$,$a_7$ 成等比数列

(B) $a_1$,$a_3$,$a_9$ 成等比数列

(C) $a_n$,$a_{n+1}$,$a_{n+2}$ 成等比数列

(D) $n > 3$ 时，$a_{n-3}$，$a_n$，$a_{n+3}$ 成等比数列

答案为 B。

**练习 2**　(1) 在等比数列 $\{a_n\}$ 中，$a_1 = \dfrac{1}{2}$，$q = \dfrac{1}{2}$，$a_n = \dfrac{1}{32}$，则项数 $n$ 为 _____。

(2) 已知等比数列 $\{a_n\}$ 满足 $a_{n+1} > a_n$，且 $a_5^2 = a_{10}$，$2(a_n + a_{n+2}) = 5a_{n+1}$，则数列 $\{a_n\}$ 的通项公式 $a_n = $ _____。

**解**　(1) 因为 $a_n = a_1 q^{n-1}$，所以 $\dfrac{1}{2} \times \left(\dfrac{1}{2}\right)^{n-1} = \dfrac{1}{32}$，即 $\left(\dfrac{1}{2}\right)^n = \left(\dfrac{1}{2}\right)^5$，解得 $n = 5$。

(2) $2(a_n + a_{n+2}) = 5a_{n+1} \Rightarrow 2q^2 - 5q + 2 = 0 \Rightarrow q = 2$ 或 $q = \dfrac{1}{2}$。

$a_5^2 = a_{10} = a_1 q^9 > 0 \Rightarrow a_1 > 0$。

由 $a_{n+1} > a_n$，得 $q = 2$。

$a_5^2 = a_{10} \Rightarrow (a_1 q^4)^2 = a_1 q^9 \Rightarrow a_1 = q = 2$。

所以，数列 $\{a_n\}$ 的通项公式 $a_n = 2^n$。

**练习 3**　(1) 方程 $x^2 - 5x + 4 = 0$ 的两根的等比中项是 _____；

(2) 若 $b$ 是 $a$、$c$ 的等比中项，则方程 $ax^2 + bx + c = 0$ 的实数根的个数为 _____。

**解**　(1) 由韦达定理可得方程的两根之积为 $4$，而 $4 = (\pm 2)^2$，故方程的两根的等比中项是 $\pm 2$。

(2) 因为 $b$ 是 $a$、$c$ 的等比中项，所以 $b^2 = ac > 0$。

于是方程 $ax^2 + bx + c = 0$ 满足 $a \neq 0$，且判别式 $\Delta = b^2 - 4ac = -3ac < 0$，故其根的个数为 $0$。

**设计意图**　通过各种例题和练习，将等比数列通项公式、等比中项进行正用和逆用，不仅检验等比数列的通项公式的掌握情况，也可以进一步理解其参数的意义。完成练习后引导学生对概念和公式的应用类型进行梳理和总结，将等比数列常见题型结构以及解题方法进行有效建构，与等差数列的应用进行类比学习。

**（四）环节四：拓展延伸**

**1. 等比数列与指数型函数的关系**

类比等差数列与一次函数的关系，由 $a_n = \dfrac{a_1}{q} \cdot q^n$ 可知，当 $q > 0$ 且 $q \neq 1$ 时，等比数列 $\{a_n\}$ 的第 $n$ 项 $a_n$ 是指数型函数 $f(x) = \dfrac{a_1}{q} \cdot q^x (x \in \mathbf{R})$ 当 $x = n$ 时的函数值（见图 3-3-16），即 $a_n = f(n)$。

反之，任给指数型函数 $f(x) = ka^x$（$k$、$a$ 为常数，$k \neq 0$，$a > 0$ 且 $a \neq 1$），则 $f(1) = ka$，$f(2) = ka^2$，…，$f(n) = ka^n$，…，构成一个等比数列 $\{ka^n\}$，其首项为 $ka$，公比为 $a$。

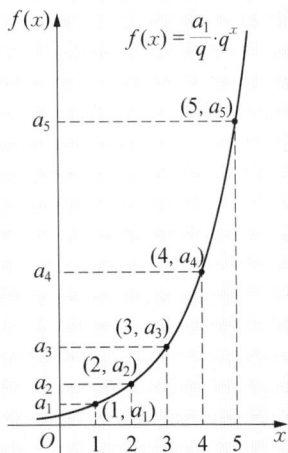

图 3-3-16　函数图像（等比数列）

### 2. 等比数列的单调性

结合等比数列和指数型函数的关系推断等比数列的单调性:

(1) 当 $a_1 > 0$, $q > 1$ 或 $a_1 < 0$, $0 < q < 1$ 时,等比数列 $\{a_n\}$ 为严格增数列;

(2) 当 $a_1 > 0$, $0 < q < 1$ 或 $a_1 < 0$, $q > 1$ 时,等比数列 $\{a_n\}$ 为严格减数列;

(3) 当 $q = 1$ 时,数列 $\{a_n\}$ 为非零常数列;

(4) 当 $q < 0$ 时,数列 $\{a_n\}$ 为摆动数列。

设计意图 类比等差数列与一次函数的关系研究等比数列与指数型函数的关系,进一步理解数列与函数的关系,通过具体的数列图像,直观得出数据变化的规律,不仅从代数角度论证了等比数列与对应函数的关系,还通过图像让学生体会了代数与几何的统一性。在此基础上结合指数型函数单调性的特征研究等比数列的单调性,能发展学生直观想象、数学抽象、逻辑推理的素养。

### (五) 环节五:课堂小结

知识层面:①等比数列的概念;②等比数列通项公式;③等比中项;④等比数列与指数函数的关系及等比数列的单调性。

思想方法层面:①不完全归纳法;②累加法;③迭代法;④数形结合;⑤分类讨论;⑥转化与化归。

素养层面:①数学抽象;②直观想象;③逻辑推理;④数学建模。

## 三、教学反思

单元教学设计时,对等差数列的概念和通项公式进行教学设计的同时应充分考虑等比数列的教学设计,关注整个单元中知识的形成与发展,借助类比推广的思路将两类特殊数列进行综合考虑,将知识的纵向、横向联系起来并深入思考,通过概念辨析的形式来进一步认识两者的联系和区别。对两类数列的概念和通项公式的类比处理和结构构建,对于进一步学习它们的性质、前 $n$ 项和公式及其综合应用等将产生深远的影响。引导学生学会研究的方向和方法对他们的终身发展和素养提升有很大帮助。

## 三、以活动组织教学

### (一) 什么是以活动组织教学?

《高中新课标》指出高中数学教学中既要关注数学知识生成的结果,也要重视知识产生的过程,教师通过教学设计引导学生参与知识生成发展的全过程,促使学生获得积极的活动体验和收获。在数学教学实践中,以活动组织教学是当前比较新颖的教学模式,与传统教师以"讲授"为主的教学方式有着很大的区别。以活动组织教学是从教学内容的实际需求、学生的兴趣点和能力发展的生长点出发,利用各种不同形式的活动鼓励学生主动参与、积极思考,以发现问题、提出问题、分析问题和解决问题的"问题"解决为明线,以学生综合能力提高和数学核心素养发展为暗线的教学新模式。

与低龄化学生数学活动形式多样化不同,高中阶段数学教学中的活动形式相对比较稳

定,常见的活动形式有:游戏活动、实验活动、说题活动、操作活动和探究活动等。以活动组织教学有以下主要特征:

1) 主体性

以活动组织教学的关键是活动,在教学过程中学生是实施活动的主体,在教师充分考虑教材内容、学生能力发展的需求和核心素养培养目标等诸多因素的基础上,确定活动的主题。接下来活动的实施(包括确定活动方案、活动流程和活动形式等)由学生自主完成,教师鼓励学生充分参与活动的整个过程,学生在自主探究和合作交流中充分展现主体的地位。

2) 开放性

以活动组织教学的新型教学模式是借助活动实现教学目标,是依托活动建构一套流动性和开放性的教学流程,这与单一的教学模式有着天壤之别。即使面对同一个活动主题,由于学生的眼界、能力和处理方式各不相同,都会出现不同的活动形式、活动流程,甚至出现各种动态的活动结果。在活动实践的过程中,学生根据自己对活动主题的理解和现有的学习经验,选择不同的活动形式,与教师的教学预期会有不同的方向,取得呈现开放性的活动效果。

3) 情感性

教学中的活动由学生主动参与完成,与传统的被动接受有着明显的区别。教师在活动情境的创设中,充分考虑学生的实际水平,成功激发学生的好奇心和兴趣,引导学生主动参与活动的整个过程,在此过程中学生的情绪始终处于积极主动的状态,在知识获得的过程中感受到愉悦和成就感,情绪价值非常高。

4) 体悟性

在教学过程中,学生的活动实践过程需借助一定教学手段推进,往往经历参与实践演示、动手操作、亲身体验等完整的过程,具有非常显著的自主发现、自主探究来解决问题的特征。对于知识的形成、问题的解决等都是完整的体验,和传统的被动接受知识的形成过程有着明显区别,学生对知识和方法的掌握有着切身体会和真切感悟,这是教学中"以活动促进发展"目标的完美体现。

5) 创新性

以活动组织教学的模式在培养学生发展能力的同时关注学生创新精神的培养,在活动中对于简单活动引导学生自主研究,对于复杂活动鼓励学生小组合作交流。在此过程中,伙伴间就某些具体问题进行合作交流,学生经常会在突破难点时由于受到同伴的鼓励和启发而迸发出新的创意,这充分体现了团队力量和个体才智的发挥。对于学生创新想法的保护和实施是活动教学的优势,将学生的创意在活动中实践必将很好地提升学生的创新意识和创新能力。

**(二) 如何以活动组织教学?**

在以活动组织教学的新型教学模式中,教师首先对学生情况进行分析,结合教学内容确定活动目标并明确活动展开的方向和活动的形式。在活动设计中,生活实例、游戏或者实验都可以成为活动的引子,教师可以根据教学内容选择适当的呈现方式作为学生问题提出的媒介,为学生开展活动做好准备。根据活动的内容,教师选择适当的问题情境引发学生的好奇心和兴趣,积极引导学生在开放、动态的环境中开展活动。在数学教学的推进中,活动承载着学生积极发挥的主体作用,伙伴之间借助合作交流的方式使活动的开展更加顺畅。活动结束阶段,对于活动成果,教师创设平台和机会让小组进行成果展示,最大程度上激发学生的学习成就感,在学生汇报的过程中小组成员和教师加以适当补充,学生在教师的补充中使成果更加完善,教师在学生的活动交流中产生更多的教学灵感,实现教学相长的目标。在汇报交流的过程中,可以采用生生评价、师生评价的各种形式进行互动,丰富评价方式。公平和客观的评价,会给予学生更好的鼓励,借助评价使学生在评价中得到个性发展。结合整个活动的过程,总结出活动的整个流程:活动主题—活动情境创设—活动实施—活动展示—活动整合—活动评价。

### 1. "实验—归纳—感悟"活动模式(实验活动)

生活中随机现象无处不在,和我们的生活实际有着紧密联系,其背后蕴含着深刻的规律。在上教版新教材第12章概率初步中,让学生初次接触简单的概率问题,相对于以往教学内容的不同和表达形式的变化,对于缺乏经验的学生而言理解和应用上会存在很大的困难。

概率初步章节的核心问题是让学生借助与生活实际相关联的实例,了解随机现象与概率的意义,对生活中的一些随机现象进行科学的认识和评价;借助生活中古典概率类型的实例,以小组合作交流的方式进行讨论和合作,在深刻领会概率意义的同时,感受与他人合作交流对知识理解和发展的重要性以及培养实事求是的科学态度。

在概率初步单元章节的教材中,随机实验随处可见,第12章统计中所有的实验活动,不难发现知识推进过程中每节内容中都会出现掷硬币、掷骰子等实验活动(见表3-3-3),这不仅是生活中常见的实验帮助学生理解,也是和教学内容紧密相关的实验活动,教师在推进过程中选择恰当的切入点让学生进行现场实验,以实验活动的形式让学生自己做实验,归纳出结论,感悟概率的基本规律将对学生的概率学习有非常大的帮助,让学生深刻领悟概率论是研究随机现象所蕴藏规律的数学理论。

表3-3-3 随机实验活动

| 序号 | 章节内容 | 实验活动 |
|---|---|---|
| 1 | 12.1.1 随机现象 | 掷硬币、掷骰子、抽签 |
| 2 | 12.1.2 样本空间与事件 | 掷硬币、掷骰子、摸球 |
| 3 | 12.2.1 等可能性与概率 | 掷硬币、掷骰子 |
| 4 | 12.2.2 等可能性(续) | 掷硬币、掷骰子、摸球、抽签 |
| 5 | 12.2.3 事件关系和运算 | 掷硬币、掷骰子 |
| 6 | 12.2.4 可加性 | 掷硬币、下棋比赛 |
| 7 | 12.3 频率与概率 | 掷硬币、降低胆固醇的新药实验 |
| 8 | 12.4.1 独立随机事件 | 掷硬币、比赛(一局定胜负和三局两胜) |
| 9 | 12.4.2 事件的独立性 | 抽扑克牌、掷骰子、篮球比赛罚球、下棋比赛 |

在 12.3 频率与概率的教学设计时,分析课程标准、学生的学习水平、频率和概率内容的要求,抓住本节内容的核心概念:频率、伯努利大数定律,确定教学重难点。

【教学重难点】

重点:结合实例,理解频率的意义,会用频率估计概率;了解伯努利大数定律的意义。

难点:理解频率和概率的区别和联系。

学生对于独立地重复一个伯努利试验 $n$ 次,其中成功的次数记作 $S_n$,那么 $\dfrac{S_n}{n}$ 被称为成功的频率,由于在日常生活中和物理学习中学生对频率已有较多的接触,学生对频率的概念比较容易接受,但是对于"随机事件发生的可能性"用概率来刻画事物对学生而言既抽象又陌生。此时选择实验活动设计让学生对频率、概率、伯努利大数定理进行现场实验,在记录实验结果的基础上进行结论归纳,从而实现对概率知识的深刻理解(见表 3-3-4)。

表 3-3-4　实验活动任务及记录

| 实验活动任务单 |
|---|
| 实验目标:1. 理解频率的意义,会用频率估计概率;<br>　　　　 2. 理解频率和概率的关系;<br>　　　　 3. 了解伯努利大数定律的意义。<br>实验内容:抛掷一枚均匀的硬币,记录每次实验的结果。<br>实验流程:1. 全班分成 4 人为组进行实验,每组准备一枚均匀的 1 元硬币;<br>　　　　 2. 每次实验由学生将硬币向上抛掷适当高度,硬币自然落下,平落于桌上直至静止有效,观察并记录结果;<br>　　　　 3. 规定 1 元硬币的"1"字面为正面,菊花面为反面;<br>　　　　 4. 每次由 1 名学生抛掷硬币,1 名学生记录,进行独立重复实验。 |

| 实验记录表 | | | | |
|---|---|---|---|---|
| 实验内容 | 实验结果 | 实验结果次数/次 | 频率 | 实验结果记录(按实验次序填写) |
| 抛掷 1<br>元硬币 | 正 | | | |
| | 反 | | | |
| 实验结果分析: | | | | |
| 实验结果总结: | | | | |
| 实验评价: | | | | |

在具体操作抛掷硬币的实验后,让学生对结果进行分析和总结,学生将感受到一个随机事件发生的随机性(1 次实验),同时发现统计的规律性(独立的重复性实验),真正体会随机事件发生的偶然性中的必然性,从而正确认识随机事件发生的不确定性和频率的稳定性,进一步理解概率的意义,了解伯努利大数定律,发现频率和概率的联系和区别(见表 3-3-5)。

表 3-3-5　频率与概率

| 内容 | 联　系 | 区　　别 |
|---|---|---|
| 频率 | 在实际中,随机事件发生的概率一般是未知的,常用频率估计概率。频率是概率的近似值,随着实验次数的增加,频率越来越接近概率。 | 频率的结果在实验之前无法确定,具着随机性,随着实验次数的增加而改变。做同样次数的实验,频率结果也会不同。 |
| 概率 | | 概率是确定值,不会随着实验次数的改变而改变,具有确定性。 |

### 2. "游戏—提高—评价"活动模式(游戏活动)

上教版新教材第 5 章第 3 节用二分法求函数的零点,该节内容主要是借助连续函数零点的存在定理来判断方程根所在的区间,从实际问题的解决中引出"一分为二"的思想,找到求方程近似解的突破口,实现对函数零点与方程根之间关系的深化。"二分法"作为求方程近似解的常用方法,蕴含着函数与方程、数形结合、迭代和逼近等各种思想方法,对学生把握数学的本质有着重要的意义。考虑到二分法本身的抽象性和在实际生活中应用的实践性,教师在设计时需考虑搭建学生理解的支架,可选择利用游戏活动的形式引入二分法情境。结合课标要求、学生实际情况和教材内容,确定教学目标和教学重难点。

【教学目标】

(1)结合具体连续函数及其图像特点,理解零点存在定理,体会二分法运用的条件,掌握用二分法求连续函数的零点的过程。

(2)在探究零点存在定理与二分法的过程中,经历自主探索的过程,锻炼分析和解决问题的能力。

(3)感悟数形结合、迭代等思想方法,提升直观想象、数学抽象、数学运算的核心素养,激发学科学习的动力和创造力。

【教学重难点】

重点:理解零点存在定理,掌握用二分法求连续函数零点的过程。

难点:自主探究零点存在定理,发现二分法。

《高中新课标》中明确指出要重视学生知识的获得过程,引导学生主动参与,获得积极的活动体验。分析本节课的重难点不难发现掌握二分法是重点,分析二分法是难点,结合教学内容和学生学习中的困难,在活动体验教育理念支撑下,数学课堂应该创设更多吸引学生的活动,让学生在尽情参与活动的同时感受知识的生成和发展过程,让学生在活动中积累数学活动的经验,提升对数学的认识。

以生活中实物价格为背景,以小组为单位进行游戏比赛,通过小组竞争的形式猜商品的价格,最快速猜对价格的小组获胜。类比猜价格中最优策略,借助商品价格区间范围减半的过程来理解二分法中"一分为二"的思想,对学生而言更容易接受和理解(见图 3-3-17)。通过商品价格所在区间的变化过程来学习二分法,各小组成员团结合作,讨论总结猜价格的过程和方法,选出完整表述过程的小组给予肯定和鼓励。当然在活动过程中,考虑学生的实际情况和教学内容的难易程度,教师在组织学生小组合作探究时,对于简单内容和方法让学生独立解决,对于难度较高的问题采用合作探究的方式。

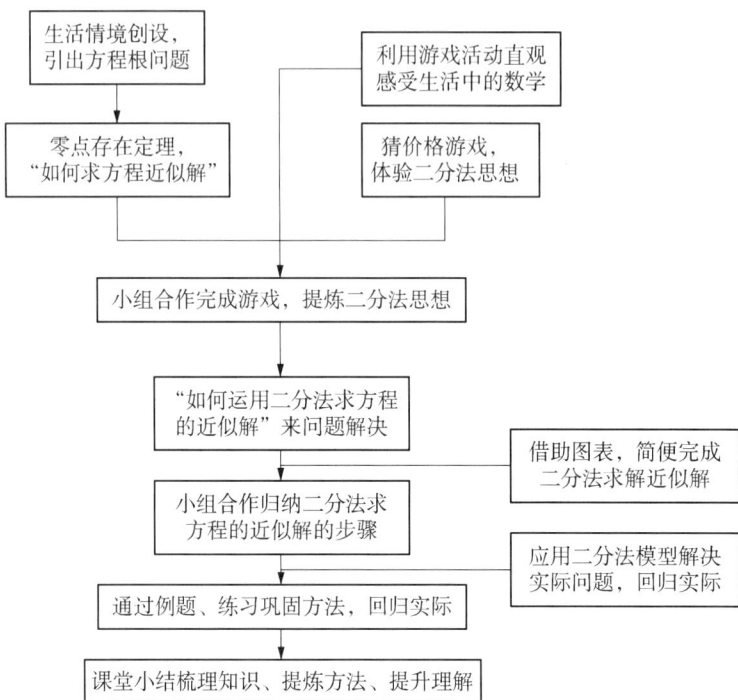

图 3 - 3 - 17 "一分为二"的思想

教师在教学设计时充分考虑到二分法来源于生活,可以由学生从实际生活中抽象出一般方法,以游戏活动和小组合作探究的形式帮助学生理解,同时将二分法应用于实践,让学生在游戏中体会将生活情境转化为数学问题,最终提炼出数学模型的过程,真正提高学生的"三会"素养。

1) 情境引入

问题情境:在一块边长为 13 cm 的正方形金属薄片的四个角上各剪去一个边长为 $x$ cm 的小正方形,做成一个容积是 $140$ cm$^3$ 的无盖长方体盒子,如图 3 - 3 - 18 所示(图中单位:cm),求出 $x$ 的值。(结果精确到 0.1 cm)

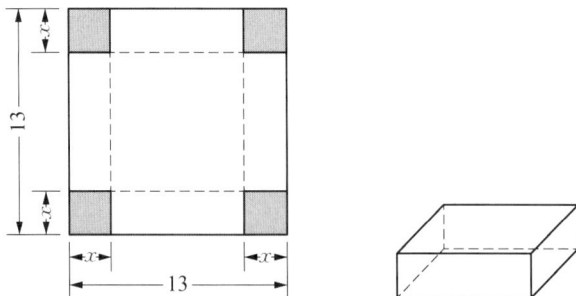

图 3 - 3 - 18 无盖长方体盒子

教师提问：在这个问题中，变量 $x$ 要满足什么条件？

学生回答：根据要求，得 $x(13-2x)^2=140$，我们的目标是求该方程在区间 $\left(0,\dfrac{13}{2}\right)$ 上的实根。

教师提问：我们能直接解方程得出 $x$ 的值吗？

学生回答：不能。

**2）探索新知**

（1）问题转化。在学生解决实际问题遇到困难时，引入连续函数零点存在定理，可将原问题转化为"已知函数 $y=f(x)=x(13-2x)^2-140$，$x\in\left(0,\dfrac{13}{2}\right)$ 在区间 $(1,2)$ 和区间 $(3,4)$ 上各存在一个零点，请求出零点的大小。"

教师提问：如何将区间长度缩短得到近似解？（以区间 $(3,4)$ 为例，精确到 $0.1$）

学生回答：在 $(3,4)$ 内取值；取更小的区间。

教师提问：取 $x_0\in(3,4)$，$f(x_0)$ 的符号有几种情况，在这些情况下，零点存在区间又有什么变化？

取 $x_0\in(3,4)$，若 $f(x_0)=0$，$x_0$ 就是函数 $y=f(x)$ 的零点；若 $f(x_0)>0$，有 $f(x_0)\cdot f(4)<0$，函数 $y=f(x)$ 区间 $(x_0,4)$ 上一定有零点；若 $f(x_0)<0$，有 $f(3)\cdot f(x_0)<0$，函数 $y=f(x)$ 区间 $(3,x_0)$ 上一定有零点。

**设计意图**　以一点为例，发现可以通过取点将区间缩短，从特殊到一般，引导学生思考如何取点能让区间长度的缩短更具效率，体会二分法中"一分为二"的思想。

（2）游戏活动。游戏情境：大家有没有看过电视节目幸运 52 中猜测商品价格的游戏？今天我们也体验一把，当时正值冬奥会如火如荼进行中，冰墩墩成为时下抢手货，现场展示实物冰墩墩，请同学参与看商品猜价格游戏（班级分小组猜价格，先猜中价格的小组有奖），大家可以先小组讨论猜价格解决方案。

在完成游戏前，教师对学生的解决方案有两种预期：

预期 1：一个一个价格随机猜；

预期 2：通过随机猜确定价格区间，再取中间值猜，如此重复直至找到正确价格为止。

教师提问：在同学每次出价格时，我总会说高了或者低了，这是什么含义？如何能以更快的时间准确猜中商品的价格？

**设计意图**　借助当前热门的冰墩墩实物玩具猜价格，让学生积极参与游戏活动来完成任务，不仅吸引学生的注意力，而且在游戏中用直观教学手段激发数学思考的欲望，特别是为了快速猜中价格取两个价格的中间值，就蕴含着"一分为二"的思想。

教师提问：在已经确定有零点的区间内取值 $x_0$ 来缩短区间时，这个 $x_0$ 可以取什么值能让零点所在区间缩短得更快，更有效率？

（3）新知推进。二分法：在确定了区间 $(a,b)$ 上一定有零点的前提下，将区间一分为二，这两部分中总有一个含有零点，而含有零点的区间的长度变为原先的一半，反复执行这种"一分为二"的操作，就能将零点限制在一个足够小的区间内，也就容易求得其近似值了。

**解**　因为 $f(3)=7>0$，$f(4)=-40<0$，$f(3)\cdot f(4)<0$，所以此函数 $y=f(x)$ 在区间 $(3,4)$ 上一定有零点。

取 $(3,4)$ 的中点 $x_1=\dfrac{3+4}{2}=3.5$，计算可得 $f(3.5)=-14<0$。

教师提问：此时零点存在的区间是什么？为什么？

因为 $f(3)\cdot f(3.5)<0$，所以 $y=f(x)$ 在区间 $(3,3.5)$ 上一定有零点。

取 $(3,3.5)$ 的中点 $x_2=\dfrac{3+3.5}{2}=3.25$，计算可得 $f(3.25)=-2.6875<0$。因为 $f(3)\cdot f(3.25)<0$，所以 $y=f(x)$ 在区间 $(3,3.25)$ 上一定有零点。

教师提问：$(3,3.25)$ 的中点是何值？应该如何求区间 $(a,b)$ 的中点？

取 $(3,3.25)$ 的中点 $x_3=\dfrac{3+3.25}{2}=3.125$，计算可得 $f(3.125)>0$。因为 $f(3.125)\cdot f(3.25)<0$，所以 $y=f(x)$ 在区间 $(3.125,3.25)$ 上一定有零点。

取 $(3.125,3.25)$ 的中点 $x_4=\dfrac{3.125+3.25}{2}=3.1875$，计算可得 $f(3.1875)<0$。因为 $f(3.125)\cdot f(3.1875)<0$，所以 $y=f(x)$ 在区间 $(3.125,3.1875)$ 上一定有零点。

教师提问：已经确定 $y=f(x)$ 在区间 $(3.125,3.1875)$ 上一定有零点，我们还要继续用二分法吗？为什么？你觉得二分法求零点近似值应到哪一步结束？

取 $(3.125,3.1875)$ 的中点 $x_5=\dfrac{3.125+3.1875}{2}=3.15625$，计算可得 $f(3.15625)>0$。因为 $f(3.15625)\cdot f(3.1875)<0$，所以 $y=f(x)$ 在区间 $(3.15625,3.1875)$ 上一定有零点。

(4) 归纳提炼。我们可以用一张表格清晰地描述用二分法求函数零点的过程（见表 3-3-6）

表 3-3-6　用二分法求函数零点

| 步骤 | $L$（左端点） | $M$（中点） | $R$（右端点） | $f(L)$ | $f(M)$ | $f(R)$ |
| --- | --- | --- | --- | --- | --- | --- |
| 1 | 3 | 3.5 | 4 | + | − | − |
| 2 | 3 | 3.25 | 3.5 | + | − | − |
| 3 | 3 | 3.125 | 3.25 | + | + | − |
| 4 | 3.125 | 3.1875 | 3.25 | + | − | − |
| 5 | 3.125 | 3.15625 | 3.1875 | + | + | − |

注意到区间 $(3.15625,3.1875)$ 中的所有数精确到 0.1 时的近似值都是 3.2，所以 $y=f(x)$ 在区间 $(3,4)$ 上的零点的近似值为 3.2。

归纳用二分法求函数零点近似值的过程，具体如下。

步骤一：确定存在零点的区间$[a,b]$。

步骤二：求区间$(a,b)$的中点$M=\dfrac{a+b}{2}$。

步骤三：判断$f(M)$的正负。

3）实际应用

参照上述过程，试求函数$y=f(x)=x(13-2x)^2-140$，$x\in\left(0,\dfrac{13}{2}\right)$在区间$(1,2)$上的零点的近似值（精确到0.1）如表3-3-7所示。

表3-3-7 求函数零点

| 步骤 | L（左端点） | M（中点） | R（右端点） | $f(L)$ | $f(M)$ | $f(R)$ |
|------|-----------|----------|-----------|--------|--------|--------|
| 1 | 1 | 1.5 | 2 | － | ＋ | ＋ |
| 2 | 1 | 1.25 | 1.5 | － | － | ＋ |
| 3 | 1.25 | 1.375 | 1.5 | － | ＋ | ＋ |
| 4 | 1.25 | 1.3125 | 1.375 | － | ＋ | ＋ |

答：所剪去的小正方形的边长约为1.3 cm或3.2 cm。

设计意图 结合实际操作，巩固所学。

二分法的实际应用：已知一段10 km的电线发生故障，只需采用二分法，执行7次后，就能将故障区域缩短至100 m的范围，从而找到故障并解决。

设计意图 体会二分法在实际生活中的应用，感受数学与生活的联系。

**3."操作—归纳—提炼"活动模式（作图活动）**

上教版新教材第4章"幂函数、指数函数和对数函数"，整章以"固定等式$a^b=c$中$a$、$b$、$c$三个量中的一个量，研究另两个量之间的关系和规律"统领全局，定义幂函数、指数函数和对数函数三种常见的初等函数，同时借助具体函数图像抽象出性质并用代数方法严格证明。幂、指、对函数之间不仅在形式上存在相互关系，而且在其函数定义、图像和性质研究的途径上也有着紧密联系，指数函数是在幂函数研究的基础上的学习，两者之间有着相同的研究结构，若按照幂函数的研究方法，教师带领学生重复性地再来一遍，无法吸引学生数学研究的兴趣，也无法提升学生的能力，与数学教育教学的初衷背道而驰。针对教材内容和学生的实际情况，教师可以设计活动任务单，让学生由任务单引领自主动手完成作图任务（按图索骥）。拿着任务单就像跟着"地图"的指引，学生自主完成指数函数图像和性质的研究；对于难点，由小组合作探究的形式攻破，由此学生就能获得满满的成就感。

【教学目标】

（1）通过生物中的细胞分裂等实际问题，了解指数函数的背景，发现指数函数具有"底数固定，幂随着指数的变化而变化"的特征，理解指数函数的定义。

（2）类比幂函数研究的方法自主研究指数函数的图像并提炼出其性质，学会用代数方法研究其性质,体会数形结合、分类讨论的数学思想方法,提升类比推广的能力。

（3）通过自主探索指数函数的图像和性质,经历从"特殊到一般、具体到抽象"的过程,完善认知结构,发展数学抽象、逻辑推理的核心素养（见图 3－3－19）。

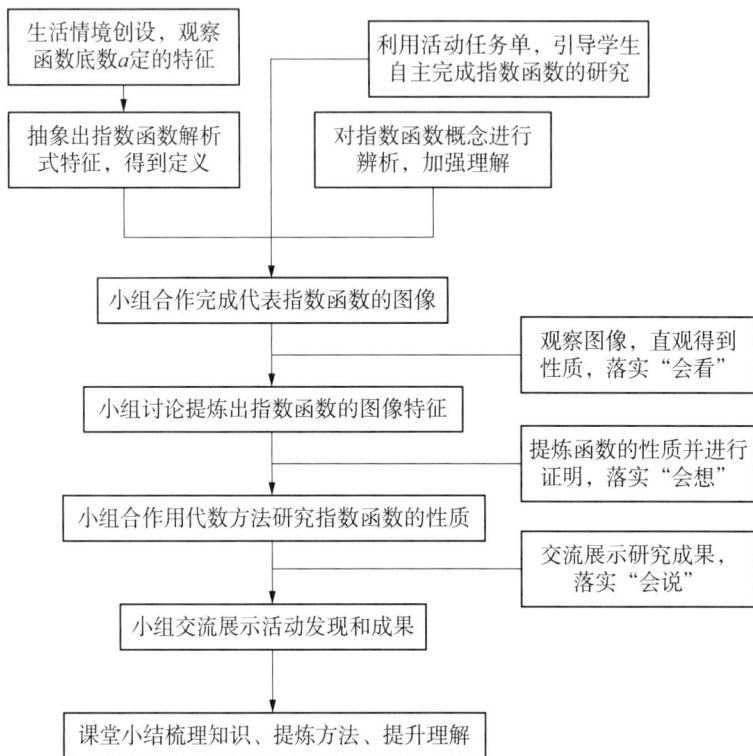

图 3－3－19　探索指数函数

【教学重难点】

重点:掌握指数函数的定义与图像。

难点:对指数函数的底数 $a$ 所需条件的讨论。

对幂函数的研究,从初中已学的正比例函数、反比例函数、一次函数和二次函数等出发,结合生活中实例引出幂函数的概念,以代表性幂函数为例,将初中已掌握的研究函数图像的方法进行梳理,通过列表、描点和连线得到幂函数的图像,在此基础上提炼出幂函数的性质,对于对称性和单调性给予严格的证明。以幂函数研究方法为指引,敲开学生对指数函数、对数函数自主研究的大门,这将取得事半功倍的效果。由于学生已有对幂函数的研究基础作为铺垫,对指数函数图像和性质的研究,教师可设计为借助活动任务单,由学生以小组合作探究的方式进行知识的探索（见表 3－3－8）。这样,对上教版新教材第 4 章的教学就能实现在第 3 章幂、指数和对数的基础上,先定义幂、指、对函数,再通过函数图像的特征提炼出性质,并用代数方法研究其性质,这一切为第 5 章抽象出一般函数的概念和性质以及应用奠定了坚实的基础。

表 3 - 3 - 8　实践活动任务及计算值

**实践活动任务单(教师版)**

**任务主题:指数函数的图像和性质**

**问题 1:幂函数的研究如何展开?**

预期答:通过作出代表幂函数在第一象限的图像,抽象出幂函数图像的特征并给予代数证明。

**问题 2:作出新函数图像有哪些常见方法?**

预期答:列表、描点、连线。

**问题 3:你认为哪些可以作为指数函数的代表函数?**

预期答:$y = 2^x$,$y = 3^x$(预期有变化可以调整)。

　　将全班学生按照座位分成若干组(分组可以按座位就近分配、按学习能力进行搭配分配等),以小组为单位回答下列问题,研究函数 $y = 2^x$,$y = 3^x$ 的图像和特征。

(1) 用计算器计算,填写完成下面表格;

| $x$ | ... | $-3$ | $-2$ | $-1$ | $0$ | $1$ | $2$ | $3$ | ... |
|---|---|---|---|---|---|---|---|---|---|
| $y = 2^x$ | ... | | | | | | | | ... |
| $y = 3^x$ | ... | | | | | | | | ... |

(2) 选用表中数据描点作出指数函数 $y = 2^x$,$y = 3^x$ 的图像;并将 $y = 2^x$,$y = 3^x$ 的图像放在同一个平面直角坐标系中。

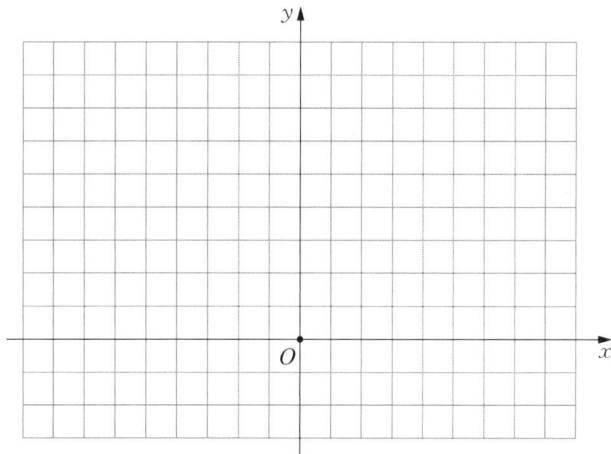

设计意图　通过问题引导学生自主完成指数函数的代表函数的确定并明确作图的过程,进一步应用作图"三部曲"作出新函数的大致图像。

**思考:**小组讨论指数函数 $y = 2^x$ 和 $y = 3^x$ 的图像有哪些共同特征?

设计意图　通过观察指数函数的图像,抽象出指数函数底数 $a > 1$ 时的图像特征。

**问题 4:相对于幂函数中指数的变化,你觉得指数函数的代表函数可以代表所有的指数函数吗? 还需要补充什么?**

学生回答:$y = \left(\dfrac{1}{2}\right)^x$,$y = \left(\dfrac{1}{3}\right)^x$。

作出指数函数 $y = \left(\dfrac{1}{2}\right)^x$,$y = \left(\dfrac{1}{3}\right)^x$ 的大致图像。

（续表）

| $x$ | ... | | | | | | | | ... |
|---|---|---|---|---|---|---|---|---|---|
| $y=\left(\dfrac{1}{2}\right)^{x}$ | ... | | | | | | | | ... |
| $y=\left(\dfrac{1}{3}\right)^{x}$ | | | | | | | | | |

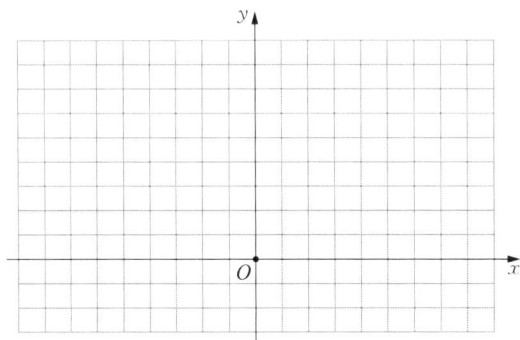

设计意图　在底数 $a>1$ 的基础上，小组合作完成底数满足 $0<a<1$ 的函数的大致图像，为全面抽象出指数函数的性质做好充分准备。

**思考**：请各个小组观察函数 $y=2^{x}$，$y=3^{x}$，$y=\left(\dfrac{1}{2}\right)^{x}$，$y=\left(\dfrac{1}{3}\right)^{x}$ 的图像，你们能提炼出它们的哪些特征？同时观察函数 $y=2^{x}$ 和 $y=\left(\dfrac{1}{2}\right)^{x}$ 的图像，又有什么结论呢？

**问题5**：针对你们提炼的指数函数的单调性和对称性结论，请给予严格的证明，大家以小组为单位进行讨论，派小组代表进行展示汇报。

设计意图　指数函数图像的特征比较多，小组合作可以互相补充和完善，对于通过直观图像得到的性质进行严格证明，对高一学生而言难度较大，借助合作探究可以降低难度，提升学生进一步探究的兴趣和信心。选派代表进行展示和交流有利于学生数学表达能力的提升，学生也会在展示的过程中获得同伴的肯定和知识的补充。

　　整节课教师只需要适当引导，当学生在实践操作有难度的时候适当给予点拨，很多问题会在小组交流活动中得以完善和补充，这种借助作图操作活动实现的知识推进对接下来对数函数的研究具有非常大的指导意义。

　　在高中数学课堂中，有很多动手操作的实践活动能让学生参与知识生成、发展的全过程，不管哪一种操作活动都为提高学生能力和发展其素养服务。譬如，在圆锥曲线的教学中，针对椭圆定义的抽象性，教师可以将一根线的两端固定，用笔尖顺着这根线运动，如此形成的轨迹就是椭圆，这一动手操作的过程将加深学生对椭圆定义的理解；类比椭圆的教学，在双曲线的教学中，针对其定义的抽象性，可以用"错位的拉链"生动而形象地画出双曲线的图像，特别强调"错位的拉链"中的"错位"使得距离差为常数。动手操作的作图活动，让学生在抽象的定义中获得实实在在的直观感受，在此基础上再用多媒体展示生活中的椭圆、双曲线实物，让学生在直观感受的同时意识到数学来源于生活。又譬如，在教授锥体体积公式推导的过程中，将三棱柱切割成 3 个等底等高的小三棱锥，利用祖暅原理得到三棱锥的体积公式,这个思路对于初次接触的学生而言理解难度很大,教师可以提前准备切成直三棱柱的白萝卜(土豆等均可)等道具,让学生小组合作用 3 刀将三棱柱切成 3 个小三棱锥,再研究这 3 个三棱锥之间的关系,进而推导得到三棱锥的体积公式,这种动手操作的实验,让学生记忆深刻,在今后的公式应用中也会更得心应手。

### 4. "说题—变式—提升"活动模式(说题活动)

动手活动给予学生很多直观的感受,可以降低学生理解数学问题的难度,更方便学生理解和记忆,但是其适用度还是有一定范围限制,教师也可以创设机会,让学生在活动中深化对数学知识方法的理解,譬如说题活动。教师针对一个单元的学习,确定说题主题,让学生从单元知识框架出发进行选题、做题和说题,从学生视角出发的选题,肯定会有偏差,教师可以根据课程标准和学生的实际情况,按选题主题—选题目标—选题难度—选题—变式—归纳—提升的流程进行操作。

譬如,在数列的教学过程中,从等差数列求和公式推导开始,随着数列知识研究的推进,过程中频繁地出现各种求和方法,对学生而言记忆和应用都非常有困难,这正是选择安排说题活动的重要时机,在学生碰到困难、存在疑难时设置一次活动,可以使学生有"山重水复疑无路,柳暗花明又一村"之感。

说题主题:数列求和

选题目标:(1) 掌握数列求和的各种方法;

　　　　　(2) 对于数列求和进行综合应用,发散思维,提升应用能力。

选题难度:适中

类型一:公式法

**例 1**　等差数列 $\{a_n\}$ 中,$a_1 = 2\,000$,前 $n$ 项和为 $S_n$,若 $\dfrac{S_{12}}{12} - \dfrac{S_{10}}{10} = 2$,则 $S_{2025} =$

_____。

**练习 1**　已知数列 $\{a_n\}$ 的前 $n$ 项和为 $S_n$,且 $a_1 = 2$,$a_{n+1} = S_n$,若 $a_n \in (0, 2025)$,则称项 $a_n$ 为"和谐项",则数列 $\{a_n\}$ 的所有"和谐项"的平方和为_____。

类型二:分组求和

**例 2**　已知数列 $\{a_n\}$ 是公差为 2 的等差数列,且 $a_1$,$a_3$,$a_{13}$ 成等比数列。

(1) 求数列 $\{a_n\}$ 的通项公式;

(2) 记 $b_n = 2a_n + 3^{a_n - 1}$,求数列 $\{b_n\}$ 的前 $n$ 项和 $T_n$。

**练习 2**　已知数列 $\{a_n\}$ 的前 $n$ 项和为 $S_n$,且满足 $S_n = 2a_n - 2n + 1$。

(1) 求 $a_n$ 和 $S_n$;

(2) 设数列 $\{S_n\}$ 的前 $n$ 项和为 $T_n$,若不等式 $T_n - t \cdot 2^n \geqslant 0$ 对于 $n \geqslant 1$,$n \in \mathbf{N}$ 恒成立,求实数 $t$ 的取值范围。

类型三:分类求和

**例 3**　在等比数列 $\{a_n\}$ 中,$a_1 + a_3 = 5$,$a_2 + a_4 = 10$。

(1) 求$\{a_n\}$的通项公式；

(2) 设$b_n = a_n + (-1)^n \log_2 a_{n+1}$，求数列$\{b_n\}$的前$n$项和$T_n$。

**练习3** 设数列$\{a_n\}$的首项$a_1 = 1$，$a_{n+1} = 3 \cdot 2^n - a_n$。

(1) 证明：数列$\{a_n - 2^n\}$是等比数列；

(2) 设$b_n = (a_n - 2^n)(3n - 4)$且$\{b_n\}$的前$n$项和为$T_n$，求$T_{2n}$。

类型四：分段求和

**例4** 已知数列$\{a_n\}$的前$n$项和为$S_n$，且$\dfrac{2S_n}{n} = n - 13$。

(1) 求数列$\{a_n\}$的通项公式；

(2) 若数列$\{|a_n|\}$的前$n$项和为$T_n$，设$R_n = \dfrac{T_n}{n}$，求$R_n$的最小值。

**练习4** 在公差为$d$的等差数列$\{a_n\}$中，已知$a_1 = 10$，且$2a_1$，$2a_2 + 2$，$5a_3 - \dfrac{1}{5}$成等比数列。

(1) 求$d$与$a_n$；

(2) 若$d < 0$，求$|a_1| + |a_2| + |a_3| + \cdots + |a_n|$。

类型五：裂项相消法

**例5** 已知数列$\{a_n\}$中，$a_2 = \dfrac{1}{3}$，$a_n = a_{n+1} + 2a_n a_{n+1}$。

(1) 求数列$\{a_n\}$的通项公式；

(2) 令$\left\{\dfrac{(2n-1)a_n}{n(n+2)}\right\}$的前$n$项和为$T_n$，求证：$T_n < \dfrac{3}{4}$。

**练习5** 已知$S_n$为数列$\{a_n\}$的前$n$项和，$a_1 = 2$，$7S_n + 2 = a_{n+1}$，$b_n = \dfrac{1}{\log_2 a_n \cdot \log_2 a_{n+1}}$，$T_n$为数列$\{b_n\}$的前$n$项和。

(1) 求数列$\{a_n\}$的通项公式；

(2) 若$m > 2022 T_n$对所有$n \geqslant 1$，$n \in \mathbf{N}$恒成立，求满足条件的$m$的最小整数值。

　　这些选题对于学生而言一下子解决确实有难度，可以先小组合作，通过知识梳理确定数列求和的知识框架。在确定框架和说题目标的基础上选题，对于学生而言难度可能有些不好把握，此时教师应该适当地引导和提出建议。在选题准备的时候，学生也非常认真地准备例题和配套练习，让班级小伙伴在其说题后有针对性地通过实时练习来把握说题质量。对于选题涉及的解题方法，也是在小组合作的基础上，进行"一题多解"的考虑，充分发挥团队的智慧，有些题目还进行了"一题多变"的改编。学生在准备说题的过程中，将说题主题下的知识进行梳理（见图3-3-20），对说题目标下的问题进行筛选，针对解题实施"一题多解"和"一题多变"，这些都将促使学生进一步理解和掌握知识。

　　说题活动使学生和教师的角色互换，对学生而言具有非常大的吸引力，在转变教师教育观念的同时鼓励学生对数学知识和运用方法有更深入的研究,提升学生学习的主动性和积极性。在准备和实施的过程中,学生对知识进行梳理,会及时发现自己掌握的知识中存在的不足和漏洞,在小组合作时伙伴也会给予很多建议和意见,学生在查漏补缺的过程中强化对知识的理解和应用,同时凸显交流与合作所引发的良好效应。教师放手让学生讲,会使课堂上有比较轻松的学习氛围,形成积极向上的学习态度。在时间允许的情况下,还可以针对某个主题,各小组进行说题比赛,对优胜者给予奖励,这将更好地鼓励学生投入说题活动,真正激发学生的学习兴趣,提高学习能力,让学生的数学语言表达得到最大程度的提升,"三会"目标得以实现。

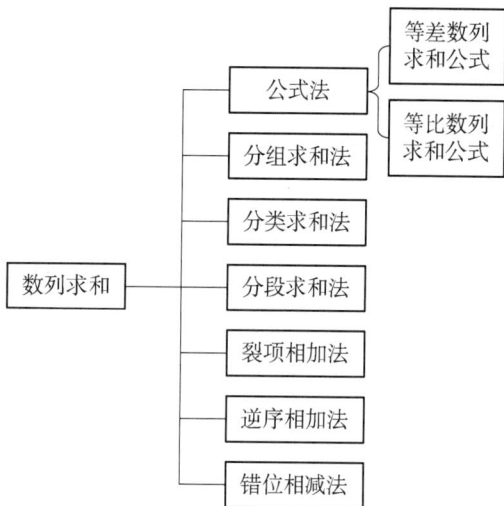

图 3 - 3 - 20　选题讲题

　　教学中设计以活动组织教学,无形中促进了教师教学方式的改进和教学方法的创新,为学生的数学学习提供丰富多彩的途径,让学生有机会在比较轻松愉快的状态下进行真实情境下的知识探索。在数学活动的设计中,教师一定要充分考虑课标的要求、教材内容和学生的水平,在学生"最近发展区"处搭建桥梁,让学生在活动中有"跳一跳摘果子"的成功体验。在活动实施过程中,鼓励学生采用多种活动方式,教师作为活动实施的引导者应给学生顺利开展活动提供足够有力的支撑,满足学生知识、技能和情感的需求。游戏、动手实践操作让很多数学知识有了直观感受的机会,降低学生数学抽象的难度,实现学生数学学习"会看"的目标;教师设计活动时,让学生从实际情境中发现问题、提出问题,有台阶地思考数学问题和分析问题,实现学生数学学习"会想"的目标;单元教学中设计活动让学生说题、说数学,并搭建平台让学生展示和交流,利用多种评价方式:生生评价、师生评价等形式,给予学生充分的肯定和鼓励,在学生数学知识和运用方法及能力方面升华的同时,增强数学学习的兴趣和信心,实现学生数学学习中"会说"的目标。以活动组织教学,让学生的数学核心素养得到进一步发展。

## 四、以项目组织教学

### (一) 什么是以项目组织教学?

　　《高中新课标》强调,在数学学习过程中,学生应培养从数学角度发现和提出问题的能力、分析和解决问题的能力,这构成了高中数学教育目标的核心,旨在提升学生的数学核心素养。在教学中,应重视以问题导向和活动为基础的教学策略,采用问题驱动式的教学方法,以全面覆盖问题的发现、提出、分析和解决过程。在解题过程中,教育者应激发和深化学生的数学思维,进而促进其数学核心素养的全面提升。教学模式需从以教师为主导的直接教学转变为以学生为中心的探究式学习。

项目式学习作为一种常见的探究学习方法,要求学生在真实的情境中通过持续地参与、合作、研究和资源管理,解决实际问题。项目组织教学是一种以学生为中心的教学方法,旨在通过探索、研究和解决真实世界的问题来促进深度学习。项目式学习在高中数学教育中扮演重要角色,其重要性体现在多个维度上:

首先,项目式学习促进了教学主体的转变。在高中数学教育改革的背景下,有一个明确的要求——转变课堂的教学主体,从而提升学生的主动性。通过项目式学习,学生从接受知识的被动状态转向主动探索知识和解决问题的状态,这不仅提高了学习效率,还促进了学生综合能力的发展。项目式学习的实践大大激发了学生的课堂参与热情和学习主动性,同时在完成项目任务的过程中,学生不仅巩固了知识基础,还提升了综合能力和素质。此外,项目式学习的设计还需密切关注学生的学习需求,显示出这种学习模式在促进教学主体转变方面的有效性。

其次,项目式学习有助于增强实践教学的效果。传统的教学模式往往偏重理论而忽略实践,这限制了学生应用知识解决问题的能力。作为一种强调实践的教学方法,项目式学习让学生通过参与项目实践深入学习课程内容,同时,在探索项目任务的过程中提升了思维品质和能力素养。这不仅加强了实践教学的力度,而且提高了理论知识的教学效果,取得了显著的成效。

最后,项目式学习有利于促进学生的全面发展。在当今社会,数学教育强调培养全面发展的高质量人才。传统的应试教育主要关注提高学生数学成绩,而项目式学习的引入旨在提高学生数学成绩的同时,促进学生能力和素养的全面提升。这样的教学模式不仅培养了学生强大的学科素养,还提高了他们的综合能力,为学生的未来学习和终身发展打下了坚实的基础。

## (二) 如何实施项目组织教学

项目式教学模式由 7 个关键阶段组成,包括项目主题的确定、项目的导入与分析、基础知识的教授、项目计划的制定、学生的项目实践、项目成果的展示以及项目成果的评估。因此,在教学过程中,教师应当遵循《高中新课标》,将项目式教学方法作为教学的"工具",并以其七个主要环节作为教学的基础。通过结合具体的教学内容,采用恰当的策略,教师应引导学生在独立与协作的探究学习中,旨在帮助学生构建数学知识体系,发展数学核心素养,并最终提高数学教学的成效。以上教版新教材必修三第 13 章"统计"中第 6 节"统计活动"一课为例,在项目式教学中应用如下策略。

### 1. 确定项目主题

项目式教学的核心环节是项目主题的选择。一个有效的项目式教学体系必须建立在一个清晰定义的项目主题之上。在执行数学项目式教学时,教师需精心挑选与教学目标相一致的项目主题,以确保学生能够在探索过程中不仅切实学习到数学知识,还能够增强数学应用能力。项目主题应源于现实生活中的实际问题,这种实践性的取向赋予了主题以深刻的现实意义,使学生得以通过解决实际问题来构建数学概念,积累实践经验。这样,学生不仅能够学会用数学视角观察世界,而且能够用数学思维来分析问题,用数学语言来描述现实,从而深化对数学知识的应用。

"统计活动"一课采用了如下较为完整的案例:"《国家学生体质健康标准》是评价学生综合素质的重要依据,请查找这一标准的最新版本,并据此完成一份本校高一年级学生的体质健康报告。"采用这一案例的目的是让学生经历一次系统性的数据分析流程。此过程始于从现实世界问题中发现或提炼出的统计问题,继而根据这一问题采用合适的抽样技术来收集数据。接下来,通过恰当的统计图形和表格对数据进行描述和呈现,同时从样本数据中抽取关键的数值特征。这些步骤使得学生能够估计总体的统计特性,并针对具体的实际问题提出解决方案。通过这一过程,学生将初步掌握解决统计问题所需的基本程序和方法。

### 2. 导入和拆解项目

项目的导入和细分是基于真实场景的关键活动,旨在帮助学生确定探索的具体方向。在项目主题确定之后,教师应当根据该主题及其与生活的联系来营造情境,引入特定的项目,并提出相应的任务。随后,教师需将这一整体项目细化为若干子项目,为学生的探索活动设定明确的目标。这样的分解和设定使得学生能够具备明确的研究重点,从而更加有目的性地进行探究,有效促进项目式教学的进展。

本课是一节统计活动课,学生的身体素质如何,不仅是每位学生家长关心的问题,也是社会和政府所关注的问题。教材围绕完成一份"高一年级学生的体质健康报告"展开,让学生从实际问题出发,首先思考体质监测需要监测哪些指标,然后上网查阅《国家学生体质健康标准》,制订活动计划,最后按计划实施,如此经历完整的统计过程。活动计划如图 3 - 3 - 21 所示。

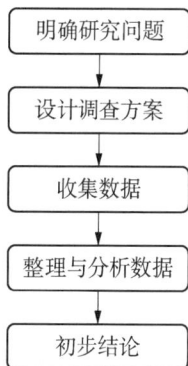

图 3 - 3 - 21

### 3. 教学基础知识

数学教育的核心在于基础知识,这不仅是学生必备的学习内容,也是发展数学核心素养的关键支柱,同时,它为学生规划和执行项目提供了根基。新教材强调学生的自主学习能力,将其视为项目式教学的一个关键组成部分。因此,在开展项目式教学活动时,教师应将重点放在基础知识的教授上,采取适当的教学策略,例如设计具体任务,分发学习材料等,以激发学生的主动学习精神。这样的引导旨在促进学生对数学的基本概念、定律、性质的深入理解,为他们深入探究各种项目提供坚实的基础。

学生已在之前学习了获取数据的基本途径及相关概念,包括抽样、统计图表、用样本估计总体等统计的基本知识和基本技能,在此基础上通过统计活动的方式进行知识总结和综合运用。

### 4. 制订项目方案

制订项目方案是推进项目式教学的关键一环。此外,它还体现了教师引导的具体实践。简而言之,一个明确的项目方案能够为教师提供依据,使其能够有目的地指导学生,激发学生的主动性,帮助他们逐步完成既定的项目和问题,最终实现预定的学习目标,从而提升项目式教学的整体质量。因此,教师需围绕项目主题、子项目及问题、项目架构等制订细致的项目方案,以此为基础设计相关活动,促使学生进行体验和探索。

本项目方案如图 3 - 3 - 22 所示。

图 3 - 3 - 22　项目方案

在进行统计活动之前,教师鼓励学生对自己身边的同学加以观察,根据经验对学生的体质监测需要从哪些方面进行检测比较有效,先做个猜测。然后查阅资料,包括国内的《学生体质健康标准》,甚至国外的相关标准,以增强学生参与活动的积极性。另外,该活动需要的数据较多,可以分小组收集指标数据,做好活动的准备工作。

### 5. 学生项目制作

在开展统计活动之初,教师需强调其重要性及规划该活动的必要性。接着,根据制订的计划,对收集到的数据进行系统整理,并采用表格及统计图形的方式进行展示。通过识别数据的关键特征,并与既定标准进行比对,目标在于寻求问题的解决方案。在活动的各个阶段,教师应提出引导性问题,促使学生思考,例如选择哪种类型的统计表或图形更为恰当,哪些指标能有效衡量耐力,例如立定跳远测试能评估哪方面的体能等等。

### 6. 项目成果展示

项目成果的展示是项目式教学中的高潮,是小组展现其设计理念、实施过程及学习成果的平台。在此环节,教师通过讨论特定内容,激发集体探究活动,引导学生逐步解决问题,深化对数学知识的理解,并通过这一过程锻炼学生的多项技能,提升学习成效。展示完成后,教师在数学课堂上提供展示舞台,指导学生展现他们的项目成果。

当结果呈现后,教师将指导学生进行深入思考,判断得到的结论是否与实际情况相符,同时反思所选指标是否能准确反映问题本质,考虑是否需要对指标进行调整(增加或减少),以及评估所用标准值的合理性。这一过程不仅要求学生掌握统计学的基本技能,还要求他们能够批判性地评价数据和结果,进而深化对统计学原理和应用的理解。

### 7. 项目成果评价

项目成果评价是项目式教学不可或缺的组成部分。通过运用多样化的评价方法,如学生自评、互评、教师评价等,进行全面的教学评价,帮助学生全方位地认识自我,发现不足,进而进行改进,以提升项目式教学的效果。例如,通过小组间的课堂展示评价,教师根据设定的评价标准,引导学生进行小组评价,并结合自己的观察给予评分,增强评价的客观性和公正性。在进行教师评价时,通过描述性评价,指出小组的优点和不足,提出改进建议,协助小组提升展示质量。

综上所述,项目式教学的有效实施,极大地激发了学生的主观能动性,促进了他们对数学的深入探究,有助于构建数学知识体系,培养多元化技能,并促进核心素养的提升。因此,在进行数学教学过程中,教师应以《高中新课标》作为指南,采用项目式教学方法,针对不同的教学阶段和内容,运用多种教学策略设计各式活动。这种教学方式鼓励学生主动参与和合作探索,使他们能够逐渐深化对数学概念的理解,并在实践中不断发展关键的数学素养,从而有效提升数学教学的成果。

## （三）项目化学习案例分享

### "压岁钱理财投资决策"的探究与实践

#### 一、项目背景

每年春节期间,学生肯定会收到来自亲朋好友的诸多压岁钱,许多家长把压岁钱收为己有或者放任孩子随意使用,为了压岁钱常常引发很多矛盾,也会带来一些社会问题。如何合理规划和使用这些压岁钱,不仅是一个学生和家长面临的实际问题,也是一个将数学知识应用于理财的良好契机。针对这种生活实际和高二学生所具有的基本知识储备,在数列和统计学习结束后设计本项目,期望通过项目研究推动学生进一步应用高中数学知识(如数列、统计、函数、概率等),探索科学合理的高中生理财方式,并通过数学建模进行数据分析和决策,更好地培养学生提出问题、分析问题、解决问题的能力,感受数学来源于生活、服务于生活的魅力。

#### 二、项目目标

(1) 理解实际生活中涉及理财的数学知识(如计息方式包括复利计息和单利计息、统计数据、数列求和、概率分布等),掌握基本的理财方式(如储蓄、基金、保险、股票、黄金等)。

(2) 培养数学建模能力、数据分析能力、理财规划能力以及团队合作能力。

(3) 增强学生的理财投资意识,树立正确的消费观和价值观。

#### 三、项目实施

**任务 1** 压岁钱使用现状调查与数据分析

**1. 调查活动**

学生分组调查同学或朋友的压岁钱情况,包括:

(1) 压岁钱的金额;

(2) 现有压岁钱的使用方式(如储蓄、消费、投资等);

(3) 对理财方式的了解情况。

**2. 知识应用**

(1) 借助统计知识(如平均数、方差)对收集的数据进行科学合理地处理和分析;

(2) 绘制频率分布直方图或饼图来直观地展示调查结果并进行科学分析。

**3. 成果要求**

每组提交一份调查报告,包括数据统计、图表展示以及对现状的分析。

**任务 2** 理财方式中的数学知识的储备

**1. 知识储备**

学生通过查阅资料和网上学习,研究以下几种理财方式中的数学必备知识:

（1）银行储蓄：计息方式（复利计息和单利计息）与数列求和；

（2）股票和基金投资：收益率与风险的概率分布；

（3）国债：固定利率与数列求和；

（4）保险：分期付款与现值计算；

（5）黄金：净收益与年化收益率。

### 2. 知识应用

（1）使用等差数列求和计算单利利息，使用等比数列求和计算复利利息；

（2）使用概率知识分析股票和基金投资的风险；

（3）使用函数模型（如指数函数、对数函数）分析国债、保险的长期收益和现金价值；

（4）利用统计知识计算价差收益和总费用得到净收益，再计算年化收益率等。

### 3. 成果要求

每组提交一份研究报告，包括每种理财方式涉及的数学知识、计算方式以及案例分析。

**任务 3** 压岁钱理财投资方案与数学建模

### 1. 方案设计

根据任务 1 和任务 2 的研究成果，每组设计一份适合高中生的压岁钱理财投资方案。方案中包括：

（1）理财投资目标（如短期投资、长期投资等）；

（2）理财方式的选择与组合；

（3）数学建模（如同时期价值、收益对比、灵活程度、风险评估）；

（4）使用函数或数列预测未来收益。

### 2. 知识应用

（1）使用公式计算不同投资理财方式在同一时期的总收益或者价值；

（2）使用函数模型（如指数函数、对数函数）预测长期收益；

（3）使用概率分布评估投资风险。

### 3. 成果要求

每组提交一份投资理财方案，包括详细的理财计划、数学建模过程以及方案的可行性分析。

## 四、项目汇报和展示

### 1. 活动内容

学生以小组为单位，通过 PPT、海报或视频等形式展示理财方案，并进行答辩。答辩内容包括：

（1）调查过程和结果分析；

（2）投资理财方案中的数学知识和公式；

（3）投资理财方案的设计与数学建模；

（4）投资理财方案的创新点与可行性分析。

**2. 成果要求：**

每组汇报交流的时间不超过 10 分钟，答辩时间 5 分钟。

## 五、项目评价

| 评估维度 | 具体指标 | 分值 | 评分细则 | 学生互评 | 导师评价 |
|---|---|---|---|---|---|
| 调查报告（20分） | 数据收集的全面性 | 5分 | （1）数据来源广泛，若仅依赖单一数据源扣 2—3 分；<br>（2）涵盖关键变量，遗漏重要变量，每个扣 1—2 分；<br>（3）样本具有代表性，样本偏差较大影响结论普遍性扣 2—3 分。 | | |
| | 图表展示的清晰度 | 5分 | （1）图表类型合适，选择不当影响数据解读扣 1—2 分；<br>（2）标注清晰完整，每缺少一项关键标注扣 1 分；<br>（3）视觉效果良好，图表杂乱影响展示效果扣 1—2 分。 | | |
| | 数据分析的针对性 | 10分 | （1）紧扣研究问题，分析与问题脱节扣 4—6 分；<br>（2）运用恰当方法，方法选择不当扣 3—5 分；<br>（3）结果解释合理，解释不清晰或不合理扣 2—4 分。 | | |
| 建模报告（30分） | 投资模型的合理性 | 10分 | （1）理论基础扎实，理论薄弱或假设不合理扣 4—6 分；<br>（2）模型结构合理，结构混乱影响有效性扣 3—5 分；<br>（3）参数设置恰当，参数不合理致结果偏差大扣 2—4 分。 | | |
| | 数据验证的严谨性 | 10分 | （1）数据预处理规范，预处理不规范影响模型扣 3—5 分；<br>（2）验证方法科学，方法不科学扣 4—6 分；<br>（3）验证结果可靠，结果不可靠扣 2—4 分。 | | |
| | 误差分析的深度 | 10分 | （1）识别误差来源，未准确识别主要误差来源扣 4—6 分；<br>（2）量化误差程度，未量化误差扣 3—5 分；<br>（3）提出改进措施，未提出有效措施扣 2—4 分。 | | |
| 公式应用和计算（20分） | 公式应用的恰当性 | 10分 | （1）选择正确公式，公式选错扣 5—8 分；<br>（2）理解公式含义，理解不透彻扣 3—5 分；<br>（3）灵活运用公式，运用僵化扣 2—4 分。 | | |
| | 公式计算的准确性 | 10分 | （1）计算过程正确，过程出错扣 4—6 分；<br>（2）结果精确无误，结果不准确扣 3—5 分；<br>（3）检查与验证，未检查结果扣 2—4 分。 | | |
| 项目汇报与答辩（30分） | 项目汇报的完整性 | 10分 | （1）内容全面涵盖，遗漏重要内容每一项扣 2—3 分；<br>（2）结构清晰合理，结构混乱影响理解扣 3—5 分；<br>（3）重点突出明确，重点不突出扣 2—4 分。 | | |
| | 答辩表达的清晰度 | 10分 | （1）语言表达流畅，表达不流畅影响沟通扣 3—5 分；<br>（2）回答问题准确，回答不准确或不完整扣 4—6 分；<br>（3）专业术语恰当，术语使用不当或未解释扣 2—4 分。 | | |

（续表）

| 评估维度 | 具体指标 | 分值 | 评分细则 | 学生互评 | 导师评价 |
|---|---|---|---|---|---|
| | 团队合作与创新性 | 10分 | (1) 团队分工明确协作顺畅,团队协作差扣3—5分;<br>(2) 项目有创新性思路或方法,缺乏创新扣4—6分。 | | |
| 合计总分 | | | | | |

## 六、项目资源与支持

### 1. 工具支持

（1）数学软件:GeoGebra、Desmos、Excel 等;

（2）数据收集工具:银行利率表、保险价值、黄金价格和股票基金的风险统计数据等。

### 2. 参考资料

（1）上教版新教材(数列、统计、概率);

（2）网上搜索得到的相关数学知识视频和相关图书资料。

## 七、项目总结与反思

### 1. 学生反思

在项目完成之后,结合整个项目研究和展示答辩过程,学生结合自己的收获和感受,撰写项目研究的个人反思,总结在项目中的收获与不足,思考接下来如何将更多数学知识应用到未来的学习与生活中,使得数学更好地为生活服务,同时感受团队合作对自己研究的帮助,为接下来更好地团队合作做准备。

### 2. 教师总结

教师针对学生在项目研究中的表现和收获进行总结,点评各组的亮点与不足,提出改进建议,并为后续学习提供指导。

项目化学习就是借助实际项目的研究让学生感受数学学习的实际意义,促进学生自主学习的能力,提升数学学习的兴趣。本项目就是从学生身边的"压岁钱"出发,通过研究压岁钱原有的使用方式,经过各种投资理财项目的具体计算,比较各自的收益和灵活方式,来选择适合自己的投资理财方式。整个项目研究中学生不仅能够灵活应用数列、统计、概率和函数等各个基本知识和公式来计算,还能根据计算和统计结果进行合理分析,得到投资理财的数学模型,整个过程提升学生数学建模与数据分析的核心素养,实现学生"三会"素养中的"会说"素养,也让学生深深体会到数学在生活中的广泛应用。

# 第四章 道而弗牵 开而弗达
## ——"三会"为目标的课堂教学实践

第一节 在概念课教学中的实践

随着"双新"课改的不断深入,作为教育一线的教师越来越真切地感受到概念学习在学生数学学习中的重要地位。数学教育专家章建跃教授曾经说过:"概念教学是数学教学的基石。"足见其对概念教学的重视程度。众所周知,数学概念就像"基础细胞"一样存在于高中数学知识的整个体系中,为学生数学思维能力的提升做好充分的准备,也是发展学生数学核心素养的根基。在高中的数学教学中,数学概念课也是数学基本课型之一,在教学实践中有些老师片面地将概念课教学理解为讲解概念的课程,殊不知概念课教学承载着概念发生、发展和应用的整个过程。

高中数学教学中的概念课教学常见两种类型:一类概念课和二类概念课。其中,一类概念课常常指给特定名词定义的课,就是在教学中去掉事物的非本质属性,将事物的本质属性概括抽象成概念的课,基本上一类概念课是各个章节的起始课,这些概念是章节或者单元的最基本、最核心概念。譬如,集合的概念、函数的概念、复数的概念、数列的概念和向量的概念等。二类概念课常常指由类比、归纳、演绎和推理等各种方式得到的概念,通常体现概念与概念之间的联系和区别。譬如,函数中有函数的单调性、奇偶性、周期性和零点等,数列中有等差数列、等比数列的通项公式和求和公式等,圆锥曲线中有圆、椭圆、双曲线和抛物线,等等。

《高中新课标》对高中数学六个核心素养进行明确界定,但是一线教师对核心素养的了解未必全面和透彻,其中数学抽象作为六个核心素养之首,其地位可见一斑。史宁中教授曾明确表示数学抽象就是通过对现实世界的抽象,从而得到研究的对象,数学抽象使数学特征的一般性得以体现。数学抽象素养与其他核心素养有着紧密的联系,例如直观想象是数学抽象的思维基础,数学抽象和直观想象都可以看成数学眼光。于是在大多数老师的认知中数学抽象和直观想象经常被一起理解为"数学眼光"。章建跃教授在《树立课程意识,落实核心素养》中提到,数学教学活动中的重点以及难点都是数学概念教学,数学的抽象过程就是获取数学概念的过程。晁丰成老师也曾经指出,教师对数学抽象素养的理解以及对数学课堂的把控都将左右学生对数学概念内涵的理解和数学抽象素养的发展。

高度的抽象性是数学概念的典型特征,高中学生在很大程度上依靠数学概念的学习来发展数学抽象、直观想象(数学眼光即"会看"素养)的核心素养,当然在此过程中常常需要以直观想象作为抽象基础让学生借助图形直观来完成抽象,这也在一定程度上降低了学生对于数学抽象应用的难度。可以说数学概念和数学抽象、直观想象之间相辅相成,借助直观想象来进行数学抽象使得概念教学得以顺利展开,在概念教学过程中不断实践提高学生数学抽象的核心素养。教师在概念课教学中,将生活中实例情境或数学情境作为概念引入的基础,借助于学生已有知识经验做对比和联系,充分激发学生对概念学习的兴趣和信心,利用问题链引导学生深入思考并抽象出数学概念,其中凸显概念的本质属性和基本特征,让学生经历数学概念抽象的完整过程,用科学、准确的数学语言予以表达,在此基础上深入挖掘概念的内涵与外延,同时进行灵活应用和知识建构的搭建。

## 一、概念课教学中存在的问题

在教学实践中,教师往往会由于各种因素的影响,使得数学概念课的推进出现各种问题:

1) 对概念的重视程度不够,只关注解题

受到应试教育的影响,有些老师觉得概念没必要多讲,与其花时间研究概念,还不如训练学生解题。一上课就直接给出概念,对于概念进行浅层解读后就进行训练。譬如:在圆锥曲线教学抛物线的教学中,有些教师就会说类比椭圆、双曲线的学习,我们今天来学习抛物线,一上来就直接给出抛物线定义,让学生进行抛物线标准方程的推导,完成以后进行例题应用。完成新课作业学生未必会出现问题,但是在接下来的综合应用中由于定义没有被强化,将使学生屡屡受挫。

**练习 1**　若动点 $M(x, y)$ 满足 $5\sqrt{(x-1)^2 + (y-2)^2} = |3x - 4y + 12|$,则点 $M$ 的轨迹是_____。

**变式 1**　若动点 $M(x, y)$ 满足 $5\sqrt{(x-4)^2 + (y-6)^2} = |3x - 4y + 12|$,则点 $M$ 的轨迹是_____。

很多学生拿到练习 1,直接就两边平方进行化简,经过一系列运算后也没得到预想中圆锥曲线的标准方程形式,答案只能靠猜。再看变式 1,发现和练习 1 一样,也是无从下手。殊不知将练习 1 的条件转化成 $\sqrt{(x-1)^2 + (y-2)^2} = \dfrac{|3x - 4y + 12|}{5}$,问题就转化成动点 $M(x, y)$ 到点 $P(1, 2)$ 和到直线 $3x - 4y + 12 = 0$ 的距离相等,再加上点 $P(1, 2)$ 不在直线 $3x - 4y + 12 = 0$ 上,根据抛物线定义可得,点 $M(x, y)$ 的轨迹是以 $P(1, 2)$ 为焦点,以 $3x - 4y + 12 = 0$ 为准线的抛物线;将变式 1 的条件转化成 $\sqrt{(x-4)^2 + (y-6)^2} = \dfrac{|3x - 4y + 12|}{5}$,问题就转化成动点 $M(x, y)$ 到点 $P(4, 6)$ 和到直线 $3x - 4y + 12 = 0$ 的距离相等,再加上点 $P(4, 6)$ 在直线 $3x - 4y + 12 = 0$ 上,不符合抛物线的定义,点 $M(x, y)$ 的轨迹是过点 $P(4, 6)$ 且垂直于 $3x - 4y + 12 = 0$ 的直线。概念课教学时若没有对抛物线的定义加以辨析,学生则可能对抛物线的定义一知半解,以致在问题求解的过程中缺乏直接应

用定义的意识和习惯。

**练习 2** 已知抛物线 $y^2 = 4x$ 的焦点为 $F$,准线为 $l$,请在该抛物线上求一点 $M$,使点 $M$ 到点 $F$ 与它到点 $A(3,4)$ 的距离之和取最小值。

**变式 2** 在练习 2 的条件下分别求满足下列条件的点 $M$:

(1) 求点 $M$ 到点 $F$ 与它到点 $B(3,2)$ 的距离之和的最小值;

(2) 求点 $M$ 到点 $C(-1,1)$ 与它到准线 $l$ 的距离之和的最小值;

(3) 求点 $M$ 到直线 $y = -4x - 5$ 与它到准线 $l$ 的距离之和的最小值。

对于练习 2,$A(3,4)$ 在抛物线外侧,焦点在抛物线内侧,学生一画图就能得到三点在一直线距离和最小,但是对于变式 2 的(1),发现焦点和点 $B$ 都在抛物线内侧,无法用三点共线得到距离和最小,于是就设 $M(x,y)$,得到距离和为 $\sqrt{(x-3)^2 + (y-2)^2} + \sqrt{(x-1)^2 + y^2}$,再加上点 $M(x,y)$ 在抛物线上的条件,也让学生难以继续。那么到底应该怎么做呢? 其实将点到焦点的距离转化成到准线的距离,问题就会迎刃而解。变式 2 中的(2)(3)都是动点到定点和到定直线距离相等的转化,再利用几何关系使问题得解。教师在新概念教学时不舍得花时间,直接给出概念或者让学生直接看书得到概念,看似节省了时间并提高了讲题效率,其实概念课教学时完全忽视概念生成和发展过程,学生对概念停留在其表层意思上,不仅记忆理解困难,而且在应用时只会难上加难。

2) 在概念教学时不敢放手让学生体验和探索,仍以讲授为主

在概念教学中,有的老师往往由于教学习惯或者课时紧张等原因,简化概念推进的过程,免去情境的创设,教师直接讲授知识发生、发展和形成的过程,学生没有自我探索的体验,只是被动地接受新知。事实上,数学概念的教学是培养学生数学抽象的良好契机;而"快餐式"的概念课教学,花大力气在解题训练和解题技巧上,学生缺少主动的探索学习,不仅没有实践数学抽象的机会,更无法将"文字语言、图形语言和数学语言"进行恰当地转化和应用,数学抽象、直观想象素养的发展成为"空话",同时由于学生未能在解题中灵活应用概念和新知解决问题,数学思维能力的提升也成为"空想"。

## 二、概念课教学应遵循的原则

数学概念课教学和数学眼光的发展呈现相辅相成的态势,教师在教学实践时应给予充分的考虑,在概念课教学实践中需要遵循以下原则:

### 1. 主体性

概念课的教学内容——新概念,对学生而言一般是全新的内容或是在原有知识基础上的整合提升,教师一定要在课程标准和教学内容的基础上,充分关注学生的已有水平和接受能力,在新教育理念的支撑下,概念课的教学设计体现了学生的主体地位。

从建构主义角度来看,概念课中教师需要引导学生主动经历概念建构的完整过程。首先,教师需要对新概念从生成、发展等角度进行知识层面的剖析,再对学生的实际水平进行分析,了解学生的知识储备和能力需求,在此基础上进行教学设计;其次,在概念课教学中,需要选择恰当的推进方式进行概念教学,创设恰当的情境,让学生在熟悉和感兴趣的情境中

主动找到概念的相关重要信息,借助图形等直观信息抽象出事物的本质属性,会用三种语言进行表示,从正反两方面让学生进行概念辨析,加深对概念的理解和提高应用能力;最后,教师在概念教学后,要客观地对学生概念的掌握情况进行评价和总结,鼓励学生进行交流和反思,将概念学习的重点进行强化,对不足进行修补。在以生为本理念下,概念课的整体设计实现了学生新知识的升级和思维的跨越。当然对于新知识的初学者而言,概念的抽象性及对其理解上都存在一定的难度,教师在鼓励学生主动参与的过程中,要给予学生试错的机会,面对学生抽象中出现的问题或者偏差不能一味打压和否定,而是帮助分析出现问题的原因,引导学生不断修改和完善,培养概念学习的信心和经验。

## 2. 整体性

概念课的教学不能是零散和孤立的,教师在设计时可以考虑以章节、单元或者四个主线之一为单位进行整体概念课教学设计,根据概念之间的关系进行整体规划和安排,也就是对于这些概念的教学看成连续推进的过程,彼此之间可能是内容的联系,也可能是方法之间雷同,抑或是应用的相似。譬如在新教材第 4 章的教学中,通过固定 $a^b = c$ 中三个量 $a$、$b$、$c$ 中的一个量,研究另外两个量的相互关系和变化规律,来定义幂函数、指数函数、对数函数这三个基本初等函数,通过本章的学习引导学生用几何和代数方法研究函数的图像和性质,了解三个函数本身的规律和特征。很明显这些函数从定义、研究的方法等方面有着许多共性,教师在概念教学时要充分考虑其特征进行整体规划,在幂函数研究的基础上,之后的指数函数和对数函数学习中应该有更多放手的机会,让学生利用函数图像来自主抽象出函数的性质,同时用类似的方法进行严格的证明,无形中学生对幂、指、对函数有了系统研究的方法和途径,教师更多着力于引导对函数个性特征和规律的研究。当然这三个函数在实际生活中有着广泛的应用,在概念引入和应用中,就三个函数的现实情境进行系统规划,让学生对数学来源于生活又服务于生活达到高度的认同。

新教材中有很多章节内容具有整体性和连贯性,经过系统训练可以帮助学生建构完整系统的知识体系。因而,教师在概念教学设计时,应该具有全局观,在研读课标基础上,充分分析教材内容,以单元教学为抓手,以课时落实为着力点,对高中数学概念之间的逻辑关系进行系统梳理,将概念课教学进行整体合理规划,以期达到完整系统知识体系建构的目标。当然学生核心素养的培养也不能是孤立的,往往在数学抽象提升的同时,需要逻辑推理的支撑,因而在概念课教学设计时对核心素养的培养也要进行整体规划,使学生的核心素养得以整体发展。

## 3. 趣味性

数学概念给学生的感觉常常是抽象的和枯燥的,受到传统概念课平铺直叙的教学方式的影响,每次开展概念课教学总让学生觉得提不起兴趣和缺少进一步学习的欲望。专家在教学研究时发现:学习者的亲身体验和发现是知识学习过程中最有价值的部分,也就是说情境对知识的获得相当重要。对于学生而言,新概念的获得需要经历两个重要阶段:学生的亲身体验和心理加工过程。结合数学概念的情境给这两个过程创造了条件,但是有老师为了情境而用情境,这种情况时有发生,一些简单数学情境的创设根本无法吸引学生的注意和探究的欲望,于是在教学实践中学生对情境就有了更高要求。如何创设贴合概念引入和思考需求的情境？如何创设吸引学生兴趣的情境？……将情境趣味化，使枯燥的数学概念焕发活力，这能更好地吸引学生进一步学习的兴趣。譬如在统计概念教学时，教师对于情境的创设可选择古今中外生活中的实例，从新闻中"当前全球80亿人口的预计"，到语文课《短歌行》引发对三国战乱时期人口统计问题的思考，让学生从感兴趣的情境中激发用样本估计总体的思考，引出总体、样本等概念，如此体会统计思想就比较顺畅。函数概念的抽象性也使得学生在理解上存在一定的难度，在函数概念教学时可选择初中所学的具体函数作为引入情境，以增加学生的熟悉度，减少学生的陌生感；还可以列表展示奥运会上中国代表队获得的金牌数，图像展示学校10月举行运动会这一周的气温变化等生活情境，据此将学生的学习热情调动起来，这不仅帮助学生提取了初中函数已有的知识储备，而且引导了学生由函数的"变量说"向函数的"对应说"进行转化，让学生以解析式、图像和列表等不同形式表示函数。运用这种方式进行教学，不仅学生的接受程度高，而且其主动探究的积极性也被调动起来，教学效果自然明显。

### 4. 发展性

数学概念课教学不仅是对概念的掌握，而且是在概念掌握的基础上对概念的应用和概念延伸问题的研究，通过概念学习完整过程的体验，在这个过程中学生知识学习和思维能力得到提升。概念学习中学生自主探索习惯的养成、小组合作探究氛围的形成，学生在知识学习的同时，个人终身学习的能力和意识也获得了很大的提高，学习的信心和成就感更足了，为接下来更深入的学习和进一步探究奠定了基础。数学概念课学习中直观想象和数学抽象的核心素养得到最直接的发展，实现学生数学学习中"会看"的目标，其实在这个过程中逻辑推理、数学运算等素养也在同步提升，彼此之间呈现共同"繁荣发展"的情况，为学生数学学习中"会想""会说"做好铺垫。合理把握概念课教学将使学生的知识与能力，思维与素养得到很大程度的提升，最终促进学生的全面发展，也为立德树人的教育目标实现做出重大贡献。

## 三、概念课教学的教学策略

高中数学概念的抽象性和理解难度各有不同，高中数学新教材也有崭新的编排逻辑，但是数学概念课教学基本按照引入概念—生成概念—辨析概念—应用概念—反思概念五部曲完成，考虑到数学抽象作为概念教学的逻辑基础，概念教学的素养目标通过提升数学抽象来综合考量，概括而言基于数学抽象素养提升的概念课教学的教学策略有以下几个方面。

### 1. 适切情境创设，引入概念

在"双新"课改中，情境教学在各种课型中都有不同的要求，承载着不同的目标。数学概念不仅有抽象时的难度，也有理解上的困难，在学生从小到大的印象中数学概念就是晦涩难懂的，有时候还没接触数学概念就内心有些排斥和抵触，所以创设学生熟悉的生活情境或者数学情境来吸引学生的兴趣，让学生有勇气进入数学概念的学习中显得如此重要和迫切。有时候教师在概念课教学设计时会考虑应用情境，但是不贴切情境的应用一方面无法吸引学生的兴趣，另一方面也无法有效为概念引入做好铺垫，教师千万不能因需要情境而应用情境，必须合理有效地应用情境。在教学准备时，教师应该充分分析数学概念，选择从学生熟悉的生活情境进入所学概念的背景，让学生有对研究内容的熟悉感，以便学生克服对于概念学习的畏惧感。从情境的选材中,还需要和数学概念具有紧密性,能引导学生从情境中顺利抽象出概念,为学生将情境内化成概念做好铺垫。譬如在抛物线的新课引入时创设生活情境和问题情境:

师:前面我们从大家初中熟悉的圆出发开始研究圆锥曲线,又认识了两种新的圆锥曲线:椭圆和双曲线,大家对圆锥曲线的研究已经积累了一定的经验,请同学们一起回顾圆锥曲线研究的一般方法。

学生总结出"从生活中实例—定义—标准方程—应用"的研究途径,有遗漏的地方请各小组同学补充完善。

设计意图　从学生刚刚经历的研究内容和研究方法入手,不仅增加了学生对于同类问题的熟悉感,也是对研究方法的梳理和回顾。

图 4-1-1　生活中的抛物线

师:今天我们学习全新的圆锥曲线——抛物线,你对抛物线有哪些了解? 请举例说明。

生:生活中抛球运动的轨迹,数学中二次函数的图像等等。

师:这是我们同学熟悉的抛物线应用,其实生活中还有很多抛物线的应用,譬如篮球运动中的投篮、喷泉的水柱等(见图 4-1-1)。

师:抛物线在生活实际中有如此重要的应用,我们这里对抛物线只有在"形"上有直观的感觉,能不能和椭圆、双曲线一样使用符号语言、数学语言表示抛物线,用代数方法研究抛物线问题呢? 抛物线如何定义呢?

**设计意图** 从学生已有抛物线认识到教师展示生活中抛物线,类比对椭圆、双曲线的研究,引出三种语言表示抛物线及其定义的问题,引发学生从熟悉的背景中提高兴趣去主动抽象抛物线的概念,同时强化用代数方法解决几何问题的思想。

抛物线的引入,选择以问题情境和生活情境组合开展,一方面从熟悉情境中吸引学生兴趣,消除学生的畏惧感;另一方面为抛物线的定义和研究途径做好铺垫。适切情境的创设是开启学生概念学习的第一步,这是一个良好的开端。

**2. 数学抽象应用,生成概念**

在情境引入的情况下,如何发挥学生的主体性? 如何让学生从情境中抽象出数学概念? 这需要教师的合理引导。教师根据情境和概念的关系,设置若干问题或者问题链来引导学生积极推进,学生通过层层深入问题的引领理解数学概念的本质,在文字语言的基础上学会用数学语言和符号语言表达概念。在引导过程中,对于学生难度较大的困难之处可以采用小组合作的方式由团队完成,教师尽量不要直接告诉学生答案或者结论,给学生留出充足的空间和思考的余地。虽有教师引导,但是回溯学习的整个过程都是学生自己分析问题、解决问题,对于学生数学学习的信心也具有很重要的意义。这种概念学习中主动探究习惯的长期培养,不仅能解决当前的概念学习,也会为学生今后概念学习提供范本,促进深度学习,实现高中数学的"三会"素养。譬如在抛物线定义中情境引入之后,教师可以设置一系列问题链来引导学生抽象出抛物线的概念。

**问题 1** 请同学们一起回忆圆、椭圆、双曲线是如何定义的? 三种曲线的定义都是抓住哪一个核心数学量?

生:圆是通过固定绳子的一端,笔头跟着绳子的另一端转动一圈得到,定义为"平面内,动点 $P$ 到定点 $C$ 的距离等于常数 $r(r > 0)$";

椭圆是通过固定绳子两端,笔头绕着绳子转动一圈得到,定义为"平面内,动点 $P$ 到两个定点 $F_1$,$F_2$ 的距离之和等于常数 $2a(2a > |F_1F_2|)$";

双曲线是通过拉链头"距离差"作图得到,定义为"平面内,动点 $P$ 到两个定点 $F_1$,$F_2$ 的距离之差的绝对值等于常数 $2a(0 < 2a < |F_1F_2|)$"。

注:对于核心数学量学生有一定的难度,鼓励以小组为单位进行讨论。

**问题 2** 类比上述定义,针对核心数学量,你还能想到哪些不一样的问题?

生:平面上,到定直线 $l$ 的距离等于常数 $a$ 的点 $P$ 的轨迹;

平面上,到两条定直线 $l_1$、$l_2$ 的距离相等的点 $P$ 的轨迹;

平面上,到定点 $F$ 和到定直线 $l$ 的距离相等的点 $P$ 的轨迹;

……

(此时学生根据核心数学量想到很多问题,教师选择学生熟悉的问题和新问题代表进行解决)

**问题 3** 针对同学们提出来的问题,可以先通过作图来得到你们根据核心数学量得到的轨迹到底是什么(图 4-1-2)?

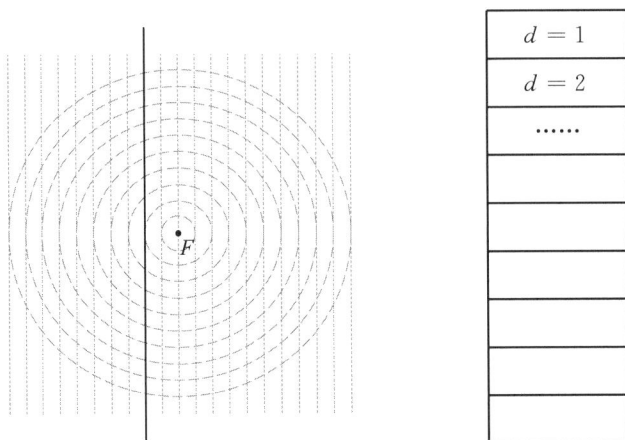

**图 4-1-2　根据核心数学量得到的轨迹**

**活动 1**　在图中,用光滑的曲线联结满足 $|PF|=d$($d$ 是点 $P$ 到直线 $l$ 的距离)的所有的直线与圆的交点 $P$。

**问题 4**　请你根据活动结论来给抛物线下定义。

通过问题链中的核心数学量引导学生主动提出问题,在学生分析问题、解决问题出现困难时,利用小组合作和活动设置,动手描点,直观感知轨迹形状,给抛物线的定义设置台阶,引导学生抽象出抛物线的定义也是水到渠成。

### 3. 新知梳理辨析,建构概念

学生自主抽象出数学概念,此时对数学概念没有深入的认识,教师需要引导学生对概念进行辨析和本质的挖掘,使其对概念的内涵与外延明明白白,从深层理解的角度完善知识建构。概念课教学最怕"浅尝辄止",使学生对概念"似懂非懂",有些教师在概念教学时挖掘深度不到位,讲完概念直接做题,发现练习中频繁出现概念问题时才意识到教学还有不足,只能在复习课或者试卷讲评时对概念进行"补偿式"修补,让学生重新回头再去学习和完善概念,使得学生的学习"事倍功半"。概念教学中强调知识的自主建构,教师引导学生可以从新旧知识对比、新知特征、正反面问题解决等多个方向进行概念辨析和理解,引导学生将新知纳入已有知识体系,最后完整建构整个章节或整个单元的知识体系。

譬如在抛物线教学时,学生得到抛物线定义:平面内到一个定点 $F$ 和一条定直线 $l$ 的距离相等的点的轨迹叫做抛物线。

由于作图活动的支撑,学生对所得抛物线定义信心满满,此时教师千万不要直接指出问题,在给予肯定的同时,让学生小组合作讨论,完成以下问题。

**问题 5**　平面内到一个定点 $F$ 和到一条定直线 $l$ 距离相等的点的轨迹一定是抛物线吗?

生:$F$ 不在 $l$ 上。

**问题 6**　为什么 $F$ 不在 $l$ 上? 如果 $F$ 在 $l$ 上,点的轨迹是什么?

设计意图　通过正反两个问题对抛物线定义进行深入挖掘,一个问题是定点、定直线核心数学量的强化,另一个问题是对定义中"$F$ 不在 $l$ 上"的条件进行自主探究,加深理解。

**问题 7**　类比椭圆、双曲线的研究,如何用数学语言和符号语言表示抛物线?如何建立坐标系求抛物线的方程?

**活动 2**　各小组按照各种建系方法,每组选择适当的坐标系,根据抛物线的定义建立方程。

**问题 8**　四种标准方程从形式上看有何特点?如何依据标准方程判断抛物线焦点所在位置以及开口方向?(教师从"运动与变化"的角度进行引导)

**设计意图**　运用代数方法解决几何问题是解析几何的本质,是从圆、椭圆、双曲线再到抛物线都一致的研究方法,也是对"三会"素养培养的体现。以小组合作探究的方式,各组通过对采用不同建系方法所得不同抛物线方程的比较,感受"恰当"坐标系建立的重要性,同时领会到简便好用的标准方程的确定标准。用问题 8 引导学生从"运动与变化"角度理解抛物线标准方程的形式,抽象成数学语言来进行表达,发展学生数学抽象素养。

**4. 例练变式并行,迁移概念**

在概念建构的基础上,学生需要经过适当的训练巩固新知和提高应用的能力,教师在例题和练习选择的时候要充分关注数学知识和运用能力的需求,精选练习题,特别是对一些经典问题进行变式,使学生掌握灵活应用概念和迁移概念的能力。考虑到很多数学概念在情境创设中引入,教师在设计时要考虑将新知应用于实际生活,让学生更深刻地理解数学来源于生活、服务于生活的真谛。适当的训练可以提高学生在实际生活中发现问题、提出问题、分析问题和解决问题的能力,同时将在很大程度上实现"三会"素养的提升。

**例 1**　已知抛物线的焦点坐标 $F$ 和准线方程 $l$,求抛物线的方程。

(1) $F(0, 2)$, $l:y=-2$;　　　　　　(2) $F(1, 0)$, $l:x=-1$;

**例 2**　求定点在坐标原点,焦点在坐标轴上且经过点 $M(-2, -4)$ 的抛物线的方程。

**例 3**　(1) 点 $P$ 到点 $F(1, 0)$ 的距离等于到直线 $l:x=-1$ 的距离,则点 $P$ 的轨迹方程是_____;

(2) 点 $P$ 到点 $F(1, 0)$ 的距离比到直线 $l:x=-2$ 的距离小 1,则点 $P$ 的轨迹方程是_____。

**练习**　抛物线 $y^2=x$ 上一点 $M$ 到焦点的距离为 1,求点 $M$ 的横坐标。

**例 4**　如图 4-1-3 所示,汽车前灯反射镜与轴截面的交线是抛物线的一部分,灯口所在的圆面与反射镜的轴垂直,灯泡位于抛物线的焦点 $F$ 处。已知灯口直径是 24 cm,灯深 10 cm,求灯泡与反射镜的顶点 $O$ 的距离。

**设计意图**　通过例 1、例 2 强化抛物线标准方程的应用,例 3 和练习强化抛物线定义的应用,同时着重强调抛物线定义的迁移和结构特征。通过例 4 让学生感受到数学的发展与社会的进步有密切的联系,也和生活情境引入进行前后呼应,提高学生数学应用的意识,知道抛物线的内容可从平面扩展到空间,而空间问题向平面问题的转化是常用的数学思想,同时提升知识的迁移能力。

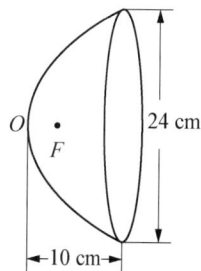

**图 4-1-3　反射镜**

### 5. 学习应用评价，反思概念

概念课教学任务完成后的总结和评价，也是学生再提升反思的重要环节，这是概念课最终成功和学生有收获、有提高的"点睛之笔"。教师在小结环节有意识地引导学生回顾概念学习的整个过程，其中需要充分考虑：知识与技能、思想和方法、能力和素养，当然还要让学生在回顾收获的同时，利用过程性评价反思自己在这节课中需要改进和不足之处，特别是在小组合作交流过程中小组成员可以通过互评来促进后续的学习。

概念课的教学设计从情境创设出发，通过有趣的生活情境或学生熟悉的数学情境引入，使数学概念课的教学更具吸引力。教师设计恰当的问题链引导学生抽象事物的本质属性，让学生真正经历了从具体到抽象的过程，完整体验知识生成、发展的过程。利用正反面的概念辨析，深入理解概念和明确概念的内涵外延。通过典型练习题、变式训练和回归实际问题的应用，不仅强化学生对概念的理解和应用，也会进一步提升其概念迁移能力，真正引导学生经历从具体到抽象、抽象到概括、概括到提升的思维历程，发展学生数学抽象和逻辑推理的核心素养，实现学生"会看""会想""会说"的数学教育目标。概念课教学设计突出了概念学习的完整历程，颠覆了传统的以"讲授为主"的概念课教学模式，充分发挥"以生为本"的教育理念。以小组合作探究的模式，增强团队合作交流的机会，提高学生自主探究与合作学习的能力，培养学生终身学习的习惯，促进学生的全面发展。

## 第二节　在公式、法则课教学中的实践

随着课改的实施和推进，数学学科核心素养作为数学课程标准中数学教学目标的集中体现，引导着高中数学课堂的发展方向和新高考的命题方向。我们将高中数学核心素养归纳为"三会"素养，"三会"将在学生的数学学习和数学应用过程中得到不断的培育与发展。

在数学教学中，数学公式课和法则课作为常见的主力课型，对于学生数学知识体系的建构具有重要的意义和价值，同时也是学生"三会"素养目标达成的重要载体。《高中新课标》在"学科核心素养"中指出，逻辑推理是指从一些事实和命题出发，依据规则推出其他命题的素养。数学运算是指在明晰运算对象的基础上，依据运算法则解决数学问题的素养。对于学生而言，数学公式和法则是逻辑推理的依据起点和数学运算所要遵循的法则，数学公式和法则的学习过程对其逻辑推理、数学运算等数学核心素养的形成具有重要作用，这恰恰是"三会"素养中"会想"素养形成的要件。

高中数学教学中的公式课和法则课是两种不同的课程类型。高中数学的公式课主要包括数学公式的推导、讲解和应用，其中涉及的这些公式是高中数学知识网络中重要知识点的概括和数学表达，例如三角中两角差的余弦公式、诱导公式和等差数列的前 $n$ 项和公式等等。高中数学公式课通常由公式的引入、公式的推导和证明、公式的应用、公式的延伸和拓展等多个环节组成，以此来理解和记忆公式，辨析和应用公式。高中数学的法则课就是针对高中数学知识结构中的各种法则进行系统研究，这些法则是数学逻辑推理、数学运算的基本出发点和运算依据，例如不等式的性质、幂指对的运算法则、导数的运算法则等。高中数学

的法则课包括法则的表达、法则的辨析、法则的建构和法则的应用等多个环节，以此来强化对法则的掌握和运用。不管是高中数学的公式还是法则，均体现了数学对象之间的联系和关系，直接影响着学生"三会"素养的达成，更体现在学生数学知识的迁移、理解、探究和创新意识的培养等各个方面。

## 一、公式、法则课教学中存在的问题

作为一线数学教师，大家都很认可高中数学核心素养培养对学生发展的重要性，但是在教学时往往对于数学核心素养培养的载体——公式与法则没有给予充分的重视和认可，在公式、法则课的教学中出现各种不同的问题，阻碍了学生对公式、法则的掌握和应用，对学生数学素养提升和能力提高的目标达成产生较大的影响。

### 1. 忽视或者简化讲解过程

一线教师在公式和法则教学的过程中，对其重要性认识不足，忽视公式、法则的推导过程，对于一些难度较高的性质就直接给出结论或者由教师直接证明，成为教师一个人展示的舞台。譬如在上教版必修一"幂函数的性质"中，学生通过观察幂函数 $y = x^a (a > 0)$ 在第一象限内的图像，发现图像由左至右是上升的，得到随着自变量 $x$ 的不断增大，函数值 $y$ 也不断增大的性质。对于刚进入高中的学生，将从图像中观察到的结论抽象成性质有一定的困难，而将性质用数学语言证明难度更大。很多一线教师为了尽快完成教学任务，考虑到高一学生的认知能力和解题水平，往往会选择直接给出性质或者由教师直接证明，没有耐心引导学生借助幂的基本不等式自主探究完成证明。殊不知这种证明方法在指数函数、对数函数的性质研究中有着相同的应用，同时对于幂函数单调性的研究为一般函数性质——单调性的研究做好准备。一个关键点的不当处理，不仅不能扫除学生今后相同性质研究的难点，也不能为后续进一步学习做好知识储备，更大的问题是无法养成学生由图形直观得到性质后进行严谨逻辑证明的习惯，对学生核心素养的培养可能产生较为明显的不利影响。公式和法则的直接给出，无法让学生对知识的发展和形成过程有深刻的认识，会让初进高中的学生认为高中数学就是"记公式和法则，做例题和练习"，从而导致学生对高中数学没有正确的认识，更不能激发学生数学学习的兴趣和信心，无法达到"三会"素养的达成。

### 2. 死记硬背公式法则

教师简化的教学过程和学生数学学习的认知不足，让学生感觉高中数学只要将公式、法则记牢就行，即使教师对于公式、法则有细致的推导和耐心的引导，也会让他们觉得完全没有必要，觉得数学课就应该直接"上公式＋请听题"。殊不知随着数学学习的不断深入，学生就会发现只是机械地记忆公式和法则，而不理解其推导过程和内在逻辑，不管是回家练习抑或是考试时都会导致错误频出，当然也就无从谈起数学知识和方法的灵活运用。譬如学生在对数的运算性质快速学习后，马上完成以下练习：

下列计算中，正确的是（　　　）。

(A) $(\log_a x)^2 = 2\log_a x$　　　　　　　(B) $\log_a (x - y) = \dfrac{\log_a x}{\log_a y}$

$$(C) \log_a x - \log_a y = \log_a(x - y) \qquad (D) \log_3 \sqrt[5]{x^3} = \frac{3}{5} \log_3 x$$

如果学习过程中没有针对对数运算性质研究的引入,也没有对于运算性质的抽象和证明,教师只是平铺直叙地将结论告诉学生,要求学生将运算性质直接记背,那么此时学生看到这个比较简单的公式辨析也将会一头雾水,错误频出。

### 3. 练习应用形式单一

在公式与法则应用练习阶段,教师在例题和练习的选择时形式过于单一,学生没有机会在不同情境中进行综合练习,对公式、法则也就无法实现灵活应用的目标。有的老师会抱怨自己的学生不灵活,换一种提问方式、换一种题型学生就不能完成,在练习训练时常常只选用公式的直接应用,殊不知就是平时训练形式过于单一,学生的思维灵活性、广阔性未能得以及时训练,学生根本没有机会接触公式的"正用""逆用""变形用"的机会,这才是学生问题出现的主因。

### 4. 忽视知识间的整体架构

数学公式、法则的表达和证明完成后,有的教师就开始让学生进行练习,而没有对公式和法则进行结构、形式和应用条件等各个方面的分析与辨析,也没有将公式和法则进行纵向、横向知识间联系的整体建构。长此以往,没有让学生养成良好的建构习惯,也未能引导学生发现知识间的联系,导致学生对这些公式、法则的学习都是孤立且散乱的,不仅不利于学生的记忆,更不利于学生的应用。

## 二、核心素养背景下数学公式、法则课教学的策略

相对于小学、初中的数学学习,高中数学无论是广度,还是深度上都有了很大的变化,对数学公式、法则的要求也得到很大的提升,贯穿整个高中数学学习的过程。在高中数学教学中,公式、法则涉及内容较多,学生只是从解题目标出发还不足以解决问题,对今后的数学学习和发展也是非常不利的。学生通过多年的数学学习,对于数学公式、法则课的学习养成一定的学习习惯和思维模式,教师若只是要求学生机械记忆和简单模仿,根本无法达到目前学生未来发展的需求,阻碍学生数学知识体系的搭建和核心素养的培养。根据新课改的要求,学生对于高中数学公式、法则的学习,是一个充满挑战获取新知的探索过程,也是一个将新公式、法则在教师的引导下纳入自己已有知识体系并内化的过程。教师应该选择合适的方式促成学生对公式、法则的内化和理解,同时将公式、法则整合在一起,培养学生全新的思维模式和习惯,鼓励学生在数学学习中进行综合应用相应的公式、法则,在此基础上进行拓展延伸,不断提升学生综合分析问题、解决问题的能力,从而促进学生数学核心素养的不断发展,特别是学生的"会想"素养。

### 1. 公式、法则的导入和发现

数学公式、法则的学习,是发展学生逻辑思维和创新意识的有效途径,针对不同的教学对象可以选择不同的导入形式,教师选择恰当的形式引导学生自主发现和自主探究,提升学生自主学习能力。教师激发学生对数学严谨性的感知,促进其逻辑推理能力的形成。这要求教师在教学过程中促进学生将数学公式、法则与已有知识联系起来,建立知识间的桥梁,以便顺畅地实现知识的迁移。

在此环节中,教师应重视培养学生的思维能力,帮助他们将新旧知识相互转化。高中数学的教学内容彼此相连,构成一个整体体系,其中各个知识点间的联系直接影响学生的逻辑推理能力。因此,在导入阶段,教师需引导学生复习以往学习的内容,构筑个人的认知结构,从而提高其思维质量。如在"对数的运算性质"引入时,一方面可以从"新数"学习的角度出发,引导学生借助已有研究经验思考作为"新数"学习研究的方向是什么?作为"新数"势必研究其运算法则,以此提出研究的必要性;在此基础上对于"新数"运算法则的研究思路为:一方面,对于全新的事物,可以用从特殊到一般的研究思路,通过若干具体的对数值借助计算器进行计算,猜测运算法则后再证明;另一方面,借助指数和对数互化的载体,利用已学指数的运算法则进行对数运算法则的研究。对新事物确定的研究方向和研究思路,为学生以后的数学学习提供方向的同时也提升了其逻辑推理能力。

在此环节中,对于公式的引入并非一定是枯燥乏味的,也可以和数学史、学生的生活实际联系起来,借助具有丰富背景的情境引入,吸引学生的探究兴趣和探究欲望。譬如,在三角函数周期性的研究时,将问题和圆周运动联系起来,选取典型的实例就是将圆周运动抽象成圆周上一点的运动。提出代入感很强的问题情境:当春游时我们在欢乐谷乘坐摩天轮时,随着摩天轮的不断旋转,我们也不断旋转,我们的位置也在不断发生变化。在此情境下提问:随着运动变化,我们如何确定位置?学生会建立坐标系,选择不同的参数使用 $(x, y)$ 或 $(r, \alpha)$ 表示我们的位置,从而从代数角度确定我们的位置。在此基础上教师引导学生分析两者之间的联系,通过这种情境创设的引入方式,使学生深刻感受数学公式在实际生活中的运用,激发学生探究的兴趣和激情。

### 2. 公式、法则的推导和证明

针对公式、法则的推导和证明不仅有助于学生逻辑推理能力的培养,而且也能促进学生自主学习能力的提升。加强学生对数学知识之间关联性认识的同时,教师应重视培养学生掌握通用思维规律。因为数学问题之间存在普遍规律,学生在掌握这些规律后,能够更有效地解决问题。实践中,教师应通过引入环节,学生自主抽象出公式、法则的结论,并用数学语言进行表达,在此基础上鼓励学生进一步拓宽思维的深度和广度,对于发现的结论进行严密的证明,以促进逻辑推理能力的发展。例如,在研究"幂函数的图像与性质"时,教师对每一个环节进行精心设计,从学生的认知水平出发对"如何作出幂函数的图像、如何通过图像得到性质、如何用数学语言表达性质、如何用数学语言严谨地证明性质"等方面着力打造,当学生研究"指数函数的图像与性质"时,可以提醒学生按照"幂函数的图像与性质"的研究方法进行自主探究,特别对于通过幂函数图像得到单调性的证明重点突破,如此在通过指数函数的图像得到单调性的结论和证明时可以完全放手让学生独立完成,教师只在学生遇到困难时适当点拨即可。对学生有难度的证明和推理,其实也是学生挑战思维广度和深度的良好机会,其中需要数学运算的加入以帮助思维顺利且正确地达成,这也是"会想"素养的形成关键。

### 3. 公式、法则的练习和应用

在公式、法则证明完成后,教师引导学生对于公式、法则的形式、结构和应用条件进行分析整理,以此将其纳入已有知识体系中,方便学生在练习时随意提取和应用。结合已有公式、法则教学中的不足,在此阶段就是解决学生公式正向迁移意识和能力不足、公式无法灵活应用、法则无法正确使用等问题的阶段。在此阶段教师根据学生的实际水平和教学要求，精选例题、习题，甚至精编针对性训练题或者变式题组来提高学生的正向迁移能力，也通过不断变式增强学生灵活应用的能力。教师在设计数学教学内容时，应着眼于满足学生的需求和提升其思维价值。数学逻辑推理和数学运算能力的培养应侧重于"实践中学习"与"实践中领悟"的理念。为了实现这一目标，教师必须精心挑选教学中使用的例题。那么，什么样的例题被视为"恰当"呢？首先，鉴于数学教学本质上是一种围绕公式、法则的核心且在数学文化背景中进行的思维训练，因此，选择的例题应当具备一定的"价值"。这意味着所选例题应当具有探索数学科学价值和文化价值的潜力，它们能够有效提升学生的问题提出、分析及解决能力，对于促进学生的智力发展和创新意识具有重要的基础作用。其次，考虑到学生是学习过程的主体，例题的挑选应紧密围绕学生的实际需求进行。这意味着教师在选择例题时，应深入考虑学生的认知水平、兴趣点以及学习需求，确保所选内容既能引发学生的学习兴趣，也能有效地促进其认知和技能的发展。通过精选具有深刻数学价值的例题，并以学生的需求为出发点，教学活动不仅能够更好地培养学生的数学运算能力，同时也能在更广泛的层面上促进学生核心素养的全面发展。

当然，由于上课有限时间的影响，当教师在前两个阶段花费较多时间，也就没有多少时间给予学生练习，这就要求教师在例题、习题设计时更具有代表性，在训练和讲解时提高效率。譬如在"两角和与差余弦公式"的推导和证明后，教师选择例题、练习题如下所示：

**例 1**　利用两角和与差的余弦公式，求 $\cos 75°$ 和 $\cos 15°$ 的值。

**练习 1**　（1）求 $\cos 105°$；

（2）已知 $\sin\alpha=\dfrac{3}{5}$，$\alpha\in\left(\dfrac{\pi}{2},\pi\right)$，$\cos\beta=\dfrac{5}{13}$，$\beta\in\left(\dfrac{3\pi}{2},2\pi\right)$，求 $\cos(\alpha-\beta)$。

**设计意图**　将所求角转化为特殊角 $75°=45°+30°$，$15°=45°-30°$，$105°=60°+45°$，利用两角和与差余弦公式进行直接使用；练习 1（2）只要将 $\cos(\alpha-\beta)$ 公式展开，再利用同角三角比求出 $\cos\alpha$，$\sin\beta$，代入展开式就可以，例题和练习都是公式的"正用"。

**例 2**　化简：（1）$\cos\left(\dfrac{\pi}{4}-\alpha\right)+\cos\left(\dfrac{\pi}{4}+\alpha\right)$；

（2）$\cos\alpha\cos(60°-\alpha)-\sin\alpha\sin(60°-\alpha)$。

**设计意图**　将所给条件，结合两角和与差余弦公式的形式将展开式"还原"，这也是公式的"逆用"。

**例 3**　若 $\alpha$，$\beta$ 锐角，$\sin\alpha=\dfrac{4\sqrt{3}}{7}$，$\cos(\alpha+\beta)=-\dfrac{11}{14}$，求角 $\beta$。

**练习 2**　已知点 $A$ 的坐标为 $(0.6,0.8)$，将 $OA$ 绕坐标原点逆时针旋转 $\dfrac{\pi}{3}$ 至 $OA'$，求点 $A'$ 的横坐标。

**设计意图**　从题目中的条件出发，将例 3 中角 $\beta$ 分解成 $\beta=(\alpha+\beta)-\alpha$，再利用公式求解 $\cos\beta=\cos[(\alpha+\beta)-\alpha]=\cos(\alpha+\beta)\cos\alpha+\sin(\alpha+\beta)\sin\alpha$ 即可；练习 2 可以借助设 $A$ 为角 $\alpha$ 终边与单位圆的交点，即 $\cos\alpha=\dfrac{3}{5}$，$\sin\alpha=\dfrac{4}{5}$，点 $A'$ 是角 $\alpha+\dfrac{\pi}{3}$ 的终边与单位圆的

交点,计算 $\cos\left(\alpha+\dfrac{\pi}{3}\right)$ 的值就能求解结果,这都是公式的"变形用"。

在教师对于引入和证明花费大量精力的情况下,教师设计三道例题和两道练习,分别从公式的"正用""逆用""变形用",也就是"拆角""变角""构造角"三个方向进行训练,增加学生应用公式的灵活度和开放性,发挥学生思维的广度和深度,当然问题解决的过程中需要提升学生的数学运算能力,确保计算的准确性和高效性,这也是学生"会想"素养形成的关键。

总之,在公式、法则的应用和练习环节,例题和练习的设计一定要注意针对性和典型性,当然在例题和练习完成后,教师引导学生进行结构和方法的总结与归纳,真正实现例题、练习题所要达到的效果。

### 4. 公式、法则的拓展和延伸

公式、法则课的教学压轴点可以放在其拓展和延伸阶段,这也是提升学生的数学思维品质和数学抽象素养的关键。思维,作为人类理性认识的过程,其能力的高低对数学学习成效有着直接的影响。基于思维能力的培养,学生的运算能力才能实现有效提升。因此,加强学生数学思维能力的培育是提升数学教学质量的关键环节。为了提高学生的思维能力,首要步骤是培养其良好的思维习惯。这一过程需进一步细化为对学生思维品质的塑造。优秀的数学思维品质应涵盖严谨性、广阔性、灵活性和批判性等各个方面。其中严谨性在公式、法则证明阶段得以体现,灵活性和深刻性在应用阶段得以完成,广阔性和深刻性在拓展和延伸阶段得以实现。

在数学公式、法则教学中,学生需要对运算法则有深入的理解,这是培养数学思维深刻性的基础。教师应采用多样化的教学方法,以培养学生的数学思维灵活性和开放性。思维的深刻性关乎思维活动的抽象层次、逻辑质量,以及思考的深度和广度。能否穿透现象看到本质及其相互联系,是判断思维是否深刻的关键。因此,在数学教学活动中,教师应从现象到本质,揭示问题的根本规律,有目的地进行思维深刻性的培训。这样,不仅能够提高学生在数学问题解决中的逻辑性和依据性,还能够加深他们对数学公式、法则的理解,促进学生在思维抽象性、逻辑性以及问题解决的深度和广度方面的全面发展。这种全面和系统的训练方法,旨在为学生的长远发展奠定坚实的数学思维基础。譬如在"两角和与差余弦"公式推导之后,从"正用""逆用""变形用"三个方面进行训练,此时面对实际需求提出如何求" $\sin(\alpha\pm\beta)$ "的问题,根据学生公式、法则研究习惯,不难想到构造法推导公式或者用已有诱导公式等解决,学生结合"构造角"的经验选择诱导公式进行推导,选用公式 $\sin(\alpha+\beta)=\cos\left[\dfrac{\pi}{2}-(\alpha+\beta)\right]=\cos\left[\left(\dfrac{\pi}{2}-\alpha\right)-\beta\right]$ 展开即可。学生在公式研究的过程中,在前面练习的基础上结合批判性思维进行合理选择,使新问题得以顺利解决。

在公式、法则课的实践中,采取多角度的探索方法来研究公式、法则的应用拓展问题,是培养学生思维广阔性的有效途径。思维的广阔性涉及能够从多个视角审视问题的能力,这包括但不限于能够对同一事实提出多种解释,用不同方法表达同一对象,以及对同一数学题目提出多种解决方案。通过鼓励学生在数学学习过程中采用多维度、多视角的思考方式,可以有效地拓宽他们的公式理解,进而促进思维的广泛性。具体到教学实践,这意味着教师应设计并引导学生参与那些能够激发多样化思考的活动。例如,通过呈现具有多种解决路径的数学问题,教师可以引导学生探讨和比较不同的思考方向,从而识别并欣赏到数学思考的多样性。此外,教师也可以通过案例研究、小组讨论等方式,鼓励学生从不同的角度审视问题,这不仅有助于学生理解数学公式的多维性,还能够激发他们的创造性思维和批判性思维。比如在二倍角公式推导的过程中,教师引导学生令 $\alpha = \beta$ 代入 $\sin(\alpha + \beta)$,完成二倍角 $\sin 2\alpha = 2\sin\alpha\cos\alpha$ 的推导,此时教师应该让学生理解二倍角的公式中不仅只有 $2\alpha$ 才能用二倍角公式,深刻领会所谓二倍角可以理解为 $\alpha$ 是 $\frac{\alpha}{2}$ 的二倍角,$\frac{\alpha}{2}$ 是 $\frac{\alpha}{4}$ 的二倍角,$4\alpha$ 是 $2\alpha$ 的二倍角等等。对于倍角的理解只要满足"$\frac{\alpha}{\beta} = 2$"的关系式时,都可以应用二倍角公式。其次,二倍角公式 $\cos 2\alpha = \cos^2\alpha - \sin^2\alpha$ 能够灵活的转化为 $\cos 2\alpha = 2\cos^2\alpha - 1 = 1 - 2\sin^2\alpha$,将这些关系和公式进行变形和拓展,方便学生在应用时灵活选择,实现公式的快速掌握和问题的快速解决。教师通过公式的变形和拓展,借助公式的逆用、变形用和迁移练习,实现学生对公式的内化,加速学生的理解,不断扩充学生的知识体系。

总之,公式、法则的教学不仅承载着提高学生"四基"与"四能"重要作用,而且担负着培养学生"会想"素养的重任,对学生未来数学学习产生重要的影响。双新背景下的公式、法则课,让学生认识公式、法则的本质,能为学生灵活应用公式、法则夯实基础,从公式、法则结构和方法进行不断总结,提炼出进一步应用的方向和思路,为数学应用能力的发展做好充分的准备。

## 第三节　在复习课教学中的实践

"双新"背景下的高中数学教学更关注学生核心素养的落实,以"三会"为数学教育的终极目标。在教学组织形式和教学模式不断改进的过程中,复习课的形式和要求也在与时俱进,当然不变的是复习课夯实学生"双基"的要求和提高学生能力的需求。复习课顾名思义就是将学生已有的知识经验进行复习整理,在强化基础知识的同时,帮助学生系统全面地建构知识体系,形成清晰的知识网络和解题模型。从实际问题中抽象出数学问题,根据问题确定已知条件和未知条件,分析出哪些是主要因素、哪些是次要因素来确定恰当的参数和变量,通过分析问题建立恰当的数学模型(数学关系),并运用已有的知识和方法求解模型,这是数学建模的主要流程。统观数学建模的过程,其实也是另一种理解层面上的数学思想方法,它和传统数学思想方法的不同之处在于"借助符号化的外显表示,让学生学会用数学语言表达世界"。

关于高中阶段的数学复习过程,教师应引导学生对所学知识进行系统化的建构,通过各种形式的深入分析和应用,使学生掌握适当的数学模型来解决综合数学问题,让学生熟练应用数学语言表达世界,这也是数学建模的过程。在上教版新教材中,数学建模有两本独立的教材来渗透数学建模思想,其实在四条主线推动的新教材中,各章节的内容建构和应用中都有数学建模思想的应用,譬如:函数、三角函数、统计、概率、数列等实际问题和应用中都与数学建模有着紧密的联系。一方面,教师在实际案例的引入和求解过程中,通过学生自主探索和交流合作等各种形式,引导学生经历数学建模的完整过程,体验和提炼出数学建模的过程,发展学生数学建模的核心素养;另一方面学生在复习过程中通过模型建构整个单元、整个章节的知识结构,对于这些内容的实际问题解决过程中也需要数学建模的融入。在掌握知识的基础上,教师还需要有针对性地设计问题并渗透数学思想方法,利用典型"问题"的引领和应用,引导学生自主发现问题、提出问题、分析问题和解决问题,在不断提升思维能力的同时灵活应用已有知识和方法解决问题,从而更好领会数学的本质内涵和发展数学建模的核心素养。

## 一、高中数学复习课中存在的问题

高中数学复习课是检验"双基"和落实核心素养的关键课型,教师在一个单元、一个阶段或者一个学期进行阶段性总结时按需进行安排,但是无法避免的是由于有的老师认识不足、处理不当、考虑不全等各种因素,导致数学复习课没有达到预期的效果。有的复习课只停留在知识简单复习的层面,教师选择的问题就是帮助学生机械记忆和简单模仿;有的复习课形式比较单一,教师仅仅考虑完成教学任务,在讲练结合中主要以教师讲为主,"以教定学"的痕迹明显,没有让学生成为课堂的主体;有的复习课在知识框架搭建的过程中,缺乏知识应用和迁移的关注,让学生陷入只有知识储备却缺乏能力应用的困局中;有的复习课老师还停留在传统观念里,眼中只有知识和能力,教学设计中根本没有关注学生数学核心素养的培养,也就无法实现数学教育的终极目标。教师应对高中数学复习课达到充分的认识,正视目前复习课中出现的各种情况,在教学设计中真正解决当前存在的"教学内容单薄、教学形式单一、教学层次粗浅、教学立意不高"等各种问题。

## 二、核心素养背景下数学复习教学的策略

"以终为始以实现理解性教学"是当前复习课的重要目标也是教师复习课教学设计的指导方向,复习课是前阶段数学教学的总结和提升,借助系统的复习手段和方法,对教学内容进行重组和精选,设计典型的问题推进,在数学核心素养发展的同时真正实现学生会用数学的眼光观察世界、会用数学的思维思考世界、会用数学的语言表达世界的"三会"目标,高中数学复习课可以采用如下的教学策略。

### (一)以核心素养为目标

在高中数学教学中,根据课程标准,不管是哪一种课型,都以发展学生的核心素养为目标进行教学推进,传统讲练结合的复习课模式也无法取得预期复习效果,在复习课中也可以设计合理的问题情境让学生更方便地进入复习状态,也给学生台阶轻松地去搭建知识架构并能顺利地进入应用的快车道。复习课的情境往往从典型"问题"出发,教学目标不是简单地定位于会求解相关问题和题目,教师应该摒弃传统的"一题一解"而应该转向"打通一片",这是提高高中数学复习课效率的有效途径。教师在数学建模核心素养的指导下,确立学习目标,借助问题情境从"一题一解"中解放出来,构建典型问题的解题模型,利用一题多解、一题多变等各种形式。教师在复习课设计时做好试题改编、条件与结论的开放,感悟同种类型

下试题的解法与原理,从一题中理解、掌握、并形成对一类问题的解法;从解题背后理解数学原理与方法,从而能够"举一反三",带领学生经历从知识到能力,再到素养的提升和发展。典型"问题"的解决不仅帮助学生完成知识体系的搭建,同时也形成了这类问题的求解模型。

在《利用导数研究函数单调性》的复习实践课中,函数是数学学科中的一个大单元,函数单元贯穿于中学数学学习的始终,也在高中数学的知识网络中占有重要的一席之地。作为函数单元中函数的重要性质,函数单调性承载着函数应用的重要使命,此节内容是利用导数研究函数的单调性,教学目的就是在核心素养导向下构建导数解决函数单调性的知识网络和函数观,解决问题就要回到函数单调性的基本概念,回到利用导数解决函数单调性的基本方法类型中来,从而帮助学生搭建解决这一类问题的数学模型。

**典型例题**　已知函数 $f(x)=\ln x+\dfrac{a+2}{x+1}$,其中 $a\in\mathbf{R}$,讨论并求出 $y=f(x)$ 在其定义域内的单调区间。

**解答**　当 $a\leqslant 2$ 时,函数 $y=f(x)$ 的单调增区间为 $(0,+\infty)$,没有单调减区间;

当 $a>2$ 时,$f'(x)=0$ 的两根为 $x_1=\dfrac{a-\sqrt{a^2-4}}{2}$, $x_2=\dfrac{a+\sqrt{a^2-4}}{2}$,函数 $y=f(x)$ 的单调减区间为 $(x_1,x_2)$,单调增区间为 $(0,x_1)$ 与 $(x_2,+\infty)$。

通过典型例题,作为用导数解决函数单调性基本方法复习的引子,提炼出用导数研究函数单调性的基本概念和方法(见图 4-3-1),与此同时将第 5 章函数单调性定义、初等函数解决函数单调性、复合函数单调性的研究方法进行归纳总结,形成函数单调性的知识网络,通过问题解决过程的梳理得到基本解题模型(见图 4-3-2),其中就凸显出数学抽象、数学建模的数学核心素养。

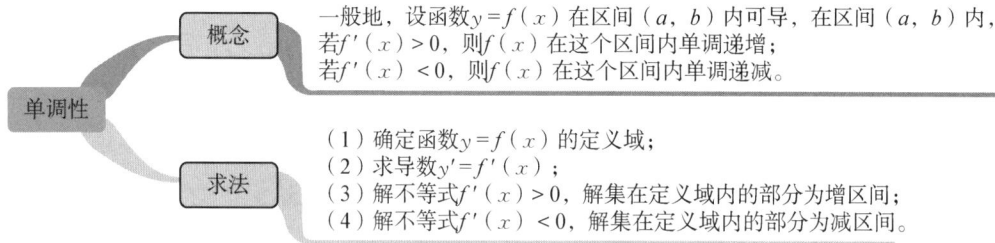

图 4-3-1　函数单调性

## (二) 以知识体系为串联

高中数学各种课型的教学目标、教学形式等存在着明显差异,教师对于学生发展的要求也会各不相同。新授课的重点在于新知识的接受和掌握,相对知识和方法内容较少;而复习课的重点在数学知识系统掌握和体系完善,相对知识和方法内容较多,在此基础上促进学生熟练应用知识并学会自主分析问题、解决问题,真正发展学生的核心素养。因此,在准备复习课时,教师首先就需要引导学生对系统知识进行梳理和总结,不管是通过情境问题引出抑或是师生共同回顾,都应将复习的知识和方法内化为学生知识体系的一部分,帮助学生建构

题目未给出 $x$ 的区间或定义域是 **R**

类型一

解题思路

（1）求导 $f'(x)$

（2）求 $f'(x)=0$ 的根 $x$

（3）根个数

一根，直接写出单调区间

二根 $\Rightarrow$ 比较大小 $\begin{cases} x_1=x_2 \\ x_1>x_2 \\ x_1<x_2 \end{cases}$ 写出单调区间

单调性分类讨论点

题目给出 $x$ 的区间或定义域不是 **R**

类型二

解题思路

（1）求导 $f'(x)$

（2）求 $f'(x)=0$ 的根 $x$

（3）根个数

一根 在不在区间内 $\begin{cases} 在 \\ 不在 \end{cases}$

二根 在不在区间内 一般一个在 一个不在 $\begin{cases} 不在 \\ 在 \Rightarrow 比较大小 \begin{cases} x_1=x_2 \\ x_1>x_2 \\ x_1<x_2 \end{cases} \end{cases}$

类型三

导函数为一元二次不可因式分解

利用导函数进行参数的分类讨论

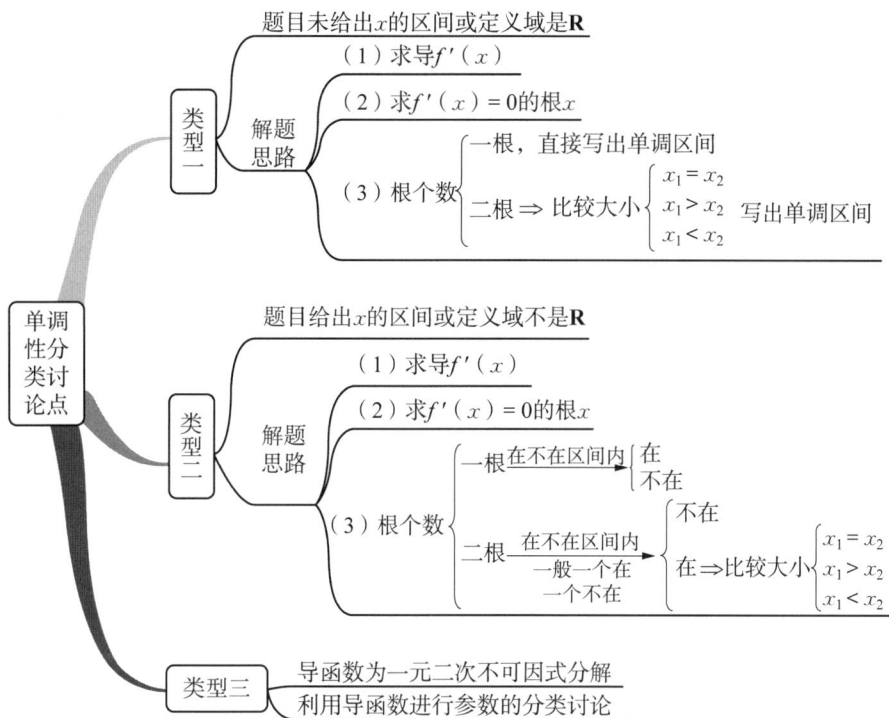

**图 4 - 3 - 2　搭建解题模型**

完善的知识体系,明确各知识点之间的联系和区别,通过"串珠成线"达成知识体系的网络建构。复习过程中将学生各节零散的知识和方法整体建构,以"问题"推进的方式引领学生经历整理、练习、对比、辨析的过程,在该过程中既注重巩固知识又注重知识拓展迁移,既注重重点、难点突破又注重整体建构搭建,既注重横向联系又注重纵向联结,通过引导学生形成完善的认知结构与知识网络,提升学生的思维能力和发展核心素养。

在《导数综合应用》的复习课中,教师可以引导学生谈一下自己对题目所考查知识的理解,在理解基础上进一步建构本节内容相关知识的结构与体系,比如解决函数相关的方程及不等式问题间的联系,形成知识体系如图 4 - 3 - 3 所示。

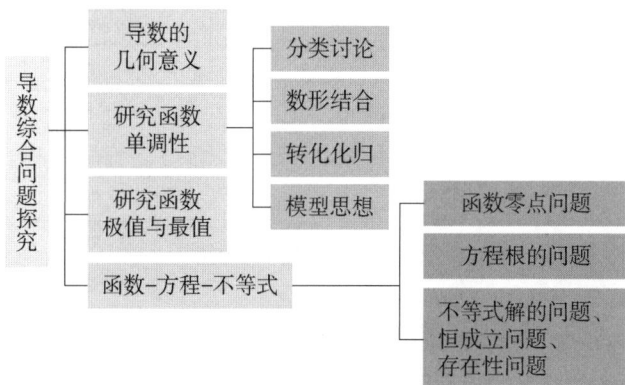

导数综合问题探究

导数的几何意义

研究函数单调性

研究函数极值与最值

函数-方程-不等式

分类讨论

数形结合

转化化归

模型思想

函数零点问题

方程根的问题

不等式解的问题、恒成立问题、存在性问题

**图 4 - 3 - 3　导数应用**

### (三)以核心问题为抓手

在复习课的教学过程中,教师不难发现学生对基础知识、基本方法不重视,一味追求"难、怪、新"的问题,觉得只有这样的题目才能体现出自己的水平,才是真正的复习,殊不知这种"舍本取末"的行为会使自己的复习课效果大打折扣。针对学生双基不牢固的情况,教师在复习进程中需要紧紧围绕阶段知识内容的"重难点问题"展开,以"重难点"问题作为"核心"问题去突破。在复习过程中,教师首先对教学目标下的重点问题进行定位,从知识、方法和思想角度开展系统的分析和应用,给予学生充分展示自主解决问题过程中自己的思维和解决方法,教师在作适当点评的同时进行系统的讲解和梳理,师生共同得到这一类问题的解决模型,在掌握相应解题技巧的同时,发展学生的数学学科核心素养。

譬如,在《等差数列和等比数列》复习课上,结合课程标准对数列的教学要求和高考对数列考查的常见类型,建构数列求通项和数列求和的知识框架,在此基础上以核心问题的解决带动整个章节内容的复习,建构章节常见的解题模型(见图4-3-4)。

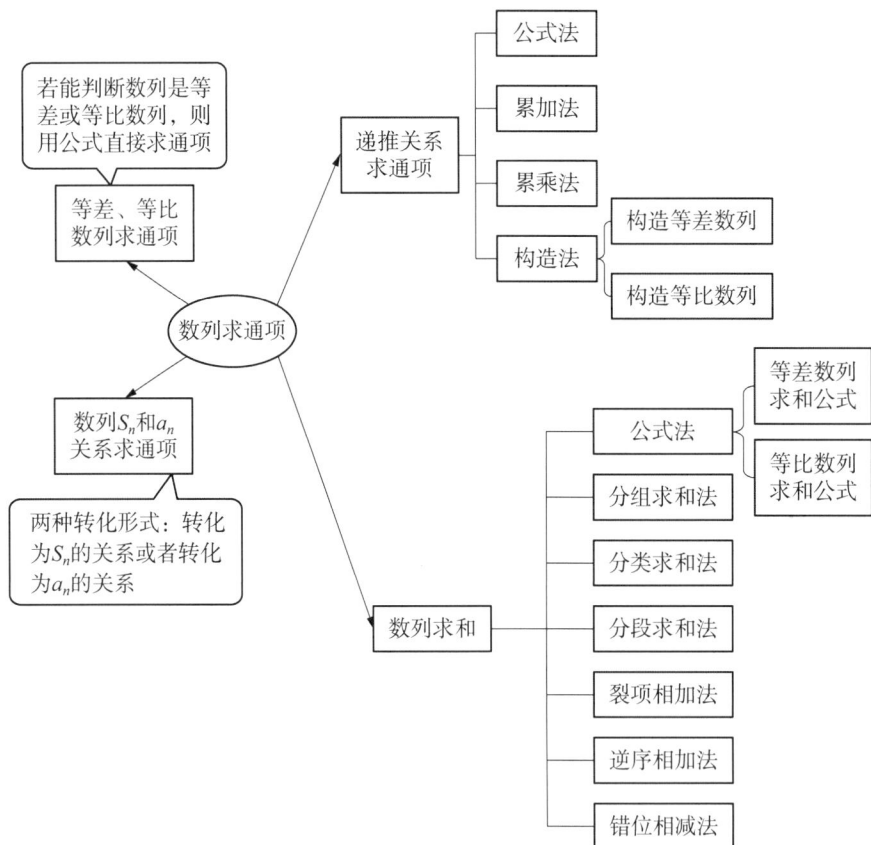

图4-3-4　以数列为例

### 1. 核心问题1:等差、等比数列基本量问题

(1)记 $S_n$ 是公差不为 0 的等差数列 $\{a_n\}$ 的前 $n$ 项和,若 $a_3 = S_5$,$a_2 a_4 = S_4$。

① 求数列 $\{a_n\}$ 的通项公式 $a_n$；

② 求使 $S_n > a_n$ 成立的 $n$ 的最小值。

(2) 已知等比数列 $\{a_n\}$ 的各项均为正数，$S_n$ 为 $\{a_n\}$ 的前 $n$ 项和，$a_1 = 1\,024$，且 $4S_4 = 5S_2$。

① 求数列 $\{a_n\}$ 的通项公式；

② 若 $T_n$ 是数列 $\{a_n\}$ 的前 $n$ 项积，求 $T_n$ 以及当 $T_n$ 取最大值时对应的 $n$ 的值。

**2. 核心问题 2：等差、等比数列性质的应用**

(1) 在等差数列 $\{a_n\}$ 中，$a_3$、$a_{15}$ 是方程 $x^2 + 6x + 2 = 0$ 的两个实数根，则 $a_9$ 的值为_____。

思考：若将数列 $\{a_n\}$ 等差数列改为等比数列呢？

(2) 若数列 $\{a_n\}$ 满足 $\dfrac{1}{a_{n+1}} - \dfrac{1}{a_n} = d (n \in \mathbf{N}^*) (d$ 为常数$)$，则称数列 $\{a_n\}$ 为"调和数列"。已知正项数列 $\left\{\dfrac{1}{b_n}\right\}$ 为"调和数列"，且 $b_1 + b_2 + b_3 + \cdots + b_{2021} = 20\,210$，求 $b_2 b_{2020}$ 的最大值。

**3. 核心问题 3：等差、等比数列中的函数思想**

(1) 已知等差数列 $\{a_n\}$ 的公差 $d \neq 0$，其前 $n$ 项和为 $S_n$，若 $S_{10} = 0$，则 $S_i (i = 1, 2, 3, \cdots, 2023)$ 中不同的数值共有_____个。

(2) 已知数列 $\{a_n\}$ 满足 $\dfrac{a_1}{2} + \dfrac{a_2}{2^2} + \cdots + \dfrac{a_n}{2^n} = n (n \in \mathbf{N}^*)$，$b_n = \lambda(a_n - 1) - n^2 + 4n$，若数列 $\{b_n\}$ 为严格增数列，求实数 $\lambda$ 的取值范围。

(3) 已知数列 $\{a_n\}$ 的前 $n$ 项和为 $S_n$，且 $\dfrac{2S_n}{n} = n - 13$。

① 求数列 $\{a_n\}$ 的通项公式；

② 若数列 $\{|a_n|\}$ 的前 $n$ 项和为 $T_n$，设 $R_n = \dfrac{T_n}{n}$，求 $R_n$ 的最小值。

**（四）以创新思维为亮点**

在高中数学复习课中，教师在关注知识巩固的同时还需要重视对学生探究活动的设计，利用探究活动拓展学生的思维，激发学生进一步研究的兴趣和动力，促使其对知识的灵活应用。拓展活动的开发和设计能够充分调动学生学习的主动性，同时在自主探究的过程中，可以锻炼学生的动手操作能力和创新能力。对于难度较高的实践活动，教师鼓励学生采用小组合作的模式进行合作交流，小组成员之间按照特长进行合理分工，在合作过程中根据需要进行交流沟通，提升自身的语言表达能力，当然在交流中也会让学生客观地发现自身的优势与不足，达到夯实基础、查缺补漏进而深度学习的效果。

譬如，《数列综合》复习课中设计拓展题：已知数列 $\{a_n\}$：$1, 1, 2, 1, 2, 4, 1, 2, 4, 8, \cdots$ 其中第一项是 $2^0$，接下来的两项是 $2^0$，$2^1$，再接下来的两三项是 $2^0$，$2^1$，$2^2$，$\cdots$，以此类推，则下列说法中正确的是_____。

① 第 10 个 1 出现在第 46 项；　② 该数列的前 55 项的和是 1012；

③ 存在连续 6 项之和是 3 的倍数；

④ 满足前 $n$ 项之和为 2 的整数幂，且 $n > 100$ 的最小整数 $n$ 的值为 440。

**解析** 将数列 $\{a_n\}$：$1$，$1$，$2$，$1$，$2$，$4$，$1$，$2$，$4$，$8$，$\cdots$ 排成如下的形式：

$1$，

$1$，$2$，

$1$，$2$，$4$，

$1$，$2$，$4$，$8$，

$\cdots$

第 $k$ 行为 $2^0$，$2^1$，$2^2$，$\cdots$，$2^{k-1}$，则第 $k$ 行的和为 $b_k = \dfrac{1 \times (1 - 2^k)}{1 - 2} = 2^k - 1$。

前 $k$ 行共有 $N = \dfrac{k(1 + k)}{2}$ 项，前 $k$ 行的和为 $S_k = \dfrac{2 \times (1 - 2^k)}{1 - 2} - k = 2^{k+1} - 2 - k$。

对于选项①，第 10 个 1 出现在第 $1 + 2 + 3 + 4 + 5 + 6 + 7 + 8 + 9 + 1 = 46$ 项，故①正确；

对于选项②，$\dfrac{k(1 + k)}{2} = 55 \Rightarrow k = 10$，$S_{10} = 2^{11} - 2 - 10 = 2\,036$，故②错误；

对于选项③，因为 $a_3 + a_4 + a_5 + a_6 + a_7 + a_8 = 2 + 1 + 2 + 4 + 1 + 2 = 12$，是 3 的倍数，所以存在连续 6 项之和是 3 的倍数，故③正确；

对于选项④，设前 $n$ 项之和为 $T_n$，则 $T_n$ 由前 $k$ 行的和及第 $k+1$ 行前 $m$ 项的和组成。

由前 $n$ 项和为 2 的整数幂，可得 $T_n = S_k + b_m = 2^{k+1} - 3 - k + 2^m = 2^a$，若该方程有整数解，则 $\begin{cases} 2^m = k + 3, \\ 2^{k+1} = 2^a, \end{cases}$ 即 $a = k + 1$。

当 $m = 2$ 时，$k = 1$，$n = \dfrac{1 \times 2}{2} + 2 = 3 < 100$；

当 $m = 3$ 时，$k = 5$，$n = \dfrac{5 \times 6}{2} + 3 = 18 < 100$；

当 $m = 4$ 时，$k = 13$，$n = \dfrac{13 \times 14}{2} + 4 = 95 < 100$；

当 $m = 5$ 时，$k = 29$，$n = \dfrac{29 \times 30}{2} + 5 = 440 > 100$。

所以，满足前 $n$ 项之和为 2 的整数幂，且 $n > 100$ 的最小整数 $n$ 的值为 440，故④正确。

综上，正确的说法是①③④。

按照课程标准对等差数列、等比数列的通项公式和求和公式的要求，学生在复习的过程中对于"知三求二"的问题了如指掌，但是略做变形应用就会碰到困难。在复习课教学设计时设计新型定义的拓展题，在学生解决问题碰到困难时可以借助小组合作探究的方式让学生进行讨论研究，将数列的新型定义进行转化后不难发现：

$1$，

$1$，$2$，

$1$，$2$，$4$，

1, 2, 4, 8,

…

将数列的项按如上排序,第 $k$ 行为:$2^0$,$2^1$,$2^2$,$\cdots$,$2^{k-1}$,也就是第 $k$ 行的元素构成等比数列,第 $k$ 行的和就是等比数列的求和;每一行的元素个数构成等差数列,各行元素之和就是等差数列的求和。将复杂问题简单化需要学生对问题进行解构,从建构问题中进行基本方法和基本公式的应用,让学生在拓展问题的研究中找到解决复杂问题的一般方法,在小组合作交流中找到学习的成就感和自信,也能促使学生知识的灵活应用和升华,发展学生数学建模、数学抽象和数学运算的核心素养。

譬如,在《不等式》章节的一轮复习课中,在不等式性质、不等式求解和基本不等式应用的常见问题的基础上,对于章节内容中学生应用的难点任意性和存在性问题以拓展项目链接的形式,鼓励学生共同探究和研究,以期达到同类问题的理解和突破。

拓展项目链接——不等式的任意与存在问题

**1. 探究**

(1) 任意 $x \in D$,不等式 $a < f(x)$ 成立,则 $a < f(x)_{\min}$;

(2) 存在 $x \in D$,不等式 $a < f(x)$ 成立,则 $a < f(x)_{\max}$;

(3) 任意 $x \in D$,不等式 $a > f(x)$ 成立,则 ＿＿＿＿＿;

(4) 存在 $x \in D$,不等式 $a > f(x)$ 成立,则 ＿＿＿＿＿;

(5) 任意 $x_1 \in D_1$,任意 $x_2 \in D_2$,不等式 $f(x_1) > h(x_2)$ 成立,则 ＿＿＿＿＿;

(6) 任意 $x_1 \in D_1$,存在 $x_2 \in D_2$,不等式 $f(x_1) > h(x_2)$ 成立,则 ＿＿＿＿＿;

(7) 存在 $x_1 \in D_1$,任意 $x_2 \in D_2$,不等式 $f(x_1) > h(x_2)$ 成立,则 ＿＿＿＿＿;

(8) 存在 $x_1 \in D_1$,存在 $x_2 \in D_2$,不等式 $f(x_1) > h(x_2)$ 成立,则 ＿＿＿＿＿。

**2. 巩固练习**

(1) 已知函数 $f(x)$ 的定义域为 **R**,且 $f(x+\pi) = 2f(x)$,当 $x \in [0, \pi)$ 时 $f(x) = -\sin x$。若存在 $x_0 \in (-\infty, m]$,使得 $f(x_0) \leqslant -4\sqrt{3}$,则 $m$ 的取值范围为 ＿＿＿＿＿。

(2) 函数 $f(x) = x^2 - 4x + 3$,$g(x) = mx + 5 - 2m$,若对任意 $x_1 \in [1, 4]$,总存在 $x_2 \in [-4, 1]$,使 $f(x_1) < g(x_2)$ 成立,求实数 $m$ 的取值范围。

(3) 已知函数 $f(x) = x^2 - 2ax + 5(a > 1)$。若 $f(x)$ 在区间 $(-\infty, 2]$ 上是严格减函数,且对任意的 $x_1$,$x_2 \in [1, a+1]$,总有 $|f(x_1) - f(x_2)| \leqslant 4$,求实数 $a$ 的取值范围。

(4) 对于在某个区间 $[a, +\infty)$ 上有意义的函数 $f(x)$,如果存在一次函数 $g(x) = kx + b$ 使得对于任意的 $x \in [a, +\infty)$,有 $|f(x) - g(x)| \leqslant 1$ 恒成立,则函数 $g(x)$ 是函数 $f(x)$ 在区间 $[a, +\infty)$ 上的弱渐近函数。① 若函数 $g(x) = 3x$ 是函数 $f(x) = 3x + \dfrac{m}{x}$ 在区间 $[4, +\infty)$ 上的弱渐近函数,求实数 $m$ 的取值范围;②证明:函数 $g(x) = 2x$ 是函数 $f(x) = 2\sqrt{x^2 - 1}$ 在区间 $[2, +\infty)$ 上的弱渐近函数。

(5) 若函数 $y = f(x)$ 对定义域内的每一个值 $x_1$,在其定义域内都存在唯一的 $x_2$,使得

$f(x_1) + f(x_2) = 0$ 成立,则称该函数为"Y 函数"。

① 判断函数 $f(x) = \sin x$ 是否为"Y 函数",并说明理由;

② 若函数 $g(x) = \log_2 x$ 在定义域 $[m, n]$ 上为"Y 函数",求 $m + 2n$ 的取值范围;

③ 已知函数 $h(x) = x^2 - (2b+1)x + b^2 - 4$ 在定义域 $[-1, 2]$ 上为"Y 函数"。若存在实数 $x \in [-1, 2]$,使得对任意的 $t \in R$,不等式 $h(x) \geqslant -t^2 + (p-t-5)x + 4$ 都成立,求实数 $p$ 的取值范围。

### (五) 以分层作业为任务

进入高中,由于学习能力、学习习惯和学习方法等各种因素的影响,学生在高中对于数学学习有各不相同的表现,教师应该在教学和练习中给予充分的关注和考虑。在数学复习课中,教师选择典型例题进行巩固练习,学生之间的个体差异会影响他们的接受程度,针对学生的能力需求,在课后教师可以选用分层作业来实现课堂效果检测和巩固的要求。分层作业不仅是学生不同能力的需求,也是学生个体学习成就感的来源,完成根据学生"最近发展区"及其之上的练习,既能让学生感受"跳一跳"摘果子的乐趣,也能实现知识提升和应用的要求。分层作业对于学习能力较好的学生而言,可以省去低层次的重复性练习,将节省的精力应用于具有灵活性和挑战性的问题,实现更高层次思维的需求;对于学习能力一般的学生,分层作业就着重于巩固课堂所学知识,实现知识熟练应用的需求;对于学习能力较弱的学生,分层作业主要着眼于最基本的知识和方法,先保证复习效率的最高化,做好应该达到综合目标的准备和铺垫。教师在复习课教学设计的同时,根据班级学生的情况提前设计合理的分层巩固作业,让学生在巩固知识阶段根据自己的实际情况"各取所需",真正提升发现问题、分析问题、解决问题的能力,促进学生学科核心素养的发展。

在《导数综合应用》的复习课的作业反馈方面,可以由基础出发,在掌握基础的同时,进一步变式,进行深度思考,可以设置如下的分层作业。

#### 1. 巩固作业 A 层(基本)

(1) 一物体的运动方程是 $s = 3 + t^2$,则 $t$ 在 $[2, 2.1]$ 内的平均速度为 _____。

(2) 函数 $f(x) = \dfrac{1}{2x}$ 在 $x = 2$ 处的导数为 _____。

(3) 函数 $y = 3x - x^3$ 的单调增区间为 _____。

(4) 函数 $f(x) = x + \dfrac{b}{x}(b > 0)$ 的单调减区间为 _____。

(5) 若函数 $f(x) = x^2 - m\ln x$ 在 $(0, 1]$ 上为严格减函数,则实数 $m$ 的取值范围是_____。

(6) 若函数 $f(x) = x^3 + ax^2 + 3x - 9$ 在 $x = -3$ 时取得极值,则实数 $a$ 的值是_____。

(7) 求下列函数的导函数:

① $y = e^x \cos x$;

② $y = \dfrac{1+x}{x} + \ln x$。

(8) 已知函数 $f(x) = \ln x - x^2$,求:

① 求 $f(x)$ 在 $(1, f(1))$ 处的切线方程；

② 求 $f(x)$ 的极值点。

(9) 求下列函数的极值：

① $f(x) = x^3 - 12x$；

② $f(x) = x^2 e^{-x}$。

(10) 某厂生产产品 $x$ 件的总成本为 $c(x) = 1\,200 + \dfrac{2}{75}x^3$（万元），已知产品单价 $P$（万元）与产品件数 $x$ 满足：$P^2 = \dfrac{k}{x}$，生产 100 件这样的产品时产品单价为 50 万元，产量定为多少件时总利润最大？

**2. 巩固作业 B 层（应用）**

(1) 已知 $f(x)$ 满足 $f(4) = f(-2) = 1$，$f'(x)$ 为其导函数，且导函数 $y = f'(x)$ 的图像如图 4-3-5① 所示，则 $f(x) < 1$ 的解集是_____。

(2) 如图 4-3-5②所示，内接于抛物线 $y = 1 - x^2$ 的矩形 $ABCD$，其中 $A$、$B$ 在抛物线上运动，$C$、$D$ 在 $x$ 轴上运动，则此矩形面积的最大值是_____。

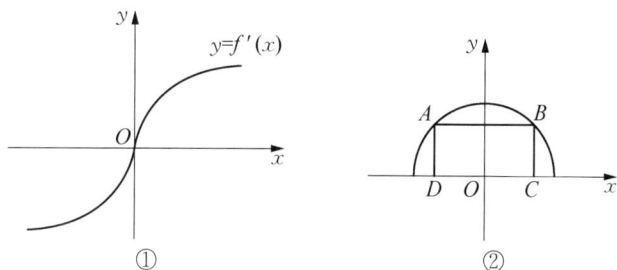

图 4-3-5　求最大值

(3) 已知函数 $f(x) = x^2 + a \ln x$。

① 当 $a = -2$ 时，求函数 $f(x)$ 在点 $(1, f(1))$ 处的切线方程；

② 若 $g(x) = f(x) + \dfrac{2}{x}$ 在 $[1, +\infty)$ 上为严格增函数，求实数 $a$ 的取值范围。

(4) 设函数 $f(x) = x^3 - x^2 + 6x - a$。

① 若对于任意实数 $x$，$f'(x) \geq m$ 恒成立，求实数 $m$ 的最大值；

② 若方程 $f(x) = 0$ 有且仅有一个实根，求实数 $a$ 的取值范围。

**3. 巩固作业 C 层（挑战）**

(1) 现有一个帐篷，它下半部分的形状是高为 1 m 的正六棱柱，上半部分的形状是侧棱长为 3 m 的正六棱锥（如图 4-3-6 所示），当帐篷的体积最大时，求帐篷的顶点 $O$ 到底面中心 $O_1$ 的距离。

(2) 对于三次函数 $f(x) = ax^3 + bx^2 + cx + d(a \neq 0)$ 给出定义：设 $f'(x)$ 是函数 $y = f(x)$ 的导数，$f''(x)$ 是函数 $f'(x)$ 的导数，

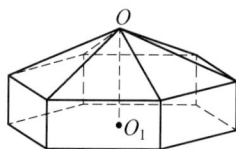

图 4-3-6　帐　篷

若方程 $f''(x)=0$ 有实数解 $x_0$，则称点 $(x_0，f(x_0))$ 为函数 $y=f(x)$ 的"拐点"。某同学经过探究发现：任何一个三次函数都有"拐点"，任何一个三次函数都有对称中心，且"拐点"就是对称中心。给定函数 $f(x)=\dfrac{1}{3}x^3-\dfrac{1}{2}x^2+3x-\dfrac{5}{12}$，请你根据上面探究结果，计算：

$$f\left(\dfrac{1}{2\,013}\right)+f\left(\dfrac{2}{2\,013}\right)+f\left(\dfrac{3}{2\,013}\right)+\cdots+f\left(\dfrac{2\,012}{2\,013}\right)=\underline{\hspace{2cm}}。$$

（3）已知 $f(x)=2ax^2+5$ 是定义在 **R** 上的函数，若对于任意 $-1<x_1<x_2<3$，都有 $\dfrac{f(x_1)-f(x_2)}{x_1-x_2}>-4$，则实数 $a$ 的取值范围是 _____。

（4）设函数 $f(x)=\dfrac{e^x}{x}-t\left(x+2\ln x+\dfrac{3}{x}\right)$ 恰有两个极值点，则实数 $t$ 的取值范围是 _____。

（5）已知函数 $f(x)=\dfrac{a\cdot e^x}{x}(a\in \mathbf{R},a\neq 0)$。

① 当 $a=1$ 时，求曲线 $y=f(x)$ 在点 $(1，f(1))$ 处的切线方程；

② 求函数 $f(x)$ 的单调区间。

（6）已知函数 $f(x)=x^2-m\ln x$，$g(x)=x^2-x+a$，$m\in \mathbf{R}$，$a\in \mathbf{R}$。

① 若 $a=0$ 时，$f(x)\geqslant g(x)$ 在 $(1，+\infty)$ 上恒成立，求 $m$ 的取值范围；

② 若 $m=2$ 时，函数 $h(x)=f(x)-g(x)$ 在区间 $[1，3]$ 上恰有两个零点，求 $a$ 的取值范围。

　　每种不同的课型承载不同的教学目标，教师根据不同教学内容和不同学生水平，设计复习课，帮助学生系统整理知识和方法，建构完整的知识体系，在此基础上研究典型的解题模型，便于学生对所学知识方法进行灵活应用和提升。在复习过程中，教师选择合理方式激发学生学习的兴趣和探究的欲望，在渗透数学思想方法的同时提升学生的思维能力，发展学生数学学科核心素养。

## 第四节　拓展材料的应用中"三会"素养的培养实践

　　在高中数学的教学过程中，教师扮演着引路人的角色，犹如一盏明灯，照亮学生探索数学知识海洋的航程。为了有效地实现这一使命，教师须依据学生的实际学习情况，包括他们的知识背景、理解能力和学习兴趣，来精心规划教学策略。这意味着针对不同的数学概念、原理和应用，教师应采取适宜的教学方法和手段，确保学生能够以最有效的方式吸收和掌握知识。这种个性化的教学方式不仅有助于学生掌握数学的基础知识和技能，还能激发他们的逻辑思维和创造性思维，为他们的未来学习和职业生涯奠定坚实的基础。

　　数学的教学不应仅限于教科书的内容，而应超越这些界限，将学生的视野拓展到更广阔的天地。因此，教师应挑选和设计一些拓展材料，这些材料可以是课程内容的深入探讨，也可以是对课外知识的有益补充。这样的教学策略能够帮助学生构建更加丰富和立体的数学知识体系,同时也能提升他们的批判性思维和问题解决能力。

上教版新教材在内容和结构上都体现了这种先进的教学理念。教材的每一节中,关键知识点都被精心安排在边框内,以突出其重要性,并提供了进一步的知识拓展提示。此外,每个章节都包含了探究与实践、课后阅读等环节,这些环节旨在鼓励学生主动探索和深入研究。章节末尾的习题部分特别设计了拓展与思考题目,这些题目旨在激发学生的思考,引导他们超越常规的解题思路,培养他们的创新思维(见表4-4-1)。

表4-4-1 上教版高中数学教材中的拓展与思考

| 教材 | 章节 | 探究与实践 | 课后阅读 | 拓展与思考 |
|---|---|---|---|---|
| 必修<br>第一册 | 第1章 集合与逻辑 | | | 2题 |
| | 第2章 等式与不等式 | 利用等式证明不等式 | 调和平均值与算术平均值不等式 | 4题 |
| | 第3章 幂、指数与对数 | | 用对数简化计算<br>对数简史 | 2题 |
| | 第4章 幂函数、指数函数与对数函数 | 幂函数、指数函数与对数函数增长速度的比较 | 火箭速度的计算公式 | 2题 |
| | 第5章 函数的概念、性质及应用 | | | 4题 |
| 必修<br>第二册 | 第6章 三角 | (1)万能代换公式<br>(2)海伦公式和"三斜求积"公式 | (1)三角变换公式简史<br>(2)三角学发展简史 | 4题 |
| | 第7章 三角函数 | (1)潮汐的函数模拟<br>(2)球门的张角问题 | (1)圆周运动与简谐运动<br>(2)声音中的三角函数 | 3题 |
| | 第8章 平面向量 | (1)三点共线的充要条件、直线的向量参数<br>(2)宇航员的训练 | 话说向量 | 2题 |
| | 第9章 复数 | 复系数一元二次方程的解 | 三次方程求根公式与复数的起源 | 2题 |
| 必修<br>第三册 | 第10章 空间直线和平面 | 正方体的截面 | 中国微分几何学派的创立者——苏步青 | 2题 |
| | 第11章 简单几何体 | 棱柱的体积公式推导棱锥的体积公式 | | 4题 |
| | 第12章 概率初步 | | (1)概率、经验概率与主观概率<br>(2)蒙特卡洛算法<br>(3)预知与预期<br>(4)概率在医学中的应用 | 1题 |
| | 第13章 统计 | | 统计学与流行病的预防 | |

（续表）

| 教材 | 章节 | 探究与实践 | 课后阅读 | 拓展与思考 |
|---|---|---|---|---|
| 选择性必修一 | 第1章　平面直角坐标系中的直线 | | 解析几何的诞生 | 4题 |
| | 第2章　圆锥曲线 | 追捕走私船 | (1) 章名"圆锥曲线"释义<br>(2) 圆锥曲线的统一定义及其极坐标方程<br>(3) 圆锥曲线简史 | 4题 |
| | 第3章　空间向量及其应用 | | | 2题 |
| | 第4章　数列 | | 神奇的斐波那契数列 | 2题 |
| 选择性必修二 | 第5章　导数及其应用 | 复合函数的求导规律 | 微积分简史 | 2题 |
| | 第6章　计数原理 | | 利用组合的定义和多项式的乘法规则证明二项式定理 | 2题 |
| | 第7章　概率初步（续） | | (1) 随机商品的定价与风险<br>(2) 心理期望与数学期望 | 3题 |
| | 第8章　成对数据的统计分析 | | (1) 相关系数的几何意义<br>(2) 一元线性回归系数公式的推导<br>(3) 不同类型的随机变量 | 3题 |

　　通过对上教版新教材中的这些拓展材料的深入分析，我们可以清楚地看到，新教材的设计充分考虑了学生的全面发展和能力提升。这样的教材和教学方法不仅能够提高学生的数学素养，还能够培养他们的独立思考能力、团队合作精神和实践操作能力。

　　综上所述，上教版新教材及其倡导的教学方式，为培养适应未来社会需求的全面型人才提供了有力的支持。

## 一、拓展材料的应用作用

### （一）拓展学习过程，完善知识结构

　　上教版新教材的编写采用了章节化的结构，每一章的内容既独立又与其他章节紧密相连。在大单元教学设计的背景下，教师可以将相关的知识点进行有机整合，从而构建起一个由点到线、由线到面的知识网络。拓展材料的内容不仅涉及课本知识的横向联系，还包括数学知识的纵向深入，有效地补充和衔接了教材内容，弥补了教材编写中可能存在的不足，确保了教材的系统性和完整性。

　　此外，拓展材料还包含了与教材知识相关联的高等数学或数学研究的前沿内容，为学生提供了进一步研究和拓展的方向。例如，在新教材的必修三第11章中，关于简单几何体柱体的研究，教材通过祖暅原理从长方体体积推导出棱柱和圆柱的体积。在锥体的研究中，教

材指出:"可以证明(见本节的'探究与实践'),任一棱锥的体积都是与它同底等高的柱体体积的三分之一,由此得到棱锥的体积公式:$V = \dfrac{1}{3}Sh$。其中,$S$ 为棱锥底面的面积,$h$ 为棱锥的高。"这样的设计为学生提供了一个自主探究的空间,让学生通过"探究与实践"来推导棱锥的体积公式,从而深入理解几何体体积公式的推导过程。

这种教学安排不仅考虑了课时的限制,还巧妙地利用了拓展材料,激发了学生的学习兴趣,提高了他们的数学思维能力。通过这种方式,学生能够主动探究并掌握完整的几何体体积公式推导过程,加深对所记忆公式的理解和应用,同时也培养了学生的自主学习能力和探究精神。

### (二)拓展学习内容,深化知识理解

按照课程标准来编制教材,实现"新课标"和"新教材"的双向融合,教师根据各种情况制定教学目标,实现数学核心素养的提升。由于课标内容的限定和课时的限制,有些数学内容无法进一步展开,但是这些内容和生活实际有着紧密的联系,有着一定的实用价值,或者其内容的进一步拓展对学生的思维提升有很大的帮助,在这种情况下教师应对拓展材料进行恰当处理,让学生选择合适的方式进行研究,使学生对相应数学知识向纵深发展。在实系数一元二次方程后利用"探究与实践"引导学生对一般复系数一元二次方程求解进行思考,在学生碰到困难时类比任意实数平方根的求解,求复数 $z = a + bi(a, b \in \mathbf{R})$ 的平方根,可以假设 $(c + di)^2 = a + bi(c, d \in \mathbf{R})$,等式左边利用复数乘法展开,等式两边实部和虚部对应相等来确定系数,解决好了复数平方根的求解,复系数一元二次方程的求解也就水到渠成。整个过程不仅是对书本知识"实数平方根求解方法"的应用,也是将实系数一元二次方程向复系数一元二次方程求解的再构,将一元二次方程的研究向纵深推进,借助拓展内容,学生在探究的过程中不断加深对知识的理解,从而实现知识的内化和研究能力的提升。

### (三)拓展学习方式,提升学生兴趣

《高中新课标》中指出:"教师要把教学活动的中心放在促进学生学会学习上,积极探索有利于促进学生学习的多样化教学方式,不仅限于讲授与练习,也应包括引导学生阅读自学、独立思考、动手实践、自主探索、合作交流等。"数学拓展材料的探究和实践是课堂教学的补充,是学生运用数学知识解决数学问题的一类综合性活动,也是学生高中数学学习的重要组成部分,对学生数学能力的提高和核心素养的提升有着重要意义。在拓展材料"课后阅读"部分,内容涉及璀璨的中国数学历史文化、精妙的数学思想方法、精彩的奇闻轶事、高端的数学研究前沿和经典数学问题等,在这部分更多承载着"会看"的要求,让学生通过阅读进行扩充性学习。教材编写时针对不同的内容需求,或创造情境或精选数学史或动手操作实验等,让学生在课后通过各种途径感受或经历数学知识发生、发展的整个过程,对学生而言这种经历不仅是知识的积淀,更是数学研究兴趣的起点。解析几何的诞生、圆锥曲线简史、微积分简史、对数简史、三角简史等这些阅读材料呈现了数学历史发展的进程,更让我们看到千千万万像苏步青老先生一样对数学发展做出突出贡献的数学工作者在数学研究中历经千辛万苦,通过不懈努力获得巨大成果的鲜活实例,展现数学与自然现象、航天事业、现代医

学各种社会关系之间的紧密联系,将枯燥、抽象的数学概念、数学方法和数学法则用生动的形象和语言来表达,这个过程中也是逻辑推理、数学抽象等数学核心素养的体现,对学生数学"三会"素养培养具有重要作用。

在拓展材料"探究与实践"和"拓展与思考"内容的处理时更多承载着"会想""会说"的要求。三角函数的"探究与实践"中"球门的张角问题",从学生常见的国际标准足球场出发,让学生计算足球运动员沿边路带球突破时距底线多远处射门,对球门所张的角最大? 一个简单的生活情境,从学生感兴趣的足球问题出发,让学生感受到数学来源于生活、服务于生活的真谛,球门的张角最大意味着进球概率更高,从学生所学知识中借助感兴趣的点进行实践应用,极大引发学生探究的兴趣。学生可以从选择变量、模型确定、模型求解和检验等各个方面展开,既有课内知识的应用,又有课外知识的延展,学生在问题分析、问题解决的过程中,"三会"素养得以全面提升。拓展材料从一个个实际生活问题的拓展研究中,不仅进一步深化学生对数学知识和公式理解,也在有趣的背景创设中成功吸引学生数学研究和学习的兴趣,唤起学生学习和研究的动力,使学生在愉悦的情境中获取知识、内化方法、提升能力、发展素养。

## 二、拓展材料应用中"三会"素养的培养实践

### (一) 拓展材料中"会看"素养的培养实践

在"双新"改革过程中,教师更多关注学生学习数学的过程,一改往日教师"满堂灌"的课堂常态,尽量将知识生成的过程向学生全面地呈现,让学生有自己发现、完善知识的过程。新教材的知识推进中关注对学生用数学眼光观察世界的过程,在拓展材料的应用中也是利用各种形式不遗余力将"会看"践行到底。

#### 1. 在模型构建中进行"会看"实践

上教版新教材必修一在基本不等式及其应用中对"平均值不等式及其应用"研究之后,又对新内容"三角不等式"进行类比研究,其实平均值不等式除了教材内容还有更多更广的研究方向,以此为拓展点不仅可以开阔学生的眼界,也会加深学生对平均值不等式的理解。在第2章等式与不等式的课后阅读中提供"调和平均值和算术平均值不等式",从汽船在静水中和有流速的河里往返中航行同样的距离所需时间的比较,设汽船在静水中航行的速度为 $v_静$,河水的流速 $v_水$,汽船在河流中航行的单程距离为 $L$。汽船逆流上行的实际速度是 $v_上 = v_静 - v_水$,而顺流下行的实际速度是 $v_下 = v_静 + v_水$。这样汽船往返一次所需的总时间

$$\frac{L}{v_上} + \frac{L}{v_下} = \frac{L}{v_静 - v_水} + \frac{L}{v_静 + v_水} = \frac{2Lv_静}{v_静^2 - v_水^2} = \frac{2L}{v_静\left(1 - \frac{v_水^2}{v_静^2}\right)}$$

,它总是大于汽船在静水中往返一

次的时间 $\frac{2L}{v_静}$,且河水流速愈大,二者的差距愈大。汽船在有流速的河中行驶的平均速度是

$$\frac{2L}{\frac{L}{v_上} + \frac{L}{v_下}} = \frac{2}{\frac{1}{v_上} + \frac{1}{v_下}}$$

,它是汽船上行、下行速度的某种平均值,称为调和平均值。而汽船上

行、下行速度的算术平均值 $\frac{v_上+v_下}{2}=v_静$，正是汽船在静水中航行的速度。显然 $\frac{2}{\frac{1}{v_上}+\frac{1}{v_下}}=$

$v_静\left(1-\frac{v_水^2}{v_静^2}\right)\leqslant v_静=\frac{v_上+v_下}{2}$，这也说明调和平均值总小于算术平均值。在此基础上抽象

出一般性的结论：对于任意给定的两个正数 $a$、$b$，已知 $\frac{a+b}{2}$ 为其算术平均值，并定义

$\frac{2}{\frac{1}{a}+\frac{1}{b}}$ 为其调和平均值，就有 $\frac{2}{\frac{1}{a}+\frac{1}{b}}\leqslant\frac{a+b}{2}$，当且仅当 $a=b$ 时等号成立，即调和平均值

小于等于算术平均值。

　　在拓展材料的处理中，从实际背景的水流问题引出静水中和有流速的河中相同距离所需时间的研究，这是从实际问题中发现问题，也是对高一学生"会看"的初步锻炼。针对抽象出的数学问题从参数的选择、模型的建立、求解，最后加上实际生活经验的检验，这也是数学建模的完整体验。在此基础上，让学生在探究过程中将最后结论抽象成一般性结论，这是"会看"的点睛之笔。《高中新课标》指出：数学眼光的主要表现为数学抽象，数学源于对现实世界的抽象，基于抽象结构，通过符号运算、形式推理、模型构建等，理解和表达现实世界中事物的本质、关系和规律。拓展材料中的内容正好是源于现实世界的抽象，在原有平均值不等式的基础上将平均值不等式拓展到算术平均值和调和平均数的比较，不仅丰富了基本不等式的学习内容，促进学生对平均值不等式的深度理解，也在过程中培养学生在生活中发现问题的"数学眼光"，从数量关系中抽象出基本规律，从而不断提升学生"会看"的素养。

**2. 在实验操作中进行"会看"实践**

　　直观想象是借助几何直观和空间想象感知事物的形态与变化，常常利用几何图形来直观地帮助学生理解和解决数学问题的素养。直观想象的关键是借助图形让学生更直观地感受，从而更便于抽象出数学结论和数学规律。拓展材料中对于棱锥的体积公式推导利用阅读材料推进，在数学阅读的过程中对学生而言需要经历内化、理解、推理与反省四个过程，考虑到学生的实际能力和水平，可以将阅读材料分解成三个阶段进行解读。

　　第一阶段：证明等底等高的三棱锥体积相等；

　　第二阶段：观察三棱柱的构造，将一个三棱柱分割成 3 个等底等高的小三棱锥；

　　第三阶段：推导得到三棱锥的体积公式。

　　由棱柱体积公式的推导和祖暅原理的应用，学生已经具备推导三棱锥体积公式的基本技能和条件，针对将三棱柱分割成 3 个等底等高小三棱锥这一操作，学生会存在一定的困难，可以让学生按照小组合作的方式进行实物操作（提前切成三棱柱的萝卜或土豆）和电脑动画直观展示，让学生有更加直观的感受，这也对学生理解难点的有效突破，真正实现将直观和空间想象两方面完美融合。从实验操作中寻求直观感受，让学生从形的角度建立数形联系，从而实现"数学眼光"的培养。在此基础上学生也可以将此方法应用于对球体积公式的推导或者对其他几何体体积公式的探求，为学生的进一步提升开足马力，实现阅读材料给

予的推理和内省之动力。

**（二）拓展材料中"会想"素养的培养实践**

逻辑推理是指从一些事实和命题出发，依据规则推出其他命题的素养。类比和演绎是其常见的两种类型。拓展材料作为教学的重要辅助，借助拓展材料使数学思维得以提升和拓展是其重要表现。

**1. 在定理推导中进行"会想"实践**

在向量基本定理教材知识的推进中，向量基本定理是逻辑起点，其表述和证明是关键点也是学生接受的难点，教材在充分考虑学生实际水平的基础上，选择从直角坐标系出发，利用有序实数对与平面向量对应，将向量表示成直角坐标系上单位向量的线性图像，在此基础上进行特殊到一般情况下向量基本定理的表述和证明，教师分析学情设置思维台阶让学生通过归纳、类比完成逻辑证明。而在唯一性的证明过程中牢牢抓住"同一法"，这也是解决向量、方程、代数式、空间几何中相关唯一性问题证明的常用方法。本节课在螺旋式逻辑证明推进之后，在课后"探究与拓展"材料中按提示的步骤用向量形式表达三点共线的重要条件。首先，给定平面上不共线的三个点 $O$、$A$ 与 $B$，对平面上任意一点 $P$，都有实数 $\lambda$ 与 $\mu$，使得 $\overrightarrow{OP} = \lambda\overrightarrow{OA} + \mu\overrightarrow{OB}$，这是平面向量基本定理的直接应用；其次，证明 $A$、$B$、$P$ 三点共线的充要条件是 $\lambda + \mu = 1$，虽然教材未提出对三点共线的充要条件进行证明，但是可以将其作为拓展材料对学生的逻辑推理能力进行强化。充分性：由 $\mu = 1 - \lambda$，则有 $\overrightarrow{OP} = \lambda\overrightarrow{OA} + (1-\lambda)\overrightarrow{OB} \Rightarrow \overrightarrow{BP} = \lambda\overrightarrow{BA}$，所以 $A$、$B$、$P$ 三点共线；必要性：由 $A$、$B$、$P$ 三点共线得 $\overrightarrow{BP} = \lambda\overrightarrow{BA}$，$\overrightarrow{OP} = \overrightarrow{OB} + \overrightarrow{BP} = \overrightarrow{OB} + \lambda\overrightarrow{BA} = \overrightarrow{OB} + \lambda(\overrightarrow{OA} - \overrightarrow{OB}) = \lambda\overrightarrow{OA} + (1-\lambda)\overrightarrow{OB} = \lambda\overrightarrow{OA} + \mu\overrightarrow{OB}$，所以 $\mu = 1 - \lambda$，即 $\lambda + \mu = 1$。在老师看来简单的证明背后，需要向量的运算、向量共线等知识的综合应用，对学生而言也有一定的挑战性，以此作为知识的拓展和证明方法的应用，教师可以进行适当的引导，有了充分性的铺垫，对于必要性而言可以逆推可得；第三，直线 $AB$ 的向量参数方程是在三点共线条件下的直接应用。整个拓展内容的三部曲正好是从特殊到一般的归纳推理和从一般到特殊的演绎推理，这个对学生逻辑推理素养的提升具有重要价值，也是"会想"素养提升的很好载体。

**2. 在数学运算中进行"会想"实践**

在幂函数、指数函数与对数函数图像和性质教材内容研究中，每一类函数在描述性定义的基础上抽象出函数表达的一般形式，在若干具有典型特征函数图像的指引下抽象出函数的性质，不难发现每一类函数图像都有上升或下降的趋势变化，对应着每一类函数单调递增、递减的性质。那么都在递增、递减的情况下，它们之间的变化趋势又是怎么样的呢？在拓展材料"探究与实践"中设置"幂函数、指数函数与对数函数增长速度的比较"，由底数大于 $1$ 的指数函数随着自变量 $x$ 增大时，指数函数值增长速度非常快，称为"指数增长"，将此性质类比到底数大于 $1$ 的对数函数的增长速度问题的研究。教材拓展材料中提供多组不同类型的函数来进行对照研究，一次函数与对数函数、幂函数与对数函数、指数函数与对数函数在自变量不断变化时函数值的对比，借助计算器运算来完成趋势变化的研究。通过数学运算结果分析，让学生对函数增长速度有了更深的体会，进一步从特殊到一般的角度归纳出增长速度的一般结论，当然也会引发学生更多关于函数对比的思考。

**(三) 拓展材料中"会说"素养的培养实践**

会用数学语言表达世界是学生数学能力发展的最后出口,针对学生数学思维的拓展和数学能力的提升,势必将数学应用于生活实际或是解决生活中的实际问题。"会说"就需要从生活实际中发现和提出问题,建立模型并求解,检验和完善模型,并最终应用于实际,这才是数学真正的归宿。

**1. 在数学建模中进行"会说"实践**

在选择性必修一"圆锥曲线"章节之初开展圆的研究,首先研究圆的定义、标准方程和一般方程,其次将圆代数化后又借助形数结合解决直线与圆、圆与圆的位置关系。学生有了用代数方法解决问题的初体验。在拓展材料中"追捕走私船",从实际生活中巡逻艇追击走私船的问题出发,已知巡逻船的航速是走私船航速的 2 倍,A 船与公海相距约 12 海里,走私船可能向任一方向逃窜,在此基础上设计一系列问题。和完整的数学建模问题不同,在实际问题的基础上对速度、距离和方向做好假设,以避免学生讨论方向太多使问题复杂化。问题①中假设巡逻艇和走私船都是直线航行,问走私船能被截获的点是哪些? 有了教材中坐标法应用的基础,学生通过建立直角坐标系,将实际问题转化成数学问题,进而选择代数方法解决问题,此时涉及参数的选择,设走私船被截获的点为 $P(x,y)$,$|AB|=2t$,依据巡逻船的航速是走私船航速的 2 倍建立等式,化简得圆方程 $\left(x-\dfrac{4\sqrt{3}}{3}t\right)^2+\left(y-\dfrac{4}{3}t\right)^2=\left(\dfrac{4}{3}t\right)^2$,故走私船能被截获的点在该圆上。问题② 根据截获点的轨迹,探讨"可截获区域"和"非截获区域",设点 $Q$ 在圆的内部,则有 $\left(x-\dfrac{4\sqrt{3}}{3}t\right)^2+\left(y-\dfrac{4}{3}t\right)^2<\left(\dfrac{4}{3}t\right)^2$,化简得 $\sqrt{x^2+y^2}>2\sqrt{(x-\sqrt{3}t)^2+(y-t)^2}$,即 $|QA|>2|QB|$,所以"可截获区域"为圆的外部及圆上,"非截获区域"为圆的内部,这里第二次感受用代数方法解决几何问题,从代数不等式的关系得到"可截获区域"和"非截获区域";问题③$A$、$B$ 相距最远是多少海里? 将实际问题转化成"非截获区域"与公海区域不相交,即圆与直线相离的位置关系问题,进而第三次用代数方法解决几何问题,得到 $t<\dfrac{9}{2}$,$|AB|=2t<9$。

从具体问题中抽象出数学问题,进行适当的假设,选取合适的参数,根据条件确定模型并解决模型,最终将模型进行应用,这是数学建模在拓展材料中的应用,也是学生"会说"素养的体现。本材料是在圆锥曲线最初阶段进行的拓展,整个过程既有数学建模的应用,也有代数方法解决几何问题的完整体验,是教学内容的真正拓展和提升。

**2. 在数据分析中进行"会说"实践**

在随机变量分布与特征研究的过程中对随机变量与分布、期望和方差进行研究,期望是概率论中一个重要概念,学生对此都是理论方面的研究和感受。在课后阅读材料"随机商品的定价和风险"中从统计学中指出随机商品的未来价值是一个随机变量 $X$,它在购买时的价格应该就是它的期望。由大数定律可知,在很多人购买时,它的平均价值趋向于期望,通常情况下随机商品的定价就是其期望。但是随机商品的另一个特征是风险,通常由方差来刻画,风险是不确定性的一个度量指标,因此方差可以看成是风险的一个指标,体现风险的某种特征,银行和企业经常使用另一个指标:在某个警戒概率下可能造成的最大损失,称为在险价值。通过课后阅读的方式,将数据分析中的专有名词和数学实际生活联系起来,让学生学会用数学语言表达世界,也明白生活中的很多决策来源于数学,让学生真正感受数学的价值和意义。

在高中数学教育的殿堂中,"探究与实践""阅读材料""拓展与思考"等拓展材料扮演着举足轻重的角色。它们不仅是教材的宝贵补充,更是提升学生数学能力和素养的关键。这些材料如同深埋的宝藏,等待教师在教学过程中精心挖掘和利用。

教师作为学生求知路上的引导者和伙伴,应当深入研究这些拓展材料,发掘其内在的价值。他们的目标是为学生的终身学习和成长打下坚实的基础,激发学生对数学研究的热情和自信。为此,教师需要发挥自己的教学智慧和创造力,结合学生的实际情况和教学内容的特点,设计出灵活多样、生动活泼的教学策略。

教师应当将拓展材料与教材的正文章节有机结合,使学生能够在数学的世界中自由探索,将所学知识应用于现实生活。通过这样的教学方式,学生不仅能够学到具有实际价值的数学知识,还能够体会到数学学习的乐趣和意义。

总之,教师应当充分利用拓展材料,将其融入教学实践的每一个环节,引导学生深入数学的海洋,感受数学的魅力,从而培养出能够适应未来社会需求的、具有创新精神和实践能力的数学人才。

# 第五章　水本无华　荡成涟漪

## ——"三会"为目标的评价方式实践

在当今教育领域,高中数学的课程标准与新教材的实施标志着"双新"改革的深入推进,这一改革不仅为数学教育带来了新的面貌,也对高考数学提出了更高的要求。在这样的背景下,数学教学评价的改革显得尤为重要。2018年全国教育大会明确指出,必须从根本上解决教育评价中的顽瘴痼疾,如过分依赖分数、升学、文凭、论文和荣誉称号等,以确保教育评价的公正性和有效性。教育评价的改革不仅是提高教育质量的关键,也是确保学科核心素养培养得以落实的重要保障。因此,教学评价的改革成为教育发展的一个难点,同时也成为教育研究的重要内容,引起了国家、社会、教师、学生和家长的广泛关注。

《高中新课标》明确指出,教学评价不仅是检查学生学习效果的手段,也是考查课堂教学效果的有效方式。通过结合学生学习过程和学习效果的评价,可以让学生及时获取有效反馈信息,有针对性地改进学生的学习方式和学习行为,真正实现"以评促学"。同时,结合教学过程和教学效果的评价,有助于教师及时审视自己的教学行为,有效采取针对性措施调整教学方式和教学进程,提升自身的教学水平,真正实现"以评促教"。此外,通过对教学过程和教学目标达成情况的评价,有助于师生审视数学核心素养的落实和数学知识结构的构建,真正实现"以评促养"。

具体而言,教学评价在教学中可以发挥以下积极作用:

(1)导向功能。教学评价有助于教师在考虑课程标准、教材和学生情况的基础上确定教学目标、内容、方式和评价方向,发挥正确的导向作用。

(2)鉴定功能。教学评价有助于了解教学效果、学生知识、能力和核心素养掌握情况,以及教学目的和任务达成情况,为提高教学质量和教师教学能力提供重要参考。

(3)诊断功能。教学评价有助于发现教学问题并及时给予诊断,使教师能够明确教学设计的合理性,发现教学中存在的问题,从而采取有针对性的改进措施。

(4)发展功能。教学评价有助于实现对教学活动的调控和对未来教学的指导,推动教学过程的不断改进和发展,从而打造优质课堂。

总的来说,数学教学评价在数学教学过程中发挥着积极作用。借助数学教学评价,可以将数学知识与技能、过程与方法、情感态度与价值观和数学核心素养有机地融为一体,实现教学平衡的不断调整和发展。随着教学评价的不断深入,教学中出现的问题将促使教师和学生不断反思和调整教学过程,借助教学评价的发展功能调动师生教学的积极性和主动性,推动数学教学的发展,实现优质数学课堂的打造。

## 第二节　教学评价的分类和方法

教学评价是一种旨在根据特定目标,遵循既定评价标准,运用特定方法对教学活动进行系统评估的过程。其目的在于收集并分析教学或学习进程中的质量与成果相关资料,从而对教学(或学习)的质量与成果做出合理判断,并为教学(或学习)的进一步改进提供依据。泰勒早在 20 世纪 30 年代便指出,评价的本质在于确定课程与教学计划实现教育目标的实际程度。克龙巴赫则将评价定义为搜集和使用信息以作出教育方案决策的过程,并将其应用于教程改革、个体决策和行政调控。斯塔弗尔比姆在 1969 年提出,评价是一个旨在为决策提供有用信息的过程。

数学教学评价,特别是在"三会"(会看、会想、会说)素养导向下,依据数学教学目标,制定科学标准,选取有效技术手段和方法,对数学教学活动的过程及其结果进行测定、衡量,并给出科学合理的判断和评价。教学评价主要分为诊断性评价、形成性评价和终结性评价。

### 一、诊断性评价

诊断性评价通常被视为"评价前置",其实施通常分为两种情况:

(1)学期开始前或开始时,通常通过"摸底考试"的方式进行,旨在了解学生是否具备实现新的数学教学目标和内容所需的基础知识和技能,以便确定教学的起点和进度,为个性化教学提供基础。诊断性评价的重点不在于对学生进行简单的"好"与"不好"的评价,也不以分数为主要评价标准,而是关注学生对已有知识和技能的掌握程度,并根据评价结果设计相关活动或补充学习,以弥补学生的不足,并在此基础上提升其知识和能力,以满足新的学习目标和要求。

(2)在单元教学或课时教学前,教师会根据教学目标和任务布置练习,这些练习可能包括与课程相关的预备知识或技能,或者是为了课程顺利进行而设计的预习内容。练习的形式可以是书面作业,也可以是动手操作(例如,在立体几何中,教师可能会安排学生用萝卜制作三棱柱,以准备利用祖暅原理推导棱锥体积公式,并通过实物操作提升学生的直观想象能力),或者活动作业(例如,在学习集合运算概念时,教师可能会让学生对学习社团的报名情况进行数据统计,以准备"会看"和"会说"素养的培养)。

教师还可以设计针对性的"课前练习",以客观评价学生对即将学习的知识和技能的掌握情况。这种练习的目的是了解教学实施所需的知识和技能水平,并为教学所需的知识和技能提供储备和复习。通过"课前练习",教师可以为课堂教学决策提供依据,并根据学生的反馈调整教学进度,创设更多有针对性的学习活动来解决知识技能储备不足的问题。同时,学生可以通过"课前练习"明确自己的不足,并据此调整学习策略,进行有针对性的练习或强化学习。例如,在教学第 6 章"三角"中的诱导公式前,针对诱导公式的推导需要借助单位圆的对称性,为此进行了课前练习设计。

**课前练习**

(1) 若角 $\dfrac{2\pi}{3}$ 的终边与单位圆交于点 $P$,则点 $P$ 的坐标为＿＿＿＿＿。

(2) 若角 $\alpha$ 的终边与单位圆交于点 $P$,则点 $P$ 的坐标为＿＿＿＿＿。

(3) 如图 5 - 2 - 1 所示,若 $\alpha$ 是第二象限角,则 $2\pi + \alpha$ 是第＿＿＿＿＿象限角;$\pi + \alpha$ 是第＿＿＿＿＿象限角;$\pi - \alpha$ 是第＿＿＿＿＿象限角;$-\alpha$ 是第＿＿＿＿＿象限角。

设计意图　借助练习(1)和(2)从具体实例出发,逐步从特殊过渡到一般情况,以评估学生对使用三角比定义来表示单位圆上点坐标的理解程度。在此基础上,结合课前练习的反馈,有针对性地复习单位圆上点的坐标与角的余弦、正弦的关系。练习(3)旨在引导

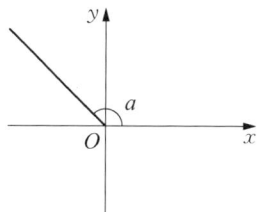

图 5 - 2 - 1　象限角

学生观察直角坐标系中对应角的位置关系,并从点的对称性角度推导出坐标之间的关系。通过这些课前练习,教师能够准确掌握学生对单位圆上点的坐标用余弦、正弦表示的掌握情况,同时,及时的练习反馈也为后续诱导公式的几何推导提供了充分的准备。

布置"课前练习"旨在实现双重目标:首先,引导学生复习先前所学知识与方法,或预习即将学习的内容相关知识与技能,从而为课堂教学中新的知识点推进奠定坚实的基础。其次,通过实施课前练习,教师得以对各个班级学生的学习状况进行精准把握。依据学生完成练习的具体情况,教师能够对教学内容进行有针对性的调整,以适应学生的个性化学习需求。进一步地,通过细致分析每位学生的练习成果,教师能够深入洞察学生的学习进度和面临的挑战,进而在课堂教学过程中提出更具针对性的问题,推动"精准教学"的实施。此种教学策略有助于确保每个学生都能获得适宜的教育资源,从而优化教学成效。

在设计和评价"课前练习"时,可以参考 RTOP(Reformed Teaching Observation Protocol,课堂教学评价量表)的评价指标体系,考虑以下几个方面:重视学生的前概念、鼓励形成学习共同体、讲授之前学生自主探究、鼓励学生寻求解决问题的不同方式等。

诊断性评价的最大优势在于教师能够对学生的水平和基础有清晰的认识,对学生已有的知识与技能、情感态度和价值观进行准确的定位。这为后续的教学实践提供了充分的准备,并为学生的发展找到了恰当的切入点,确保教学过程能够顺畅自然地进行,从而实现更佳的教学效果。

## 二、形成性评价

形成性评价是一种旨在全面评估学生学习过程中的表现、掌握的知识技能以及情感、态度和核心素养落实情况的教育评价方法。这种评价基于对学生学习全过程的持续观察、记录和反思,具有发展性。评价主体不仅限于教师,也包括学生甚至第三方听课教师(如家长)。形成性评价的主要目的在于,对于教师而言,监测教学过程,及时发现并解决问题,调整教学策

略;对于学生而言,识别学习过程中的问题,协助其调整学习策略,改进学习方式,并激励其深入学习和研究,从而增强学习成就感和交流表达能力,通过小组合作交流培养团队精神。

在数学教学过程中,形成性评价致力于对教师的教学成果和学生的学习成果进行持续的监控与评价。这种评价方式普遍应用于数学教学的各个环节,其方法包括但不限于课堂上的互动提问、使用教学评估工具以及定期的练习作业等。形成性评价的核心目标是实时了解数学教学的成效,发现存在的问题,并据此对教学方法和策略进行及时的调整和优化,以确保教学活动能够在评估、反馈和改进中不断进步,最终达到预定的教学目标。

形成性评价通过综合运用多种手段,收集和分析学生学习情况的相关信息,深入了解学生在知识掌握、技能运用、兴趣偏好和特定需求等方面的表现。这种评价方式的目的是促进学生能力的提升和个人潜力的挖掘,不仅关注学生的认知发展,还兼顾对其情感态度和行为技能的评价,特别是对数学学科核心素养形成情况的评估。

通过形成性评价,学生能够不断进行自我反思和提升,有助于他们在知识、技能和情感等多方面实现均衡发展,从而推动其身心素质的全面提升。

在形成性评价中,教学评价表的指标体系建构可以从三个方面进行,包括对教学要素分解指标、对教学行为分解指标和对发展能力分解指标(见图 5-2-2)。这样的指标体系有助于全面、深入地评估教学过程和学习效果,为教学的持续改进提供依据。在结合教师与学生在课堂教学中的角色定位,即教师作为引导者,学生作为探究者的基础上,教学评价应当对教师与学生的行为进行具体化、可操作的指标呈现。具体而言,教学评价应当考虑以下几个方面。

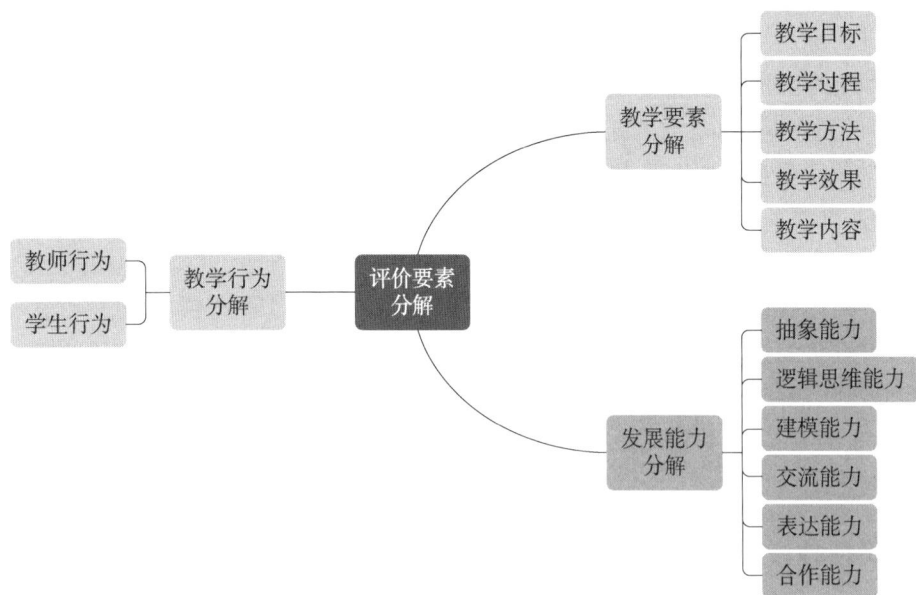

图 5-2-2　分解教学评价指标

（1）教学目标的导向作用。教学目标应明确、具体,并能够指导教学内容的选择和教学方法的实施。

（2）教学内容的有效性。教学内容应与教学目标相匹配，并能够激发学生的学习兴趣和参与度。

（3）教学方法与过程的有效性。教学方法应多样化，能够适应不同学生的学习需求，教学过程应组织得当，有助于学生理解和掌握知识。

（4）教学效果的评估。教学效果的评价应基于学生的学习成果，包括知识掌握、技能提升和核心素养的培养。

（5）发展能力的评价。在评价学生学习效果的同时，应关注学生的发展能力，如自主学习能力、批判性思维能力和合作能力等。

在教学评价中，教师的表现应从专业素养、基本功和态度等方面进行观测，而学生的表现则应从学习态度、参与度、表达和合作态度等方面进行评估。通过这些观测和评估，可以对教学评价的要素进行改进和处理，形成一级指标和二级指标，并对二级指标的具体评价标准进行细化。

一级指标可以包括：教学目标、教学内容、教学方法与过程、教师素养、学生情况和课堂文化（见图 5 - 2 - 3）。二级指标则是对一级指标的进一步细化，如教学方法中的一级指标可以细分为课堂讲授、小组讨论、实验操作等二级指标，每个二级指标都有其具体评价标准（见表 5 - 2 - 1）。

通过这样的评价体系，教学评价能够更加全面、深入地反映教学过程和结果，为教学的持续改进提供参考。

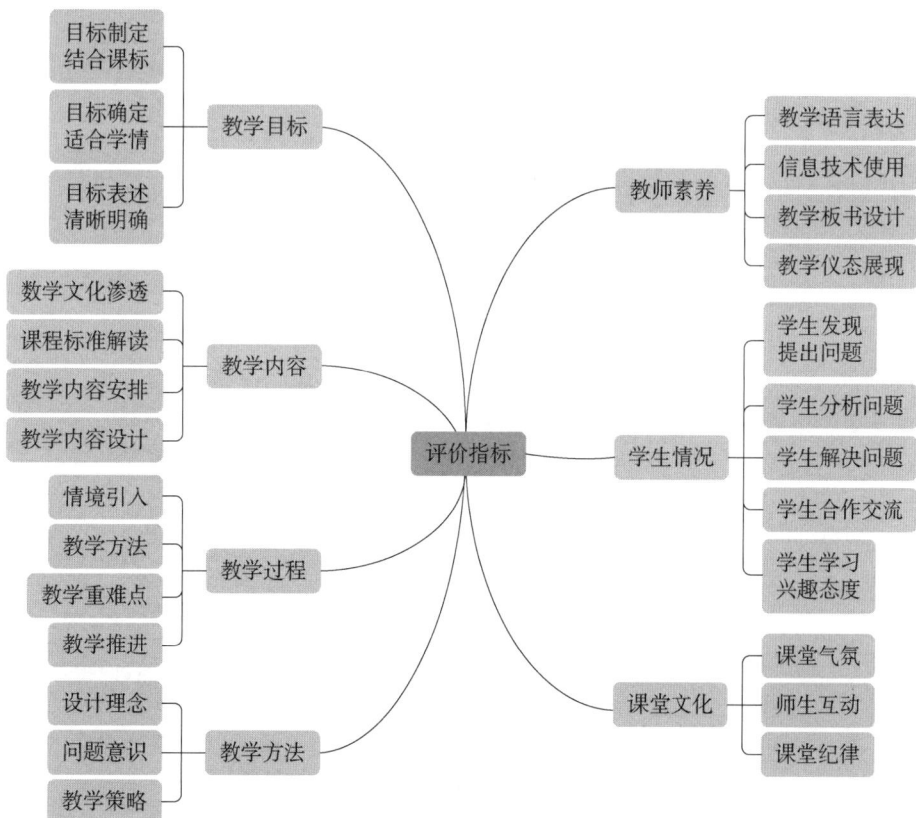

图 5 - 2 - 3　教学评价的要素

表 5 - 2 - 1　一级指标和二级指标

| 一级指标 | 二级指标 | 评 价 标 准 |
|---|---|---|
| 教学目标 | 基于课标 | 1. 一致性:教学目标是否符合课程标准。<br>2. 明确性:教学目标是否清晰、具体。<br>3. 可行性:教学目标是否切合学生实际。 |
| | 适合学情 | 1. 适应性:教学目标是否适合学生实际情况。<br>2. 挑战性:教学目标是否能够激发学生的潜力。<br>3. 差异性:教学目标是否考虑到学生的不同需求。 |
| | 表达清晰 | 1. 具体性:目标描述是否清晰、详细。<br>2. 可衡量:目标是否可以量化或明确评估。<br>3. 学情:目标表达是否适合学生的理解水平。 |
| 教学内容 | 课标解读 | 1. 理解透彻:教师是否准确理解课程标准的内涵。<br>2. 目标转化:教师是否将课程标准有效转化为教学目标。<br>3. 实践应用:教师是否在教学活动中贯彻课程标准。 |
| | 教材分析 | 1. 知识连贯:教师是否能连接教材中的数学概念,展示知识体系。<br>2. 教学适配:教师是否根据学生需要调整教材,确保适宜性。<br>3. 重难点明确:教师是否清楚标识并明确教学中的重点和难点。 |
| | 教学设计 | 1. 目标明确:教学目标是否具体、可衡量。<br>2. 内容适宜:教学内容是否适合学生的认知水平和发展需求。<br>3. 方法多样:是否运用多种教学方法促进学生的理解和参与。<br>4. 技术融合:是否有效利用信息技术工具和资源增强教学。<br>5. 单元设计:是否采用单元化设计,确保教学内容的前后连贯性和深度。 |
| | 文化渗透 | 1. 内容融合:是否将数学知识与中国文化元素相结合。<br>2. 案例融合:是否使用具有中国文化的案例来解释数学概念。<br>3. 思想传承:是否强调数学思想与中国传统文化思想的联系。 |
| 教学过程 | 情境引入 | 1. 相关性:情境引入是否与学生的生活实际相关联。<br>2. 启发性:情境是否能够启发学生的思考和兴趣。<br>3. 过渡性:情境引入是否自然过渡到数学概念和技能的教学。 |
| | 方法选取 | 1. 方法适宜:教学方法是否适合学生和课程。<br>2. 效果明显:教学方法是否有效提高学习成效。<br>3. 创新教学:教学方法是否创新并激发学生思考。 |
| | 重点难点 | 1. 重点突出:是否明确指出并集中讲解数学学习的重点。<br>2. 难点解析:是否清晰解释和示范难点,确保学生理解。<br>3. 巩固练习:是否提供充分的练习来加强学生对重难点的掌握。 |
| | 过程推进 | 1. 进度适宜:教学进度是否适合学生的认知。<br>2. 过渡流畅:教学环节转换是否顺畅,保持学生注意力。<br>3. 反馈及时:教师反馈是否及时,有助于学生及时调整学习。 |
| 教学方法 | 设计理念 | 1. 学生中心:教学方法是否以学生为中心,促进学生的主动学习。<br>2. 实践应用:教学方法是否注重数学知识在实际生活中的应用。<br>3. 思维培养:教学方法是否有助于培养学生的数学思维和解决问题的能力。 |
| | 问题意识 | 1. 问题引导:是否通过问题引导学生思考和探索。<br>2. 思辨激发:是否鼓励学生提出问题和质疑。<br>3. 解决策略:是否教授学生解决问题的方法和思路。 |

（续表）

| 一级指标 | 二级指标 | 评　价　标　准 |
|---|---|---|
| | 教学策略 | 1. 多样性：教学策略是否多样，以适应不同学生的学习需求。<br>2. 互动性：教学策略是否促进师生和生生之间的有效互动。<br>3. 效果性：教学策略是否能够提高学生的数学理解和能力。 |
| 教师素养 | 组织能力 | 1. 课堂管理：教师是否能够有效管理课堂，维持良好学习秩序。<br>2. 时间安排：教师是否合理安排教学时间，保证教学进度。<br>3. 活动规划：教师是否精心规划课堂活动，促进学生参与和互动。 |
| | 数学教育 | 1. 知识掌握：教师是否精通数学知识。<br>2. 教学方法：教师是否采用多样化的教学策略。<br>3. 学生的理解：教师能否帮助学生有效理解和应用数学概念。 |
| | 技术支持 | 1. 技术应用：教师是否熟练运用教学技术。<br>2. 资源利用：教师是否有效利用数字资源。<br>3. 互动创新：教师是否利用技术增强课堂互动。 |
| | 课堂表现 | 1. 语言表达：教师授课语言是否清晰、精确。<br>2. 仪容仪表：教师是否着装得体，保持专业形象。<br>3. 板书规范：教师板书是否整洁、条理清晰。 |
| 学生情况 | 合作交流 | 1. 团队合作与沟通：学生能否有效协作，清晰交流。<br>2. 协同解题：学生能否共同分析并解决问题。<br>3. 分工协调：学生能否合理分配并协调任务。 |
| | 问题意识 | 1. 发现问题：学生应展现观察能力，提问技巧，关系理解和创新意识。<br>2. 分析问题：学生需具备信息处理，逻辑推理，批判性思考和深入理解的能力。<br>3. 解决问题：学生应展示策略选择，知识运用，创新方案和解决效率。 |
| | 兴趣态度 | 1. 积极参与：学生是否主动参与课堂讨论和活动。<br>2. 学习兴趣：学生对数学内容是否表现出兴趣和好奇心。<br>3. 自主探索：学生是否愿意主动探索数学问题。 |
| 课堂文化 | 课堂气氛 | 1. 友好支持：课堂氛围是否友好，鼓励学生参与。<br>2. 积极活跃：学生是否积极参与课堂活动。<br>3. 情绪价值：学生是否情绪饱满，敢问敢答。<br>4. 目标集中：课堂活动是否围绕学习目标，学生能否集中注意。 |
| | 课堂互动 | 1. 参与度：学生是否广泛参与讨论和活动。<br>2. 平等性：学生是否有机会表达观点。<br>3. 反馈：教师和学生是否提供及时、有建设性的反馈。<br>4. 互动质量：讨论是否深入，学生是否相互倾听和尊重。 |
| | 课题纪律 | 1. 规则明确：课堂规则是否清楚，学生是否理解并遵守。<br>2. 执行一致：教师是否一致执行纪律要求。<br>3. 有序进行：课堂活动是否有序，学生能否按时完成任务。<br>4. 自我管理：学生能否自律，遵守规则，减少教师干预。 |

## 三、终结性评价

终结性评价通常指在课堂教学结束后进行的评价，旨在对一个学期、一个单元或一个课时教学活动的教学效果进行判断。其核心目的是对学生阶段性学习效果进行结论性评价，并为学生提供成绩定位或按分数分等第。终结性评价不仅用于评定学生的学习效果和定位成绩，还具有预测和评估的功能，能够确定学生在后续数学学习的起点，有时甚至可转化为下阶段学习的诊断性评价，体现出其部分形成性评价和诊断性评价的功能。

尽管终结性评价在传统意义上常被视为一种简单的测试，以便于操作和执行，但这种评价方式往往过于单一和刻板，难以满足新课程标准对教学评价的要求和目标。为了更好地发挥终结性评价的功能，并符合"双新"教改的要求，我们需要从评价内容的选择、评价形式和评价标准等方面进行综合考虑，使其更加符合时代发展的需求。

在新课程标准下的终结性评价，是对学生学习结果的评价，用于对学生的学习做出结论和判断。这种评价区别于传统的单一测试，要求在阶段学习结束后，依据课程标准对教学内容和核心素养培养的要求，以预设的教育目标为准绳，来确定教学目标或学习目标达成的程度。课堂教学中的终结性评价旨在评价课堂目标达成情况，判断学生是否掌握了应掌握的知识技能，并能够有效应用所学知识和技能进行进一步探究学习。

在终结性评价试题的编制过程中，应结合《高中新课标》提出的考试命题要求，构建数学学科核心素养的评价框架。该框架应依据数学学科核心素养的内涵、价值和行为表现，参照学业质量的三个水平，确定基于数学核心素养的评价框架。评价框架应从四条主线出发，即函数、几何与代数、概率与统计、建模与探究，对应的知识层面和四个程度（识记、理解、掌握和灵活应用）的能力要求，形成试卷知识能力分析表。

根据评价框架，应统筹考虑从三个维度来编制基于数学学科核心素养的试题，每道试题都应有明确的考查重点。对于每道试题，除了给出传统评价标准外，还应提供反映数学学科核心素养水平划分的依据，以符合评价改革的需求。

诊断性评价和形成性评价贯穿整个教学过程，特别重视对学生过去和目前水平的分析和评判，从中对教学效果进行评判，并着重于学生知识、能力和素养的提升。通过多种评价方式得到的结果，不仅从成绩优劣进行判断，还应利用过程观测和鉴定承认人与人之间的发展差异，并从这些差异中发掘适合个人发展的教育方法，从而激励学生的学习热情和求知欲望，促进学生的可持续和长久发展。

终结性评价作为教育评价改革的"排头兵"，承载着诊断教师教学和学生学习中存在的问题，并提出改进措施的职能。新时代教师的所有教学目标和教学行为都应以促进学生的可持续发展为目标，新课程倡导以人为本，培养具有完整人格的人。评价也必须面向全体学生，体现学生是评价的主体。在日常教学中，我们也应注重评价方式的灵活性和多元化，注重评价结果的整合与反馈，教师应时刻关注评价结果对学生学习和教师教学的反馈作用。

## 第三节　"三会"的评价及案例

### 一、诊断性评价案例

"祖暅原理"在几何体体积公式的推导中发挥了重要的作用，在高考中屡次出现，若学生没有对方法的深入理解和应用,"祖暅原理"往往成为学生数学应用中的拦路虎,若能将此作为学习的素材进一步挖掘"祖暅原理",让学生在几何直观的辅助下从"会看"图形面积、体积的变化规律,用数学符号语言表达和严密的逻辑证明,使学生真正"会想""会说"。在《"祖暅原理"应用》的习题教学中,我们可以先创设以下填表活动,让学生熟知一些基本几何体的截面面积形式和变化趋势,为后续复杂几何体的体积研究打下扎实的基础。作为课堂教学的前置活动准备,也是诊断性评价的一种有效方式,教师从学生填写的活动表中了解学生目前的水平和不足之处,以便在"祖暅原理"的教学推进中选择恰当的教学内容和教学进度,符合学生的实际水平;同时也能促进学生对相关知识进行复习和研究,为了教学过程的顺畅推进做好充分的准备,在该过程中已有储备,使学生在合作探究和交流汇报中增强学习自信,激发学生学习热情,提高将未知转化为已知的能力,提升数学抽象、直观想象的素养(见表 5 - 3 - 1)。

表 5 - 3 - 1　"祖暅原理"一览

| 常见几何体 | 图形 | 截面面积 | 变化趋势 |
|---|---|---|---|
| 长方体<br>(长、宽、高分别为 $a$、$b$、$c$) | | | |
| 圆柱<br>(底面半径为 $r$,高为 $c$) | | | |
| 倒放的圆锥<br>(底面半径为 $r$,高为 $c$) | | | |
| 倒放的棱锥<br>(底面边长为 $a$,高为 $c$ 的正棱锥) | | | |

| 常见几何体 | 图形 | 截面面积 | 变化趋势 |
|---|---|---|---|
| 倒放的棱锥<br>(底面矩形边长分别为 $a$、$b$,高为 $c$ 的阳马) | | | |
| 平放的半圆柱<br>(底面半径为 $r$,高为 $c$) | | | |
| 平放的三棱柱<br>(底面直角三角形的直角边长分别为 $a$、$b$,高为 $c$ 的堑堵) | | | |

## 二、过程性评价案例

"用二分法求函数的零点"课堂教学评价表,见表 5 - 3 - 2。

表 5 - 3 - 2　课堂教学评价表

| 教师姓名 | | 课题 | | 班级 | | 日期 | |
|---|---|---|---|---|---|---|---|
| 一级指标 | 二级指标 | 评价指标 | | | | 分值 | 得分 |
| 教学目标<br>(10分) | 结合课标 | 以课程标准为依据 | | | | 4 | |
| | 适合学情 | 目标的制定需要符合学生的实际情况,注重知识、方法的获得,思维、能力的提升,核心素养的落实 | | | | 3 | |
| | 目标明确 | 教学目标明确、完整,具有可操作性 | | | | 3 | |
| 教学内容<br>(20分) | 教材分析 | 教师需基于教材深入分析,合理重构教学内容,明确知识本质,条理化结构,凸显教学目标,妥善处理重难点,强化课程主线,以助学生全面掌握核心概念与知识体系 | | | | 4 | |
| | 教学设计 | 教学设计应遵循由浅入深的逻辑,确保内容的有序性和全面性,同时保持教学的适宜密度。教师需有效整合各类资源,精确理解教材,以实现教学目标,并致力于拓展学生的思维深度和广度 | | | | 6 | |
| | 教学层次 | 教师在教学中应明确问题本质,讲解背景,融入文化历史知识;准确讲解概念,清晰阐述关系;流畅解答"为什么",合理选择方法,帮助学生掌握学科的宏观和微观方法 | | | | 6 | |
| | 数学文化 | 在数学课程的教学中,应当强调对数学概念发展历程的理解,以及对数学家生平及其对历史的影响的教育 | | | | 4 | |

（续表）

| 一级指标 | 二级指标 | 评价指标 | 分值 | 得分 |
|---|---|---|---|---|
| 教学过程（20分） | 课堂结构 | 课堂教学涉及教学理念、目标、内容、方法、技能、态度、组织、媒介和评价等多元要素。其组织结构包括内容的引入、问题设置、讲授解析、思维分析、实践技能训练、概括探究、总结评价等环节 | 5 | |
| | 课堂文化 | 课堂教学应通过问题情境和交流机会，促进学生自主参与和成长，鼓励合作学习；教学应强调知识形成过程，让学生自行领悟结论；课堂氛围应平等和谐，鼓励自由表达和知识共享，以实现愉快合作学习 | 5 | |
| | 突出重点 | 教学内容应平衡知识传授与能力训练，凸显重点，关键点把握准确；习题与例题的选取应合适，总结应简明且便于记忆 | 5 | |
| | 突破难点 | 教学应有序规划，内容连贯，适应学生认知，并适度调整节奏，创造良好学习环境；有助于学生克服难点，实现全面发展 | 5 | |
| 教学方法（15分） | 设计理念 | 教学设计应融合学科特色和理念，强调学习方法，鼓励学生积极参与；同时，教授知识并培养科学态度和价值观，尊重学生个性，发挥潜能，认可差异，以促进全面发展 | 5 | |
| | 问题意识 | 教学时，要注重培养学生的问题意识，并创造性地设计问题以激发思考；问题设计需合理、有效且具创新性，同时要认识到问题意识、问题发现、提出、分析、解决和反思之间的连贯性 | 5 | |
| | 教学策略 | 教学应基于学科核心理念，旨在提升学生核心素养，采用多种教学策略和方法；解决问题时，强调创新和实效，促进学生思维全面发展 | 5 | |
| 教学素养（15分） | 组织能力 | 教学应有序，语言清晰，行为规范。课堂管理需条理清晰，有效指导学生行为和纪律，快速处理突发情况；合理安排时间，确保讲解高效和练习充分，以培养能力 | 3 | |
| | 语言表达 | 在教学中，教师的语言应符合规范和标准。对于学生提出的问题，教师应给出准确而适当的回答，并对学生的表现给予积极的认可和激励 | 3 | |
| | 教学手段 | 教学方法应多样化，适应个体差异，能够激发学生通过多感官参与学习，如倾听、观察、表达、实践、参与和思考，实现教学与学习的有效结合 | 3 | |
| | 操作技能 | 在教学过程中，教师应熟练运用各类教学设备，充分运用现代化教学手段以增强教学效果 | 2 | |
| | 板书设计 | 板书应精心设计，字迹清晰，内容精炼，逻辑清晰，且科学合理；书写规范，布局恰当，绘图精确 | 2 | |
| | 行为表现 | 教师应保持自然、友好的教学态度，遵守行为准则，肢体语言得体，书写规范 | 2 | |
| 教学态度（10分） | 教学准备 | 教师应准备丰富的资源，建立资源库，进行基础训练，分析学生水平，准备教具和技术工具，确保教学活动的合理性和充分性 | 4 | |
| | 教学情感 | 教学应增强学生的学习动力、兴趣和信心，通过实例激发学习热情，并培养人文和科学素养 | 3 | |

| 一级指标 | 二级指标 | 评价指标 | 分值 | 得分 |
|---|---|---|---|---|
| | 教学价值观 | 教学应涵盖学科的多元价值,包括科学、文化、教育、思想、应用和艺术等方面 | 3 | |
| 学生情况<br>（10分） | 学生参与度 | 互动频率:学生提问和参与讨论的积极性<br>参与质量:学生回答问题的深度和准确性<br>学习态度:学生对数学学习的兴趣和专注度 | 4 | |
| | 学生掌握度 | 概念掌握:学生是否能够理解并应用核心数学概念<br>自我评估:学生是否能够监控自己的学习进步<br>成长表现:学生学习态度和成绩的正面发展 | 3 | |
| | 学生兴趣 | 学生应积极参与课堂探究,主动合作交流,建立自信,保持对数学探究的兴趣 | 3 | |

# 三、终结性评价案例

## 上海××中学 2023 学年第一学期期末

### 高一数学

满分:100 分　完成时间:90 分钟

**一、填空题(每小题 3 分,共 12 题,共 36 分)**

**1** 已知集合 $A=\{1,2,3\}$, $B=\{3,4,5\}$,则 $A\bigcap B=$ _____。

**2** 已知扇形的弧所对的圆心角为 $60°$,且半径为 10 cm,则该扇形的面积为 _____。

**3** 已知角 $\alpha$ 是第四象限角,且 $\cos\alpha=\dfrac{1}{3}$,则 $\sin\alpha=$ _____。

**4** 若 $\tan\alpha=2$,则 $\dfrac{\sin\alpha-\cos\alpha}{\sin\alpha+\cos\alpha}=$ _____。

**5** 若 $10^a=2$, $\lg 3=b$,则 $\log_9 8=$ _____。（结果用 $a$、$b$ 表示）。

**6** 已知 $y=f(x)$ 是定义在 $D=\{x\mid x\neq 0\}$ 上的奇函数,当 $x>0$ 时,$f(x)=x^2-x$,则当 $x<0$ 时,$f(x)=$ _____。

**7** 已知角 $\alpha$ 的终边与单位圆的交点为 $P\left(-\dfrac{4}{5},\dfrac{3}{5}\right)$,则 $\cos\left(\dfrac{\pi}{2}+\alpha\right)=$ _____。

**8** 已知偶函数 $y=f(x)$ 的部分图像如图所示,且 $f(3)=0$,则不等式 $xf(x)<0$ 的解为 _____。

**9** 不等式 $3^x+\log_2 x>10$ 的解为 _____。

**10** 高斯是著名的数学家,近代数学奠基者之一,享有"数学王子"的美誉,用其名字命名的"高斯函数":设 $x\in\mathbf{R}$,用 $[x]$ 表示不超过 $x$ 的最大整数,则 $y=[x]$ 称为高斯函数,也称取整函数,例如 $[-3.7]=-4$, $[2.3]=2$。已知 $f(x)=\dfrac{2^{x+1}-1}{2^x+1}$,则函数 $y=$

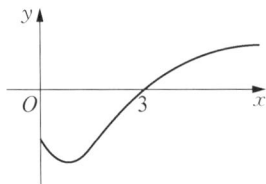

图 5-3-1

$[f(x)]$ 的值域为_____。

**11** 已知函数 $y = x^2 - \log_a(x+1) - 4x + 4$，若 $x \in (1, 2)$ 时，函数值均小于 0，则实数 $a$ 的取值范围为_____。

**12** 设 $D$ 是含数 1 的有限实数集，$y = f(x)$ 是定义在 $D$ 上的函数，若 $y = f(x)$ 的图像绕原点逆时针旋转 $\dfrac{\pi}{6}$ 后与原图像重合，则在以下各项中，$f(1)$ 的可能取值是_____。（填写序号）

① $\sqrt{3}$；  ② $\dfrac{\sqrt{3}}{2}$；  ③ $\dfrac{\sqrt{3}}{3}$；  ④ 0。

**二、选择题（每小题 3 分，共 4 题，共 12 分）**

**13** "$\alpha = \dfrac{\pi}{6} + 2k\pi, k \in \mathbf{Z}$" 是 "$\sin \alpha = \dfrac{1}{2}$" 的（    ）。

(A) 充分非必要条件          (B) 必要非充分条件

(C) 充要条件               (D) 既非充分也非必要条件

**14** 下列函数中，在其定义域内既是奇函数又是严格增函数的是（    ）。

(A) $y = -\dfrac{1}{x}$      (B) $y = 2^x$      (C) $y = \ln x$      (D) $y = x^{\frac{1}{3}}$

**15** 已知函数 $y = |3^x - 1|$ 的定义域为 $[a, b]$，值域为 $\left[0, \dfrac{1}{3}\right]$，则 $b - a$ 的最大值为（    ）。

(A) $\log_3 \dfrac{4}{3}$      (B) $\log_3 2$      (C) $\log_3 \dfrac{2}{3}$      (D) 2

**16** 已知函数 $f(x) = \begin{cases} x^2, & x \text{ 为无理数}, \\ x, & x \text{ 为有理数}, \end{cases}$ 有下列两个结论：

① $f(x)$ 的值域为 $\mathbf{R}$；② 对任意的正有理数 $a$，函数 $g(x) = f(x) - a$ 存在奇数个零点。下列判断中正确的是（    ）。

(A) ①②均正确     (B) ①②均错误     (C) ①错②对     (D) ①对②错

**三、解答题（8＋8＋10＋12＋14＝52 分）**

**17** 设函数 $y = \lg\left(2 - \dfrac{1}{x+1}\right)$ 的定义域为集合 $A$，函数 $y = \sqrt{1 - |x-a|}$ 的定义域为集合 $B$。

(1) 若全集为 $\mathbf{R}$，求 $\bar{A}$；

(2) 若 $A \cup B = \mathbf{R}$，求实数 $a$ 的取值范围。

**18** 已知函数 $y = f(x)$ 的表达式为 $f(x) = 2x^2 + \dfrac{a}{x}$。

(1) 证明：当 $a = 1$ 时，函数 $y = f(x)$ 在 $[1, +\infty)$ 上是严格增函数；

(2) 判断函数 $y = f(x)$ 的奇偶性，并说明理由。

**19** 南汇水蜜桃树的单棵肥料费用为 $10x$（单位：元），产量 $W$（单位：kg）与 $x$ 满足如下关系：$W=\begin{cases}5(x^2+2), & 0\leqslant x\leqslant 2 \\ 48-\dfrac{48}{x+1}, & 2<x\leqslant 5\end{cases}$，其他成本投入（如培育人工费）为 $20x$（单位：元）。已知这种水蜜桃的市场售价大约为 $10$ 元/kg，且供不应求。记单棵该水蜜桃树获得的利润为 $f(x)$（单位：元）。

（1）求单棵该水蜜桃树获得的利润 $f(x)$ 的函数关系式；

（2）要使单棵该水蜜桃树获得的利润最大，需投入的单棵肥料费用为多少元？并求出最大利润。

**20** 已知函数 $y=f(x)$ 的表达式为 $f(x)=2^x-2^{-x}$。

（1）求函数 $y=f(x)$ 的零点；

（2）解不等式：$f(x)<2$；

（3）若关于 $x$ 的方程 $f(x)=m\cdot2^x-2^{1-x}-\dfrac{4}{3}m$ 只有一个实根，求实数 $m$ 的取值范围。

**21** 设集合 $M_\beta=\{f(x)|$ 存在正实数 $\beta$，使得定义域内的任意 $x$ 都有 $f(x+\beta)>f(x)\}$。

（1）若 $f(x)=x^2$，证明：$f(x)\notin M_1$；

（2）若 $g(x)=x^3-\dfrac{1}{4}x+3$，且 $g(x)\in M_a$，求实数 $a$ 的取值范围；

（3）若 $h(x)=\log_3\left(x+\dfrac{k}{x}\right)$，$x\in[1,+\infty)$，$k\in\mathbf{R}$ 且 $h(x)\in M_2$，求函数 $y=h(x)$ 的最小值。

对于试题应进行相应的知识能力分析和核心素养评价（见表 5-3-3 和表 5-3-4）。

表 5-3-3　2023 学年第一学期高一数学期末考试试题知识能力分析表

| 题型 | 题号 | 考查知识点 | 能力要求（知识层次） | | | | 题目来源 | | | 分值 |
| | | | 识记 | 理解 | 掌握 | 灵活运用 | 选编 | 改编 | 创编 | |
| --- | --- | --- | --- | --- | --- | --- | --- | --- | --- | --- |
| 填空题 | 1 | 集合的交集运算 | | | √ | | | | √ | 3 |
| | 2 | 扇形面积公式的应用 | | | √ | | | | √ | 3 |
| | 3 | 同角三角比的平方关系 | | | √ | | | | √ | 3 |
| | 4 | 同角三角比的商的关系 | | | √ | | | | √ | 3 |
| | 5 | 指对数运算法则的应用 | | | √ | | | | √ | 3 |
| | 6 | 利用奇函数求解析式 | | | √ | | | | √ | 3 |
| | 7 | 单位圆和诱导公式的应用 | | | √ | | | | √ | 3 |
| | 8 | 偶函数图像特征的应用 | | | √ | | | √ | | 3 |
| | 9 | 用函数单调性解不等式 | √ | | √ | | | √ | | 3 |
| | 10 | 函数的值域解法 | √ | √ | | √ | | √ | | 3 |

（续表）

| 题型 | 题号 | 考查知识点 | 能力要求（知识层次） | | | | 题目来源 | | | 分值 |
|---|---|---|---|---|---|---|---|---|---|---|
| | | | 识记 | 理解 | 掌握 | 灵活运用 | 选编 | 改编 | 创编 | |
| 选择题 | 11 | 用函数图像解不等式 | | ✓ | ✓ | ✓ | | ✓ | | 3 |
| | 12 | 函数定义综合 | | ✓ | ✓ | | | ✓ | | 3 |
| | 13 | 三角方程的解集 | | | ✓ | | ✓ | | | 3 |
| | 14 | 幂函数的图像 | | | ✓ | | ✓ | | | 3 |
| | 15 | 函数图像的变换 | | | ✓ | | | ✓ | | 3 |
| | 16 | 新定义函数的学习 | | ✓ | ✓ | | | ✓ | | 3 |
| 解答题 | 17 | 集合的补集和并集运算 | | | ✓ | | | ✓ | | 8 |
| | 18 | 函数的单调性与奇偶性 | | | ✓ | | | ✓ | | 8 |
| | 19 | 函数最值的实际应用 | | ✓ | ✓ | | | ✓ | | 10 |
| | 20 | 方程与函数思想的综合 | | ✓ | ✓ | ✓ | | ✓ | | 12 |
| | 21 | 函数综合 | | ✓ | ✓ | ✓ | ✓ | | | 14 |

表 5 - 3 - 4　2023 学年第一学期高一数学期末考试试题核心素养评价统计表

| 核心素养 | 数学抽象 | | | 逻辑推理 | | | 数学建模 | | | 直观想象 | | | 数学运算 | | | 数据分析 | | |
|---|---|---|---|---|---|---|---|---|---|---|---|---|---|---|---|---|---|---|
| 素养水平 | 1 | 2 | 3 | 1 | 2 | 3 | 1 | 2 | 3 | 1 | 2 | 3 | 1 | 2 | 3 | 1 | 2 | 3 |
| 题 1 | | | | | | | | | | | | | ✓ | | | | | |
| 题 2 | | | | | | | ✓ | | | | | | ✓ | | | | | |
| 题 3 | | | | | | | | | | ✓ | | | ✓ | | | | | |
| 题 4 | ✓ | | | | | | | ✓ | | | | | ✓ | | | | | |
| 题 5 | ✓ | | | | | | | | | | | | ✓ | | | | | |
| 题 6 | | | | ✓ | | | | | | ✓ | | | | | | | | |
| 题 7 | | ✓ | | | | | | | | | ✓ | | | | | | | |
| 题 8 | | ✓ | | | | | | | | | ✓ | | | | | | | |
| 题 9 | | ✓ | | | ✓ | | | | | | | | | | | | | |
| 题 10 | | ✓ | | | ✓ | | | ✓ | | | | | | ✓ | | | | |
| 题 11 | | ✓ | | | ✓ | | | | | | | | | ✓ | | | | |
| 题 12 | | | ✓ | | | ✓ | | | | | ✓ | | | | | | | |
| 题 13 | | | | ✓ | | | | | | | | | | | | | | |
| 题 14 | ✓ | | | ✓ | | | | | | | | | | | | | | |
| 题 15 | | ✓ | | | ✓ | | | | | | ✓ | | | | | | | |

（续表）

| 核心素养 | 数学抽象 | | | 逻辑推理 | | | 数学建模 | | | 直观想象 | | | 数学运算 | | | 数据分析 | | |
|---|---|---|---|---|---|---|---|---|---|---|---|---|---|---|---|---|---|---|
| 素养水平 | 1 | 2 | 3 | 1 | 2 | 3 | 1 | 2 | 3 | 1 | 2 | 3 | 1 | 2 | 3 | 1 | 2 | 3 |
| 题16 | | | √ | | | √ | | | | | | | | | | | | |
| 题17(1) | | | | | | | | | | | | | √ | | | | | |
| 题17(2) | | | | √ | | | | | | | √ | | √ | | | | | |
| 题18(1) | | | | | √ | | √ | | | | | | | | | | | |
| 题18(2) | | √ | | | √ | | | | | | | | | √ | | | | |
| 题19(1) | | | | | | | | √ | | | | | | | | √ | | |
| 题19(2) | | | | | | | | √ | | | | | | √ | | | √ | |
| 题20(1) | | | | | | | √ | | | | | | √ | | | | | |
| 题20(2) | √ | | | | | | | | | | | | | √ | | | | |
| 题20(3) | | | √ | | √ | | | √ | | | | | | √ | | | | |
| 题21(1) | | | | | √ | | | | | | | | | | | | | |
| 题21(2) | √ | | | | √ | | | | | | | | | √ | | | | |
| 题21(3) | | √ | | | | √ | | | | | | | | | √ | | | |

# 第六章　甄选精练　有的放矢

## ——精准个性化的作业设计

### 第一节　"三会"的作业设计

随着科学、经济、文化、政治等多方面的迅猛发展,社会对于人才的要求越来越高,我们步入了"学习化"的人才时代。教育需要提升学生各方面的素养以应对日新月异的社会发展,特别是一些关键的核心素养的培养刻不容缓。学习者的可持续发展是教育的重要目标。因此,数学教育逐渐将重点转移到培养学生的终身数学能力上,即培养数学核心素养"三会"——会用数学的眼光观察世界,会用数学的思维思考世界,会用数学的语言表达世界。在数学教育中,课程、课堂和评价是数学教学改革的三巨头。作业作为课程的重要领域、课堂的关键部分和评价的主要手段之一,是实现"三会"素养落实的重要途径。

作业建立起了教师"教"和学生"学"之间效果沟通的桥梁。学生通过作业有效巩固知识、提升解题能力和数学思维;教师通过作业及时了解学生的学习情况,从而有针对性地制订后续的教学策略,实现有效教学。据大量研究发现,现阶段的高中数学作业仍旧存在一些问题。有的教师为了提升学生的解题正确率,选择布置大量重复的习题培养学生机械性的解题能力,给学生造成了较大的学习负担,甚至引起情绪上的厌恶、抵触等;有的教师没有认真筛选作业,导致教学内容和课后作业内容脱节,耗费了学生大量的课后时间,缺乏教学和评价作业的针对性;有的教师布置作业习惯"一刀切",无法满足不同层次学生的需求……诸如此类的问题,在我们的作业环节中屡见不鲜。无效的作业设计不仅加重了学生的学习负担,也阻碍了学生整体素质的进一步提升,更无法形成学生终身发展的必备能力和品格,因此作业设计的改革迫在眉睫。

随着"双新"改革和"双减"政策的不断推进,对于作业设计有了更高的要求。2017 年,中共中央办公厅、国务院办公厅印发的《关于深化教育体制机制改革的意见》中指出"要合理设计学生作业内容与时间,提高作业的有效性。"《高中新课标》中要求:教师要不断丰富作业的形式,提高作业的质量,提升学生完成作业的自主性和有效性。这就要求教师率先跳入题海,精挑细选地设计作业,严格控制好题目数量和作业用时,不额外增加学生的学习负担,帮助学生跳出"题海"。同时,在有限的题目中,教师要综合考虑知识、技能和素养的巩固与培养进行有效作业设计,并且能尽量兼顾到不同层次学生的素养发展需求,尊重学生作业的自主性和个性化。

因此,高中数学教学中要重视在作业中落实"三会"素养,利用作业帮助学生慢慢从"知识本位"转化到"素养本位"。针对高中数学作业的现状和全新的要求,我们制定一些"三会"作业设计原则帮助教师进行有效的作业设计,具体如下所述:

### 1. "三会"作业设计的控时性原则

"三会"作业要落实学生核心素养的培养就必须要对作业量进行控制,对作业完成时间进行预估。过多的作业时长会加重学生的学习负担,导致学生在完成作业时产生疲惫感,从而降低对数学学习的热情。当学生将宝贵的课后时间浪费在反复操练和枯燥的解题上时,虽然提升了学生机械式的解题能力,但是没有给学生反思消化整理的时间和空间,不利于学生数学知识技能的巩固和核心素养的培养。因此,在当前"双减"背景下设计"三会"作业的过程中,必须对于作业整体耗时进行预估,并落实到每一个小题的具体用时,尽量确保每个学生都能在一定时间内完成作业,以期通过"少练多想"的作业设计理念来支撑"减负增效"的美好预期。譬如,在课后作业的设计时,考虑学生的实际思维水平和思考时间,可以将作业量控制在 5 道填空 +2 道选择 +3 道解答题,用时在 30~40 分钟之间,当然教师在具体设计时还可以根据选择题目的难易程度进行题量的适当调整,有效控制作业时长。

### 2. "三会"作业设计的整体性原则

"三会"作业的设计过程中一定要注重从整体性出发,教师可以将一个单元的各个课时作业进行整体规划设计。在落实"双减"政策的当下,由于作业量要进行严格控制,又要兼顾作业考查的全面性,教师以单元为单位进行整体课时设计,综合考虑整个单元的作业,可以在前后节作业设计中针对某个数学思想方法进行由浅入深的问题设计,使得学生对此思想方法的掌握有层次地推进;同时教师在整体编制作业问题时,对于同一种题型或问题有了整体预期,就会避免简单重复,真正确保作业减量但能提质。在设计过程中,我们还可以尝试将设计思路放在更大范围内进行思考,比如将这个作业的设计目标放到一个学期、一个学年甚至是整个高中学段中去看,作业的设计不仅仅考虑学生对知识的掌握情况,更是从学生核心素养培养的角度进行长久规划。比如,学生数学运算素养的培养是非常重要的,但这方面的培养需要一个长期的过程。所以,我们在整体设计过程中,可以将数学运算素养的培养放在每一个课时中,形成一个长期的作业,也可以根据每个课时的内容设计一些不同类型的计算问题,随时培养学生的数学运算素养。

### 3. "三会"作业设计的目标性原则

"三会"作业的一个重要功能是及时反馈学生数学知识的掌握情况,帮助教师了解课堂教学的效果。教师在设计作业前,要明确教学的目标,根据课标和学生的实际情况制定不同作业设计目标来客观分析学生需要掌握到何种程度。有了作业设计目标以后,依据不同要求进行作业设计,实现教—学—评目标的完全匹配,摆脱作业和教学脱离的尴尬局面。同时,依据学情的作业设计能够较好地与学生匹配,既能挑战学生的数学能力,又在学生的可承受范围内。譬如在函数概念教学时,根据课程标准、教材和学情,制订教学目标:

(1)从各种情境中抽象出函数的概念,能够根据不同的情境选择恰当的方法(列表法、解析法、图像法)表示函数。

(2) 会根据具体情况确定函数的定义域;掌握判断函数为同一函数的条件;通过具体实例了解函数的分段表示法,并能简单应用。

(3) 经历描点绘制不熟悉函数的大致图像的过程,体会函数图像的作用,发展直观想象的素养;通过具体情境抽象函数概念的过程,提升学生数学抽象的核心素养。

在此基础上确定函数的概念作业设计的目标(见表 6-1-1)。

表 6-1-1 课时作业目标表

| 课时作业目标编码 | 课时作业目标描述 |
|---|---|
| SX050101 | 理解函数的概念,会求函数的定义域和判断同一函数 |
| SX050102 | 能根据变化规律,选择恰当的方法表示函数 |
| SX050103 | 能归纳分析问题情境,将实际问题变量化、模型化 |
| SX050104 | 能借助函数模型解决现实生活中的实际问题 |

**4. "三会"作业设计的分层性原则**

"三会"作业设计要注重考虑到学生的学情,设计有层次的作业,满足不同水平学生的需求。在同一个班级中,学生的数学基础、理解能力和解决问题的能力都是有差异的。一刀切的作业设计会出现"吃不饱"和"吃不下"的情况,所以题目的设计必须要遵循由易到难的原则,难度有层次地上升。充分考虑学生的学情,从最近发展区出发,设计一些学生"跳一跳"能够完成的问题,让学生在解题过程中获得成就感,提高数学的学习兴趣。同时,通过作业难度的层层递进,为学生的核心素养培养搭建了阶梯,让不同层次的学生都有所收获,个性化培养学生的"三会"素养。

譬如,在抛物线单元复习作业中,根据学生的水平设计层次性作业。

1) 基本模型 1:利用抛物线的定义解决问题

基础型:

(1) 点 $P(x_0, y_0)$ 是抛物线 $C: y^2 = 8x$ 上一点,若 $P$ 到抛物线 $C$ 的焦点的距离为 8,则( )。

(A) $x_0 = 8$                 (B) $y_0 = 8$

(C) $x_0 = 6$                 (D) $y_0 = 6$

应用型:

(2) 已知抛物线 $y = \dfrac{1}{4}x^2$ 的焦点为 $F$,$A(1, 1)$,设 $B$ 为该抛物线上一点,则 $\triangle ABF$ 周长的最小值为_____。

能力型:

(3) 已知抛物线 $C: y^2 = 2px(p > 0)$ 的焦点为 $F$,直线 $l$ 与抛物线 $C$ 交于 $A$、$B$ 两点,$AF \perp BF$,线段 $AB$ 的中点为 $M$,过点 $M$ 作抛物线 $C$ 的准线的垂线,垂足为 $N$,则 $\dfrac{|AB|}{|MN|}$

的最小值为＿＿＿＿＿。

2) 基本模型2:利用抛物线的标准方程和几何性质解决问题

基础型:

(1) 顶点在原点,坐标轴为对称轴,焦点在 $3x-2y-6=0$ 上的抛物线方程为＿＿＿＿＿。

应用型:

(2) 已知圆 $C_1:x^2+(y-2)^2=4$,抛物线 $C_2:y^2=2px(p>0)$,$C_1$ 与 $C_2$ 相交于 $A$、$B$ 两点,$|AB|=\dfrac{8\sqrt{5}}{5}$,则抛物线 $C_2$ 的方程为＿＿＿＿＿。

能力型:

(3) 已知抛物线 $C:y=2mx^2(m>0)$,焦点为 $F(0,1)$,定点 $P(0,-2)$。若点 $M$、$N$ 是抛物线 $C$ 上的两相异动点,$M$、$N$ 不关于 $y$ 轴对称,且满足 $k_{PM}+k_{PN}=0$,则直线 $MN$ 恒过的定点的坐标为＿＿＿＿＿。

3) 基本模型3:抛物线的焦点三角形等综合应用

基础型:

(1) 位于德国东部萨克森州的莱科勃克桥有"仙境之桥"之称,它的桥形可以近似地看成如图 6-1-1 所示的抛物线,该桥的高度为 5 m,跨径为 12 m,则桥形对应的抛物线的焦点到准线的距离为(　　)。

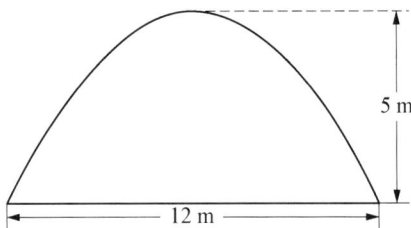

图 6-1-1

(A) $\dfrac{25}{12}$ m

(B) $\dfrac{25}{6}$ m

(C) $\dfrac{9}{5}$ m

(D) $\dfrac{18}{5}$ m

(2) 设点 $P$、$Q$ 分别是圆 $x^2+(y-3)^2=1$ 与抛物线 $y=x^2$ 上的动点,求 $|PQ|$ 的最小值。

应用型:

(3) 给定抛物线 $y^2=2x$,设 $A(a,0)(a>0)$,$P$ 是抛物线上一点,求 $|PA|$ 的最小值。

(4) 已知抛物线 $y^2=2px(p>0)$ 与双曲线 $\dfrac{x^2}{a^2}-\dfrac{y^2}{b^2}=1(a>0,b>0)$ 有相同的焦点 $F$,点 $A$ 是两条曲线的一个交点,且 $AF\perp x$ 轴,则该双曲线的经过一、三象限的渐近线的倾斜角所在的区间是(　　)。

(A) $\left(0,\dfrac{\pi}{6}\right)$　　　(B) $\left(\dfrac{\pi}{3},\dfrac{\pi}{2}\right)$　　　(C) $\left(\dfrac{\pi}{4},\dfrac{\pi}{3}\right)$　　　(D) $\left(\dfrac{\pi}{6},\dfrac{\pi}{4}\right)$

能力型：

（5）如图 6-1-2 所示，$F$ 是抛物线 $y^2 = 2px(p > 0)$ 的焦点，$A$、$B$、$M$ 是抛物线上的三点（$M$ 在第一象限），直线 $AB$ 交 $x$ 轴于点 $N$（$N$ 在 $F$ 的右边），四边形 $FMNA$ 是平行四边形，记 $\triangle MFN$、$\triangle FAB$ 的面积分别为 $S_1$、$S_2$。

① 若 $|MF| = 1$，求点 $M$ 的坐标（用含有 $p$ 的代数式表示）；

② 若 $\dfrac{S_1}{S_2} = \dfrac{2}{5}$，求直线 $OM$ 的斜率（$O$ 为坐标原点）。

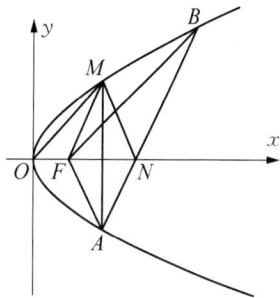

图 6-1-2

（6）已知抛物线 $\Gamma: y^2 = 2px(p > 0)$ 上一点 $M(3, m)$ 到焦点的距离为 4，动直线 $y = kx(k \neq 0)$ 交抛物线 $\Gamma$ 于坐标原点 $O$ 和点 $A$，交抛物线 $\Gamma$ 的准线于点 $B$，若动点 $P$ 满足 $\overrightarrow{OP} = \overrightarrow{BA}$，动点 $P$ 的轨迹 $C$ 的方程为 $F(x, y) = 0$。

① 求出抛物线 $\Gamma$ 的标准方程；

② 求动点 $P$ 的轨迹方程 $F(x, y) = 0$；

③ 以下给出曲线 $C$ 的三个方面的性质，请你选择其中的两个方面进行研究：(ⅰ)对称性；(ⅱ)范围；(ⅲ) $y > 0$ 时，写出由 $F(x, y) = 0$ 确定的函数 $y = f(x)$ 的单调区间。

### 5. "三会"作业设计的多样性原则

"三会"作业设计过程中要注重题目的多样性。传统数学作业以习题的解决为主，主要考查学生数学知识技能掌握程度，数学作业形式比较单一，对数学思考价值和情感态度等方面考虑较少，同时很少关注学生思维能力的提高和数学核心素养的培养。长此以往，学生完成作业就会感觉枯燥乏味，缺乏学习的挑战性，同时也会产生数学学习的倦怠。在当前的形势下，教师可以依据不同作业的功能，优化作业形式，让学生感受到数学的趣味性，激发学生的自主学习热情。比如，教师可以在一个章节的学习后布置知识梳理类题型，对于偏文的学生而言不仅可以在梳理过程中提升对于章节知识的理解，了解知识间的内在联系，还可以获得数学学习的存在感及成就感。多样性的题目设计可以更好满足不同类型学生的需求，让每个学生在作业中找到数学学习的归属感，发挥好作业的思考价值及情感价值。

譬如，借助单位圆推导得到两角和与差的余弦公式，在此基础上得到两角和与差的正弦与正切公式后，教师在设计学生的作业时，可以从作业目标角度设计分层作业来完成知识巩固和能力提高的目标。与此同时鼓励学生完成两项任务：

1）结合学习过程完成思维导图的建构，对学习过程进行"复盘"

2）完成项目链接

利用单位圆，解决以下问题：

（1）计算：$\sin\dfrac{2\pi}{7} + \sin\dfrac{4\pi}{7} + \sin\dfrac{6\pi}{7} + \cdots + \sin\dfrac{12\pi}{7}$。

（2）计算：$\cos\alpha + \cos\left(\dfrac{2}{3}\pi + \alpha\right) + \cos\left(\dfrac{4}{3}\pi + \alpha\right)$。

（3）计算：$\sin\dfrac{2\pi}{n}+\sin\dfrac{4\pi}{n}+\cdots+\sin\dfrac{2(n-1)\pi}{n}$，$n\geqslant1$，$n\in\mathbf{N}$。

（4）计算：$\cos\alpha+\cos\left(\dfrac{2}{n}\pi+\alpha\right)+\cos\left(\dfrac{4}{n}\pi+\alpha\right)+\cdots+\cos\left(\dfrac{2(n-1)}{n}\pi+\alpha\right)$，$n\geqslant1$，$n\in\mathbf{N}$。

（5）计算：$\cos\dfrac{2\pi}{4n-1}+\cos\dfrac{4\pi}{4n-1}+\cdots+\cos\dfrac{(4n-2)\pi}{4n-1}$，$n\geqslant1$，$n\in\mathbf{N}$。

（6）结合圆的等分、对称、旋转等方法，你还能发现哪些与三角有关的有趣结论？

对于作业任务1，可以从学生自我完成的思维导图中帮助学生"复盘"知识形成的过程，让学生对单位圆在三角中作为工具的作用有更深入的认识，促进学生更好地掌握公式，发展直观想象和数学抽象的核心素养，实现"会看"的教育目标；对于作业任务2的完成，对于单个学生有难度，可以以小组合作的方式进行，项目完成后教师组织小组进行交流和互动，第（6）题的开放性结论，是在特殊情况下的一般化结论，发展学生的数学抽象，抽象出典型应用的模型再准确表达，实现"会想""会说"的目标。采用多样的作业形式，让学生在知识和能力提升的同时，也能感受生生之间的交流和共同努力后的成就感，情绪价值直接拉满。

6．"三会"作业设计的评价性原则

"三会"作业是"三会"评价的重要手段。通过作业，不仅可以反映学生的学习效果，还能让教师了解学生的学习态度和学习情感；教师也能通过作业情况了解教学实际效果，及时优化教学策略。作业设计要重视作业的评价功能。从内容方面看，作业要充分覆盖所要考核的知识点，不遗漏不重复；从评价主体看，作业评价的主体可以更多元。作业设计过程中要考虑最终评价形式可以采取教师评价、生生互评、学生自评和家长评价等多种形式，不仅让作业的评价结果更客观和全面，还可以增加学生的参与感，培养学生的反思习惯，推动深入学习，有效培养学生的"三会"素养。

## 第二节　"三会"的作业实施

为了提高"三会"作业设计的可操作性，结合一线教师的一些作业设计实践经验，我们总结了高中数学作业设计的一般流程，可分为以下几个基本步骤：①整合课时，规划单元；②分析要素，确立目标；③规划布局，编制题目；④综合筛选，形成作业；⑤评价反思，优化作业。这5个环节并非孤立的，而是有紧密的关联（见图6-2-1）。

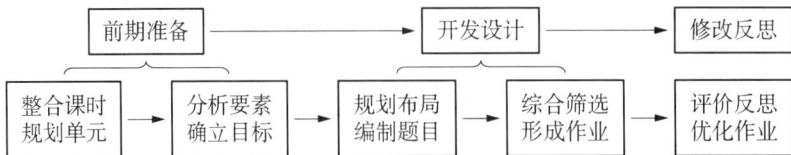

图6-2-1　作业设计流程

## 一、整合课时,规划单元

"三会"素养的落实是一个长期的过程,所以我们在作业设计的过程中要有一个长期的规划。作业设计前,教师可以先梳理下高中阶段知识和能力的总体要求,选取合适的课时整合成一个单元进行整体设计。单元的规划一般从以下两个部分入手:一是按照教材的编排特点和顺序,按照教材确认的主题划分单元。二是将教学内容相似的章节整合起来划分为一个大单元。例如,高中数学必修三中第 13 章"统计"可以成为一个大单元。而我们到了高三复习课研究统计时,将选择性必修一中第 8 章"成对数据的统计分析"与其整合,形成新的单元作业设计。再比如,数形结合这一思想在高中数学中占有重要的地位。教师可以从培养数形结合思想入手,从教材里选择较为典型的内容整合成一个以数形结合为主线的全新单元。但素养类单元的设计对于教师有较高的要求,在作业设计过程中,建议教师从教材自然单元入手,先将每个章节的内容和内在关系理顺,再逐步尝试知识的整合,构建方法类、思想类和素养类单元。下面以分类整合思想为例,根据其特征从三个方面进行作业设计,如图 6-2-2 所示。

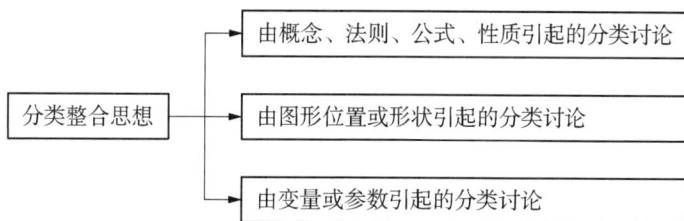

图 6-2-2

### (一)由概念、法则、公式、性质引起的分类讨论

(1)国家质量监督检验检疫局于 2004 年 5 月 31 日发布了新的《车辆驾驶人员血液、呼气酒精含量阈值与检验》国家标准。新标准规定,车辆驾驶人员血液中的酒精含量大于或等于 20 mg/100 mL,小于 80 mg/100 mL 为饮酒驾车,血液中的酒精含量大于或等于 80 mg/100 mL 为醉酒驾车。经过反复试验,喝一瓶啤酒后酒精在人体血液中的变化规律的"散点图"如图 6-2-3 所示,该函数近似模型如下:$f(x) = \begin{cases} a\left(x - \dfrac{3}{2}\right)^2 + 47.42, & 0 \leqslant x < 2, \\ 54.27\mathrm{e}^{-0.3x} + 10.18, & x \geqslant 2。 \end{cases}$

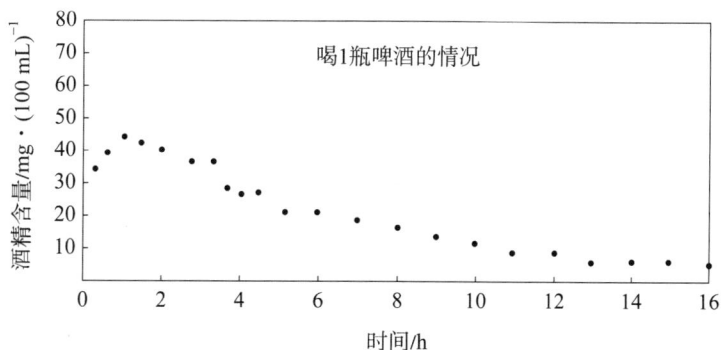

图 6-2-3

已知喝 1 瓶啤酒后刚好 1 小时测得血液中的酒精含量为 44.42 mg/100 mL。根据上述条件，解答以下问题：

① 试计算喝 1 瓶啤酒后多少小时血液中的酒精含量达到最大值？最大值是多少？

② 试计算喝 1 瓶啤酒后多少分钟才可以驾车？（时间以整分钟计算）

(2) 函数 $f(x) = |2x-1| - 2\ln x$ 的最小值为_____。

(3) 设正项数列 $\{a_n\}$ 的前 $n$ 项和 $S_n$ 满足 $S_n = \dfrac{1}{4}(a_n+1)^2$，记 $[x]$ 表示不超过 $x$ 的最大整数，$b_n = \left[\dfrac{2a_n}{2022}\right]+1$。若数列 $\{b_n\}$ 的前 $n$ 项和为 $T_n$，求使得 $T_n \geqslant 2022$ 成立的 $n$ 的最小值。

### （二）由图形位置或形状引起的分类讨论

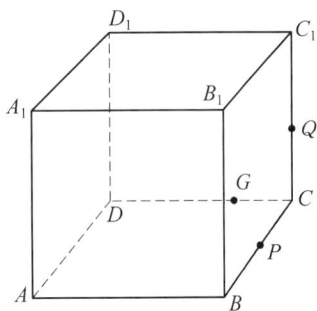

(1) 如图 6-2-4 所示，正方体 $ABCD-A_1B_1C_1D_1$ 的棱长为 2，$P$ 为 $BC$ 的中点，$G$ 为线段 $CD$ 上的动点，$Q$ 为线段 $CC_1$ 上的动点，过点 $A$、$P$、$Q$ 的平面截该正方体所得的截面记为 $S$，则下列命题中正确的序号是_____。

① 对任意的点 $G$，存在点 $Q$，使得 $A_1G \perp PQ$；

② 对任意的点 $G$，存在点 $Q$，使得 $A_1G \perp$ 平面 $PGQ$；

③ 当 $CQ = \dfrac{3}{2}$ 时，$S$ 与 $C_1D_1$ 的交点 $R$ 满足 $C_1R = \dfrac{2}{3}$；

④ 当 $CQ = \dfrac{\sqrt{10}}{5}$ 时，$\triangle APQ$ 的外接圆的面积最小。

图 6-2-4

(2) 在 $\triangle ABC$ 中，内角 $A$、$B$、$C$ 的对边分别为 $a$、$b$、$c$。已知 $(a-c)\sin A = a\sin(B-C)$，$b = 2\sqrt{3}$。

① 求角 $B$；

② 若 $AC$ 边上的点 $D$ 满足 $\overrightarrow{CD} = 2\overrightarrow{DA}$，$BD = \dfrac{2\sqrt{21}}{3}$，求 $\triangle ABC$ 的面积。

(3) 若恰有三组不全为 0 的实数对 $(a、b)$ 满足关系式 $|a+b+1| = |4a-3b+1| = t\sqrt{a^2+b^2}$，则实数 $t$ 的所有可能的值为_____。

### （三）由变量或参数引起的分类讨论

(1) 设函数 $f(x) = mx^2 - mx - 1 (m \neq 0)$，若对于 $x \in [1, 3]$，$f(x) < -m+5$ 恒成立，求实数 $m$ 的取值范围。

(2) 已知命题 $P$：函数 $f(x) = \lg(ax^2 - 6x + a)$ 的定义域为 $R$；命题 $q$：关于 $x$ 的方程 $x^2 - 3ax + 2a^2 + 1 = 0$ 的两个实根均大于 3。若"$p$ 或 $q$"为真，"$p$ 且 $q$"为假，求实数 $a$ 的取值范围。

(3) 已知函数 $y = f_1(x)$，$y = f_2(x)$，定义函数 $f(x) = \begin{cases} f_1(x), & f_1(x) \leqslant f_2(x), \\ f_2(x), & f_1(x) > f_2(x). \end{cases}$

① 设函数 $f_1(x) = \sqrt{x}$，$f_2(x) = \left(\dfrac{1}{2}\right)^{x-1} (x \geqslant 0)$，求函数 $y = f(x)$ 的值域；

② 设函数 $f_1(x) = \lg(|p-x|+1)(0 < x \leqslant \dfrac{1}{2}$，$p$ 为实常数$)$，$f_2(x) = $

$\lg \dfrac{1}{x}\left(0 < x \leqslant \dfrac{1}{2}\right)$，当 $0 < x \leqslant \dfrac{1}{2}$ 时，恒有 $f(x) = f_1(x)$，求实常数 $p$ 的取值范围。

## 二、分析要素,确立目标

确定好作业单元后,要针对本单元内容开展课标分析、教材分析、和重难点分析。再结合学生的实际情况,产生适合学生的单元学习目标。单元学习目标的确立是作业设计的关键。教师要依据学生的学情进行适当调整,明确不同知识点学生需要掌握到何种程度。梳理出本单元中的重点和难点是什么,如何分配到每个课时作业中。每个课时作业中需要完成哪些能力培养以及如何实现学习情感价值的检验。

## 三、规划布局,编制题目

高中数学作业的呈现形式是多样的。

从作业的功能性上可以分为:课前准备型作业、课中检测型作业、课后巩固型作业、课后拓展型作业和单元兴趣型作业等。

### 1. 课前准备型作业

课前准备型作业往往是为课中学习做铺垫的,一般分为两个大类:一是对于课中所要用到的知识点进行复习。比如,在"二项式定理"这个课时的学习中需要用到数学归纳法,而学生对于这方面知识比较陌生,可以提前让他们回顾下数学归纳法的相关知识。二是预先探究课中所学新知识,不仅可以大幅提高课堂效率,还能有效培养学生解决问题的能力。比如,在《二项式定理》这个课时中可以提前布置如下课前作业:

计算下列各代数式的展开式:$(1)(a+b)^2$ $(2)(a+b)^3$ $(3)(a+b)^4$ $(4)(a+b)^5$,观察 $(a+b)^n(n=2,3,4,5)$ 的展开式是否有规律?

### 2. 课中检测型作业

课中检测型作业是为了在课中学习过程中及时帮助教师了解教学效果而设计的作业,往往会采用课本上的例题和一些典型问题。作业耗时不可过多,题目要具有较强针对性,能够及时将学生的学习情况反馈给教师,便于教师及时进行课堂调整。

### 3. 课后巩固型作业

课后巩固型作业是针对本节课的知识点和课堂解题方法进行巩固,题目的难度不宜过大,可以和课中例题进行前后联动,适合班级绝大部分同学,通过作业将课堂延伸到课后。

### 4. 课后拓展型作业

课后拓展型作业主要培养学生的能力。拓展型问题的设计要注意学生数学素养的培养,作业要为学优生提供课后继续探究的平台,鼓励学生数学学习的自主性。

### 5. 单元兴趣型作业

单元兴趣型作业可以在一个单元结束后让学生尝试完成,通过不同形式的作业让学生发现数学的趣味性。比如,在"三角"这一单元的学习中设计一个求大山高度的数学建模问题,不仅能够培养学生的"三会"素养,还能让学生感受到生活中处处有数学,拉近学生与数学的距离。

从作业的题型上可分为:①填空题;②解答题;③选择题等。

从作业的形式上可分为：①书面作业；②背诵作业；③调查等。

教师在确定好单元目标和课时目标后，结合不同功能的作业选择合适的作业类型，安排好作业的布局。数学作业的形式主要以书面为主，题目来源常常是引用，当然也有改编和创新。教师一般会从教材、教辅和网络上寻找题目，在茫茫题海中筛选出符合单元目标的作业。一些有经验的教师会结合学生的实际情况将题目进行改编，更精准和个性化。

### 四、综合筛选，形成作业

作业题目选择好以后，教师要对作业进行筛选和编排。从单元整体考量不同课时的作业量及不同难度题目的分布，结合作业时长和每课时的学习目标查看作业的安排是否合理，通过多维度调节形成最终的课时作业和单元作业。由于需要考虑的维度较多，可以采用表6-2-1的方式帮助教师科学编排作业。

表 6-2-1　科学地编排作业

| 题目 | 用时 | 知识点 | 核心素养 | 题目类型 |
| --- | --- | --- | --- | --- |
| 题目 1 | | | | |
| 题目 2 | | | | |
| …… | | | | |

### 五、评价反思，优化作业

作业设计是一个不断改进、动态调整的过程。教师要根据学生的作业使用情况对作业设计进行及时的调整。一要考察作业的有效性。作业能否有效监测学生的学习情况和教师的教学效果，给予教师客观的教学反馈。二是要考察作业的区分度。作业能否区分学生的不同学习水平，不会过难或者过易，能够符合大部分学生的个性化需求。三是要考察作业的评价性。作业是否便于教师或者其他评价人进行评价，并能够通过评价精准发现学生的薄弱点。通过不断检测，不停调节，不断优化，可以让同一份作业流传下去，并且能够适应每一届学生的需求。

## 第三节　"三会"的作业实践

### 案例　第四单元主题：不等式的求解

### 一、单元结构

对不等式的求解设置一个单元结构（见图6-3-1）。

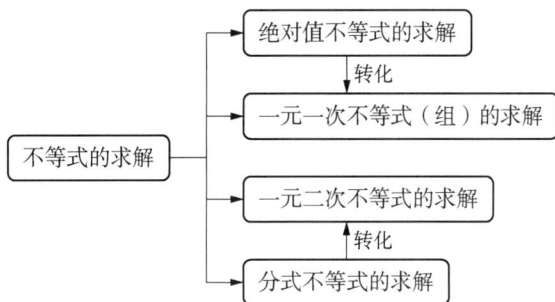

图 6-3-1 不等式的求解

## 二、课标解读

教材直接从不等式性质出发来研究和处理一元二次不等式的解法,遵循从特殊到一般的思想,总结出一般情形下一元二次不等式的求解方法,而非借助一元二次函数的图像来求解,从而切实加强代数教学。

分式不等式的求解,是以一元二次不等式的求解为基础,将其转化为一元二次(或一次)不等式(组)来求解。这体现了不等式性质的运用,突出了不等式等价变形的思想。同时,结合实际情境,抽象出不等式并进行求解的过程,可使学生了解求解不等式以及所得结果的现实意义。

绝对值不等式的求解,首先是利用绝对值的几何意义处理,其次,采用对含绝对值项讨论去除绝对值符号的方法,转化为一元一次(组)来求解,有利于培养分类讨论的数学思想,并为后续的函数、解析几何等内容的学习做好必要的准备。

## 三、素养分析

在一元二次不等式解法形成的过程中,通过从具体到一般的方法,抽象出一元二次不等式的一般解法,培养学生数学抽象的核心素养;

在分式不等式、绝对值不等式解法的形成过程中,通过等价转化的过程,进一步加强对数学逻辑推理能力的培养;

在一元一次不等式、一元二次不等式、分式不等式、绝对值不等式的求解过程中,对学生的数学运算有着充分的高要求,使学生能得到充分锻炼;

总体而言,本单元学习有利于学生数学抽象、逻辑推理、数学运算等数学核心素养的培养。

## 四、重点分析

本单元的重点有三个:

(1)一元二次不等式的解法;

(2)分式不等式的解法;

（3）绝对值不等式的解法。

## 五、学法建议

不等式的求解本质上利用了一种程序化的思想,关键是等价变形,化繁为简、化难为易,直至化为基本的模型进行求解,所以,要特别关注常见的一元二次不等式、分式不等式、绝对值不等式模型。

## 六、作业设计

### （一）主题 1:一元二次不等式

【学习主题】

一元二次不等式的求解(3 课时)(见表 6 - 3 - 1、表 6 - 3 - 2、表 6 - 3 - 3)。

表 6 - 3 - 1　作业目标

| 课时作业目标编码 | 课时作业目标描述 |
|---|---|
| Sx020201 | 会解一元一次、一元二次不等式并用区间表示解集。 |
| Sx020202 | 会求一元二次不等式组并进行应用。 |
| Sx020203 | 会求解含参数的一元二次不等式。 |
| Sx020204 | 能将实际问题转化成数学问题,应用恰当数学模型解决。 |
| Sx020205 | 会利用一元二次不等式的解法处理不等式恒成立问题。 |
| Sx020206 | 对一元二次不等式解法进行综合应用,提升数学思维能力,发展数学核心素养。 |

表 6 - 3 - 2　课时作业目标落实自查表

| 题目编码 | 对应课时作业目标（填相关目标编码） | 题目难度 | | | 预计完成时间单位 | 题目来源 | | |
|---|---|---|---|---|---|---|---|---|
| | | 较低 | 中等 | 较高 | | 选编 | 改编 | 创编 |
| Z1001 | Sx020201 | √ | | | 2 | | √ | |
| Z1002 | Sx020202 | √ | | | 3 | | √ | |
| Z1003 | Sx020201 | √ | | | 2 | | √ | |
| Z1004 | Sx020203 | | √ | | 4 | √ | | |
| Z1005 | Sx020201<br>Sx020203 | | √ | | 4 | √ | | |
| Z1006 | Sx020201 | √ | | | 2 | √ | | |
| Z1007 | Sx020204 | | √ | | 4 | | √ | |
| Z1008 | Sx020201 | √ | | | 6 | | √ | |
| Z1009 | Sx020203 | | √ | | 4 | | √ | |

（续表）

| 题目编码 | 对应课时作业目标（填相关目标编码） | 题目难度 | | | 预计完成时间单位 | 题目来源 | | |
|---|---|---|---|---|---|---|---|---|
| | | 较低 | 中等 | 较高 | | 选编 | 改编 | 创编 |
| Z1010 | Sx020203 | | √ | | 5 | | √ | |
| Z2001 | Sx020205 | | √ | | 4 | | √ | |
| Z2002 | Sx020205 | | √ | | 4 | | √ | |
| Z2003 | Sx020203 | | √ | | 5 | | √ | |
| Z2004 | Sx020204 | | √ | | 5 | | √ | |
| Z2005 | Sx020203<br>Sx020205 | | | √ | 6 | √ | | |
| Z2006 | Sx020204 | | | √ | 6 | √ | | |
| Z2007 | Sx020203<br>Sx020206 | | | √ | 6 | √ | | |
| Z3001 | Sx020206 | | | √ | 10 | √ | | |
| Z3002 | Sx020206 | | | √ | 10 | √ | | |

表6-3-3 作业完成自测表（学生填写）

| 项目 | 顺利完成 | 基本完成 | 未完成 | 未完成的原因 |
|---|---|---|---|---|
| Z1001 | | | | |
| Z1002 | | | | |
| Z1003 | | | | |
| Z1004 | | | | |
| Z1005 | | | | |
| Z1006 | | | | |
| Z1007 | | | | |
| Z1008 | | | | |
| Z1009 | | | | |
| Z1010 | | | | |
| Z2001 | | | | |
| Z2002 | | | | |
| Z2003 | | | | |
| Z2004 | | | | |
| Z2005 | | | | |

（续表）

| 项目 | 顺利完成 | 基本完成 | 未完成 | 未完成的原因 |
|------|---------|---------|--------|-------------|
| Z2006 | | | | |
| Z2007 | | | | |
| Z3001 | | | | |
| Z3002 | | | | |

### 1. 基础型

Z1001. 不等式 $-2x^2-5x+3 \leqslant 0$ 的解集是_____。

Z1002. 不等式组 $\begin{cases} 8x^2-2x-3>0, \\ x^2-9<0 \end{cases}$ 的解集为_____。

Z1003. 若 $x=1$ 是关于 $x$ 的不等式 $x^2+(a+1)x+a<0$ 的解，则实数 $a$ 的取值范围是_____。

Z1004. 若关于 $x$ 的不等式 $x^2+ax+b<0$ 的解集为 $(2,5)$，则关于 $x$ 的不等式 $bx^2+ax+1>0$ 的解集是_____。

Z1005. 已知 $A=\{x \mid x^2-2x-3>0\}$，$B=\{x \mid x^2+ax+b \leqslant 0\}$，若 $A \cup B=\mathbf{R}$，$A \cap B=\{x \mid 3<x \leqslant 4\}$，则 $a=$_____，$b=$_____。

Z1006. "$0<x<2$" 是 "$2x^2-3x+1<0$" 的（　　）。

(A) 充分非必要条件　　　　　　(B) 必要非充分条件

(C) 充要条件　　　　　　　　　(D) 既非充分又非必要条件

Z1007. 某杂志能以每本 1.20 元的价格销售 12 万本，假设定价每降低 0.1 元，销售量就增加 4 万本，要使总销售收入不低于 20 万元，则杂志的价格最低为（　　）。

(A) 0.5 元　　　　　　　　　　(B) 0.8 元

(C) 1 元　　　　　　　　　　　(D) 1.1 元

Z1008. 解下列不等式：

(1) $2x^2<x+3$；

(2) $x^2-2x-1 \leqslant 0$；

(3) $4x-x^2+5<0$。

Z1009. 已知关于 $x$ 的不等式 $ax^2+bx+c<0$ 的解集为 $(-\infty,1) \cup (3,+\infty)$，解关于 $x$ 的不等式：$cx^2+bx+a>0$。

Z1010. 解关于 $x$ 的不等式：$-x^2+2ax+3a^2>0$。

### 2. 应用型

Z2001. 若关于 $x$ 的不等式 $x^2-ax-a>0$ 的解集为 $\mathbf{R}$，则实数 $a$ 的取值范围是_____。

Z2002. 若关于 $x$ 的不等式 $ax^2-3ax+3<0$ 的解集为 $\varnothing$，则实数 $a$ 的取值范围是_____。

Z2003. 已知关于 $x$ 的不等式组 $\begin{cases} (x-2)(x-5) \leqslant 0, \\ x(x-a) \geqslant 0 \end{cases}$ 与不等式 $(x-2)(x-5) \leqslant 0$ 同解,则实数 $a$ 的取值范围是(　　)。

(A) $a > 5$　　　　(B) $a \leqslant 5$　　　　(C) $a < 2$　　　　(D) $a \leqslant 2$

Z2004. 河南是华夏文明的主要发祥地之一,众多的文物古迹和著名的黄河等自然风光构成了河南丰富的旅游资源,在旅游业蓬勃发展的带动下,餐饮、酒店、工艺品等行业持续发展。某连锁酒店共有 500 间客房,若每间客房每天的定价是 200 元,则均可被租出;若每间客房每天的定价在 200 元的基础上提高 $10x$ 元($1 \leqslant x \leqslant 10$, $x \in \mathbf{Z}$),则被租出的客房会减少 $15x$ 套。若要使该连锁酒店每天租出客房的收入超过 106 600 元,则该连锁酒店每间客房每天的定价应为(　　)。

(A) 250 元　　　　(B) 260 元　　　　(C) 270 元　　　　(D) 280 元

Z2005. 已知关于 $x$ 的不等式组 $\begin{cases} ax^2 - x - 2 \leqslant 0, \\ x^2 - x \geqslant a(1-x) \end{cases}$ 的解集为 $\mathbf{R}$,求实数 $a$ 的取值范围。

Z2006. 某商品每件成本 80 元,售价 100 元,每天售出 100 件。若售价降低 $x$ 成(1 成 = 10%),售出商品的数量就增加 $\dfrac{8x}{5}$ 成。若要求该商品一天的营业额至少为 10 260 元,且不能亏本,求 $x$ 的取值范围。

Z2007. 已知集合 $A = \{x \mid x^2 - 3x + 2 \leqslant 0\}$, $B = \{y \mid y^2 - (a+1)y + a \leqslant 0\}$。

(1) 若 $A \subset B$,求实数 $a$ 的取值范围;

(2) 若 $B \subseteq A$,求实数 $a$ 的取值范围;

(3) 是否存在实数 $a$,使得 $A \bigcap B$ 为单元素集合? 若存在,求出 $a$ 的值;若不存在,请说明理由。

### 3. 能力型

Z3001. 已知函数 $f(x) = 2x^2 - ax + a^2 - 4$, $g(x) = x^2 - x + a^2 - \dfrac{31}{4}$,其中 $a \in \mathbf{R}$。

(1) 当 $a = 1$ 时,解不等式:$f(x) > g(x)$;

(2) 若对任意的 $x > 0$,都有 $f(x) > g(x)$ 成立,求实数 $a$ 的取值范围;

(3) 若对任意的 $x_1 \in [0, 1]$,存在 $x_2 \in [0, 1]$,使得不等式 $f(x_1) > g(x_2)$ 成立,求实数 $a$ 的取值范围。

Z3002. 已知函数 $y = (m+1)x^2 - (m-1)x + m - 1$。

(1) 若不等式 $(m+1)x^2 - (m-1)x + m - 1 < 1$ 的解集为 $\mathbf{R}$,求实数 $m$ 的取值范围;

(2) 解关于 $x$ 的不等式:$(m+1)x^2 - 2mx + m - 1 \geqslant 0$;

(3) 若不等式 $(m+1)x^2 - (m-1)x + m - 1 \geqslant 0$ 对一切 $x \in \left\{x \mid -\dfrac{1}{2} \leqslant x \leqslant \dfrac{1}{2}\right\}$ 恒成立,求实数 $m$ 的取值范围。

### 4. 拓展性:一元高次不等式

**1) 探究活动**

活动1:解不等式:$(x-3)(x-1)>0$。

| 零点分段 | $x<1$ | $1<x<3$ | $x>3$ |
|---|---|---|---|
| $y=(x-3)(x-1)$ | $y>0$ | $y<0$ | $y>0$ |

数轴呈现

活动2:解不等式:$(x-3)(x-2)(x-1)>0$。

| 零点分段 | $x<1$ | $1<x<2$ | $2<x<3$ | $x>3$ |
|---|---|---|---|---|
| $y=(x-3)(x-2)(x-1)$ | | | | |

数轴呈现

活动3:解不等式:$(x-3)(x-2)(x-1)(x+1)>0$。

| 零点分段 | $x<-1$ | $-1<x<1$ | $1<x<2$ | $2<x<3$ | $x>3$ |
|---|---|---|---|---|---|
| $y=(x-3)(x-2)(x-1)(x+1)$ | | | | | |

数轴呈现

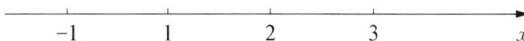

归纳小结:

通过活动1、2、3,你能归结出一元高次不等式的解法吗?并请尝试直接解不等式:

$$(x-3)(x-2)(x-1)(x+1)(x+2)(x+4)>0。$$

**2) 巩固应用**

请尝试求解以下不等式:

(1) $(x-2)(x+4)(x-3)\leqslant0$;

(2) $\dfrac{x^2-x-2}{x^2+3x}\geqslant0$;

(3) $(x-1)^2(x^2-x-2)>0$;

(4) $x^2(x-3)(x+1)(x+2)\geqslant0$。

**3) 归纳提升**

对于一元高次不等式的解法,可尝试使用数轴标根法解决。

若 $a_1 < a_2 < a_3 < \cdots < a_n$，则不等式$(x-a_1)(x-a_2)\cdot\cdots\cdot(x-a_n) > 0$，或$(x-a_1)(x-a_2)\cdot\cdots\cdot(x-a_n) < 0$的解法如图6-3-2(即"数轴标根法")：

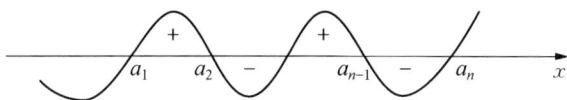

图6-3-2　数轴标根法

（用于解高次不等式的"数轴标根法"从最右边"＋"开始）

### （二）主题2：分式不等式的求解

【学习主题】

分式不等式的解法（1课时）（见表6-3-4、表6-3-5、表6-3-6）。

表6-3-4　作业目标

| 课时作业目标编码 | 课时作业目标描述 |
| --- | --- |
| Sx020301 | 会将分式不等式等价转化成整式不等式并进行求解。 |
| Sx020302 | 会求含参数的分式不等式。 |
| Sx020303 | 能解决分式不等式的恒成立问题。 |
| Sx020304 | 能将实际问题转化成数学问题，应用适当数学模型求解。 |
| Sx020305 | 对分式不等式进行综合应用，提升数学思维能力，发展数学核心素养。 |

表6-3-5　课时作业目标落实自查表

| 题目编码 | 对应课时作业目标（填相关目标编码） | 题目难度 | | | 预计完成时间单位 | 题目来源 | | |
| --- | --- | --- | --- | --- | --- | --- | --- | --- |
| | | 较低 | 中等 | 较高 | | 选编 | 改编 | 创编 |
| Z1001 | Sx020301 | √ | | | 2 | | √ | |
| Z1002 | Sx020301 | √ | | | 2 | | √ | |
| Z1003 | Sx020301 | √ | | | 2 | | √ | |
| Z1004 | Sx020302 | | √ | | 3 | √ | | |
| Z1005 | Sx020304 | | √ | | 5 | √ | | |
| Z1006 | Sx020301 | √ | | | 2 | √ | | |
| Z1007 | Sx020302 | | √ | | 4 | | √ | |
| Z1008 | Sx020301 | | √ | | 5 | | √ | |
| Z1009 | Sx020303 | | √ | | 4 | | √ | |
| Z2001 | Sx020302 | | √ | | 5 | | √ | |
| Z2002 | Sx020302 | | √ | | 5 | | √ | |

（续表）

| 题目编码 | 对应课时作业目标（填相关目标编码） | 题目难度 | | | 预计完成时间单位 | 题目来源 | | |
|---|---|---|---|---|---|---|---|---|
| | | 较低 | 中等 | 较高 | | 选编 | 改编 | 创编 |
| Z2003 | Sx020304 | | | √ | 5 | √ | | |
| Z3001 | Sx020305 | | | √ | 8 | √ | | |
| Z3002 | Sx020305 | | √ | | 10 | √ | | |

表 6－3－6　作业完成自测表（学生填写）

| 项目 | 顺利完成 | 基本完成 | 未完成 | 未完成的原因 |
|---|---|---|---|---|
| Z1001 | | | | |
| Z1002 | | | | |
| Z1003 | | | | |
| Z1004 | | | | |
| Z1005 | | | | |
| Z1006 | | | | |
| Z1007 | | | | |
| Z1008 | | | | |
| Z1009 | | | | |
| Z2001 | | | | |
| Z2002 | | | | |
| Z2003 | | | | |
| Z3001 | | | | |
| Z3002 | | | | |

## 1. 基础型

Z1001. 不等式 $\dfrac{1}{x-2} > 1$ 的解集是_____。

Z1002. 不等式 $\dfrac{x+1}{x-1} \geqslant 0$ 的解集是_____。

Z1003. 在平面直角坐标系内，若点 $\left(2a-1, \dfrac{3a+1}{a-1}\right)$ 在第二象限内，则 $a$ 的取值范围是_____。

Z1004. 已知集合 $A = \left\{x \mid \dfrac{2}{x} \geqslant 1\right\}$，$B = \{x \mid x-a > 1\}$，若 $A \cap B \neq \varnothing$，则实数 $a$ 的取值范围是_____。

Z1005. 某药品可用于治疗某种疾病,经检测知每注射 $t$ mL 药品,从注射时间起血药浓度 $y$(ug/mL)与药品在体内时间 $x$(h)的关系为:$y = \begin{cases} \left(\dfrac{16}{8-x} - 2\right)t, & 0 \leqslant x \leqslant 6, \\ \left(9 - \dfrac{x}{2}\right)t, & 6 < x \leqslant 18 \, . \end{cases}$ 当血药浓度不低于 2 ug/mL 时才能起到有效治疗的作用,且每次注射药品不超过 2 mL。若注射 1 mL 该药品,则有效治疗时间为_____。

Z1006. 不等式 $x + 1 + \dfrac{1}{3x+1} \geqslant 3x + 1 + \dfrac{1}{3x+1}$ 的解是(　　)。

(A) $x \geqslant 0$          (B) $x \leqslant 0$

(C) $x \leqslant 0$ 且 $x \neq -\dfrac{1}{3}$      (D) $-\dfrac{1}{2} < x \leqslant 0$

Z1007. 设 $a > 0, b > 0$,则关于 $x$ 的不等式 $-b < \dfrac{1}{x} < a$ 的解集是(　　)。

(A) $-\dfrac{1}{b} < x < \dfrac{1}{a}(x \neq 0)$     (B) $-\dfrac{1}{a} < x < \dfrac{1}{b}(x \neq 0)$

(C) $x < -\dfrac{1}{b}$ 或 $x > \dfrac{1}{a}$      (D) $-\dfrac{1}{a} < x < \dfrac{1}{b}$

Z1008. 当 $m$ 为何值时,关于 $x$ 的方程 $m(x-1) = 3(x+2)$ 的解是:

(1) 零?    (2) 正数?    (3) 负数?

Z1009. 若关于 $x$ 的不等式 $\dfrac{kx^2 - x + k}{x^2 - x + 1} < 0$ 对任意实数 $x$ 都成立,求实数 $k$ 的取值范围。

**2. 应用型**

Z2001. 已知集合 $A = \left\{ x \mid \dfrac{2x-1}{x+1} > 0 \right\}$,$B = \{ x \mid x^2 + ax + b \leqslant 0 \}$,且 $A \cap B = \left(\dfrac{1}{2}, 3\right]$,分别求实数 $a$、$b$ 的取值范围。

Z2002. 已知函数 $f(x) = \dfrac{ax-3}{x+1}$,其中 $a \in \mathbf{R}$。

(1) 若不等式 $f(x) < 1$ 的解集为 $(-1, 4)$,求 $a$ 的值;
(2) 解关于 $x$ 的不等式 $f(x) > 0$。

Z2003. 某服装公司生产的衬衫,每件定价 80 元,在某城市年销售 8 万件。现该公司在该市设立代理商来销售衬衫,代理商要收取代理费,代理费为销售金额的 $r\%$(即每销售 100 元收取 $r$ 元)。为此,该衬衫每件价格要提高到 $\dfrac{80}{1 - r\%}$ 元才能保证公司盈利,而由于提价每年将减少销售 $0.62r$ 万件。如果代理商每年收取的代理费不小于 16 万元,求 $r$ 的取值范围。

**3. 能力型**

Z3001. 已知实数 $c, d \in \mathbf{R}$ 且 $c < d$。定义区间 $(c, d)$、$(c, d]$、$[c, d)$、$[c, d]$ 的长度

均为 $d-c$。若实数 $m$，$n\in\mathbf{R}$ 且 $m<n$，求满足不等式 $\dfrac{1}{x-m}+\dfrac{1}{x-n}\geqslant 1$ 的 $x$ 构成的区间的长度之和。

Z3002. 设实数 $a$，$b$，$m\in\mathbf{R}$，若满足 $(a-m)^2<(b-m)^2$，则称 $a$ 比 $b$ 更接近 $m$。

（1）设 $2x$ 比 $x+1$ 更接近 $0$，求实数 $x$ 的取值范围；

（2）判断 "$\dfrac{x+y-2m}{x-y}<-1$" 是 "$x$ 比 $y$ 更接近 $m$" 的什么条件？并说明理由；

（3）设 $x>0$ 且 $x\neq\sqrt{2}$，$y=\dfrac{x+2}{x+1}$，试判断 $x$ 与 $y$ 哪一个更接近 $\sqrt{2}$。

### （三）主题3:含绝对值不等式的求解

【学习主题】

含绝对值不等式的解法（1课时）（见表 6-3-7、表 6-3-8、表 6-3-9）。

表 6-3-7　作业目标

| 课时作业目标编码 | 课时作业目标描述 |
| --- | --- |
| Sx020401 | 会将含绝对值不等式等价转化成整式不等式并进行求解。 |
| Sx020402 | 会求含参数的绝对值不等式。 |
| Sx020403 | 能解决绝对值不等式的恒成立问题。 |
| Sx020404 | 对分式不等式进行综合应用,提升数学思维能力,发展数学核心素养。 |

表 6-3-8　课时作业目标落实自查表

| 题目编码 | 对应课时作业目标（填相关目标编码） | 题目难度 | | | 预计完成时间单位 | 题目来源 | | |
| --- | --- | --- | --- | --- | --- | --- | --- | --- |
| | | 较低 | 中等 | 较高 | | 选编 | 改编 | 创编 |
| Z1001 | Sx020401 | √ | | | 4 | | √ | |
| Z1002 | Sx020401 | √ | | | 2 | | √ | |
| Z1003 | Sx020401 | √ | | | 2 | | √ | |
| Z1004 | Sx020402 | | √ | | 3 | √ | | |
| Z1005 | Sx020402 | √ | | | 4 | √ | | |
| Z1006 | Sx020403 | | √ | | 4 | √ | | |
| Z1007 | Sx020403 | | √ | | 4 | | √ | |
| Z1008 | Sx020403 | | √ | | 5 | | √ | |
| Z2001 | Sx020403 | | √ | | 5 | | √ | |
| Z2002 | Sx020402 | | | √ | 8 | √ | | |
| Z3001 | Sx020404 | | | √ | 10 | √ | | |

表 6-3-9 作业完成自测表(学生填写)

| 项目 | 顺利完成 | 基本完成 | 未完成 | 未完成的原因 |
|---|---|---|---|---|
| Z1001 | | | | |
| Z1002 | | | | |
| Z1003 | | | | |
| Z1004 | | | | |
| Z1005 | | | | |
| Z1006 | | | | |
| Z1007 | | | | |
| Z1008 | | | | |
| Z2001 | | | | |
| Z2002 | | | | |
| Z3001 | | | | |

## 1. 基础型

Z1001. (1) 不等式 $|3x-2|<4$ 的解集是_____;

(2) 不等式 $|2x-1|\geqslant|x+1|$ 的解集是_____。

Z1002. 不等式 $\dfrac{1}{|2x-3|}<2$ 的解集是_____。

Z1003. 不等式 $\left|\dfrac{2x}{1-x}\right|>\dfrac{2x}{1-x}$ 的解集是_____。

Z1004. 若集合 $A=\{x\,|\,|x|\leqslant1\}$,$B=\{x\,|\,x\geqslant a\}$,且 $A\cup B=B$,则实数 $a$ 的取值范围是_____。

Z1005. 若 $x=1$ 是关于 $x$ 的不等式 $|x-a|\leqslant1$ 的解的最大值,则实数 $a$ 的值为_____。

Z1006. 若不等式 $|x-4|-|x-3|\leqslant a$ 对一切 $x\in\mathbf{R}$ 恒成立,则实数 $a$ 的取值范围是(　　)。

(A) $a>1$ 　　(B) $a<1$ 　　(C) $a\leqslant1$ 　　(D) $a\geqslant1$

Z1007. 若关于 $x$ 的不等式 $|x-4|-|x-3|>a$ 有解,求实数 $a$ 的取值范围。

Z1008. 已知关于 $x$ 的绝对值不等式:$|x+1|+|x-1|>\dfrac{a-4}{a-1}$。

(1) 当 $a=0$ 时,求该不等式的解集;

(2) 若对任意的实数 $x$,该不等式恒成立,求实数 $a$ 的取值范围。

## 2. 应用型

Z2001. 已知函数 $f(x)=|x+2|+|x-2|$。

(1) 求不等式 $f(x)\leqslant6$ 的解集;

(2) 若不等式 $f(x) \leqslant a^2 - 2a + 1$ 有解，求实数 $a$ 的取值范围。

**Z2002.** 关于 $x$ 的不等式 $\left| x - \dfrac{(a+1)^2}{2} \right| \leqslant \dfrac{(a-1)^2}{2}$ 与 $x^2 - 3(a+1)x + 2(3a+1) \leqslant 0(a \in \mathbf{R})$ 的解集依次记为 $A$ 和 $B$，求使 $A \subseteq B$ 的实数 $a$ 的取值范围。

### 3. 能力型

**Z3001.** 对于两个实数 $a$、$b$，规定 $a * b = |a - b|$。

(1) 证明：关于 $x$ 的不等式 $x * 2 + x * 3 \geqslant 1$ 的解集为 $\mathbf{R}$；

(2) 若关于 $x$ 的不等式 $x * 1 - x * (2a) > 1$ 的解集非空，求实数 $a$ 的取值范围；

(3) 设关于 $x$ 的不等式 $x * a < \dfrac{-ax^2 + 20}{2}$ 的解集为 $A$，试探究是否存在自然数 $a$，使得不等式 $x^2 + x - 2 < 0$ 与 $x * \dfrac{1}{2} < \dfrac{x+2}{2}$ 的解集都包含于 $A$？若不存在，请说明理由；若存在，请求出满足条件的 $a$ 的所有值。

# 第七章　心之所向　精彩绽放

## ——小荷才露尖尖角

教育之道,贵在传承与创新。

前几章,笔者详细阐述了"三会"素养在高中数学教学中的实践与成果。如今,笔者怀揣着这些与大家分享的经验,将其化作星星之火,在浦东新区这片教育沃土上,不断推广应用,迭代提升。

### 第一节　区级教师培训课程——播撒智慧的种子

现将"三会"素养融入课程设计,以新教材为载体,引导教师深入理解其精髓,掌握创造性教学策略,并应用于课堂教学实践。通过案例分享、互动研讨等方式,帮助教师提升专业素养,为浦东新区高中数学教育注入新的活力。

2022 年 12 月上海市浦东新区教育发展研究院,征集区级教师培训课程,笔者作为领衔人带领团队将实践成果转化成教师培训课程《"三会"素养下高中数学新教材创造性教学实践》,受到有关专家的认可,并入选浦东新区"十四五"教师培训课程库。现将本课程介绍如下:

### 一、课程简介

#### (一)课程实施的意义

该课程针对高中数学"双新"改革背景下,教师对新教材、新课标理解不足、教学实践困惑等问题,旨在提升教师对新教材的理解和运用能力,培养学生在"三会"核心素养导向下的数学能力。

课程具有重要的现实意义和长远价值:

(1)解决教学实践问题。帮助教师解决新教材教学中的困惑,掌握核心素养培养的教学策略,提高教学效果。

(2)提升教师专业素养。从"三会"角度理解数学核心素养,深化教师对核心素养内涵的理解,促进教师专业发展,打造高素质教师队伍。

(3)促进学生全面发展。培养学生"三会"核心素养,提升学生的数学思维能力、问题解决能力和创新能力,促进学生全面发展。

（4）推动教学方式变革。引导教师从传统的知识灌输转向核心素养导向的教学，促进教学方式的变革，提高课堂教学效率。

（5）促进教育公平。通过提升教师的专业素养和教学能力，缩小区域之间的教育差距，促进教育公平。

**（二）课程目标**

（1）知道在核心素养要求下新教材推进的教学实践中出现的问题和困惑。

（2）理解"三会"指引下高中数学核心素养的内涵、本质和逻辑关系。

（3）掌握"三会"指引下数学核心素养培养的创造性教学策略和评价标准，结合实践案例，提升对新教材教学内容、拓展材料等进行创造性整合和开发的能力。

**（三）课程教学对象：面向初高中数学教师**

**（四）课程内容**

课程内容丰富，涵盖了核心素养的理论基础、教学策略、实践案例等方面，体现了理论与实践相结合的原则。

**1. 模块一：理论综述（5课时）**

**1）目标**

（1）了解新教材实施中的困惑和问题，并进行理论分析。

（2）明确高中数学核心素养内涵、价值，理解"三会"引领下数学核心素养的逻辑关系。

**2）实施过程**

（1）教师提出双新实施的背景、现状。

（2）分组讨论，大组交流，教师提炼新教材实施过程中的困惑和问题。

（3）结合资料，学员自学高中数学核心素养的内涵和价值。

（4）依据课程标准，教师解读"三会"数学终极培养目标。

（5）师生互动，交流对数学核心素养及其逻辑关系的理解。

（6）教师对"三会"指引下高中数学核心素养逻辑关系进行分析。

第一章　新教材教学实践中的困惑和问题研究（课程实施背景）

1.1　新课标、新教材实施的背景和现状分析

1.2　研究新教材实施中的困惑和问题

1.2.1　教材内容

1.2.2　教学方法

1.2.3　评价机制

1.2.4　教师培训

第二章　基于课程标准的高中数学核心素养内涵研究

2.1　高中数学核心素养概念剖析

2.2　高中数学核心素养培养价值

2.2.1　数学学科价值

2.2.2　育人价值

2.3　数学终极培养目标"三会"解读

2.3.1　数学核心素养研究的方向

2.3.2　数学核心素养研究的展望

2.3.3　数学终极培养目标"三会"解读

2.4　"三会"指引下高中数学核心素养逻辑关系分析

2.4.1　数学眼光:数学抽象、直观想象

2.4.2　数学思维:逻辑推理、数学运算

2.4.3　数学语言:数学建模、数据分析

**2. 模块二:高中数学核心素养在新教材实践中创造性实施策略和评价标准(15课时)**

1) 目标

(1) 明确新教材在"三会"素养导向下的表现、水平。

(2) 经历创造性实践案例分析,掌握"三会"指引下数学核心素养推进的原则、创造性教学策略和评价标准。

2) 实施过程

(1) 结合资料,教师讲解新教材中"三会"素养导向下的表现、水平、原则。

(2) 结合案例,教师讲解分析"三会"素养培养创造性的教学策略。

(3) 小组讨论,选择一个教学片段撰写案例。

(4) 案例分享,交流心得体会。

(5) 结合案例,教师讲解分析"三会"评价的标准并确定评价量表。

(6) 小组讨论,完善案例并结合评价标准进行自评。

(7) 提交案例。

第三章　会用数学眼光观察世界(数学抽象、直观想象)(5课时)

3.1　数学眼光的主要表现

3.2　数学眼光下素养划分的三个水平

3.3　数学眼光培养的原则

3.3.1　具体化原则

3.3.2　渗透性原则

3.3.3　发展性原则

3.4　数学眼光培养的创造性教学策略

3.4.1　生态情境创设,启迪思维发展

3.4.2　问题渐近突破,注重自主构建

3.4.3　项目学习设计,促进素养达成

3.5　结合新教材教学实践案例分析数学眼光评价的标准

3.5.1　过程性评价

3.5.2　多元化评价

第四章　会用数学思维思考世界(逻辑推理、数学运算)(5课时)

4.1　数学思维的主要表现

4.2　数学思维下素养划分的三个水平

4.3　数学思维培养的原则

4.3.1　小步子原则

4.3.2　反复性原则

4.3.3　系统性原则

4.4　数学思维培养的创造性教学策略

4.4.1　活化生活实例,唤醒元认知思维

4.4.2　动手操作实践,激活无意识思维

4.4.3　多层递进演绎,提升真逻辑思维

4.5　结合新教材教学实践案例分析数学思维评价的标准

4.5.1　过程性评价

4.5.2　多元化评价

第五章　会用数学的语言表达世界(数学建模、数据分析)(5课时)

5.1　数学语言的主要表现

5.2　数学语言下素养划分的三个水平

5.3　数学语言培养的原则

5.3.1　整体建构原则

5.3.2　问题导向原则

5.3.3　以学生为主体原则

5.4　数学语言培养的创造性教学策略

5.4.1　时空情境创设,激发探究兴趣

5.4.2　问题串联导学,促进深度思考

5.4.3　自主组队合作,凸显学生地位

5.5　结合新教材教学实践案例分析数学语言评价的标准

5.5.1　过程性评价

5.5.2　多元化评价

**3. 模块三:"三会"核心素养导向下新教材创造性实践(10课时)**

1) 目标

(1)经历立足于"三会"素养导向下教学实践和教材拓展材料实践案例研究,掌握并灵活应用数学核心素养培养的创造性教学策略。

(2)借助于教学实践材料的分享,深入理解新课标、新教材的素养培养要求,提升理论联系实际的能力。

2) 实施过程

(1)交流互动,"三会"素养及其之间关系。

(2)提问互动,学习内容分析。

(3)学生认知分析。

(4)目标设计,提问交流。

(5)过程设计,互动讨论。

（6）学员分享教学设计成果和收获。

第六章 "三会"素养导向下实践案例研究（培训导师展示）

6.1 教学实践案例

6.1.1 教学分析（内容、素养）

① 学习内容分析（背景、方法、思想、结构、素养）

② 学生认知分析（认知起点、认知障碍、认知差异）

6.1.2 教学设计（方法、路径）

① 目标设计（基础知识、基本技能、基本思想、基本活动经验）

② 教学过程设计（路径、情景、问题、活动）

6.1.3 评价设计（过程、结果）

6.2 拓展探究材料开发案例

6.2.1 教学分析（内容、素养）

① 学习内容分析（背景、方法、思想、结构、素养）

② 学生认知分析（认知起点、认知障碍、认知差异）

6.2.2 教学设计（方法、路径）

① 目标设计（基础知识、基本技能、基本思想、基本活动经验）

② 教学过程设计（路径、情景、问题、活动）

6.2.3 评价设计（过程、结果）

## 二、培训课程案例分享

### 1. 课程创新性教学实践案例

## 挖掘背景传播数学文化 探究教学提升核心素养
### ——以一堂"蒙日圆"探究课教学为例

### 一、引言

《高中新课标》明确提出高中数学课程要注重数学文化的渗透，指出：数学承载着思想和文化，是人类文明的重要组成部分，要不断引导学生感悟数学的科学价值、应用价值、文化价值和审美价值。同时，也对数学文化进行了说明："数学文化是指数学的思想、精神、语言、方法、观点，以及它们的形成和发展；还包括数学在人类生活、科学技术、社会发展中的贡献和意义，以及与数学相关的人文活动。"

张奠宙教授曾指出，"数学文化不是处在课堂之外，其必须要进入课堂之中。"数学文化具有比数学知识体系更为丰富的内涵，是对数学知识、能力和数学素养的高度概括。作为一线教师，我们要在课堂教学活动中，合理设计教学活动，渗透数学文化，帮助学生在学习数学知识的过程中形成一种数学文化意识，实现教学内容与数学文化之间的有效结合。笔者认为，即使在习题教学中，如果能挖掘数学文化背景并以此展开探究学习，那么对于发挥教书育人功能、落实立德树人任务、传播数学文化、提升数学核心素养都有极大的帮助。下面笔者以一道以"蒙日圆"为文化背景的复习题为例，谈一下如何在课堂上传播数学文化以及在教学中如何提升核心素养。

## 二、教学片段

### 1. 课前思考

**问题**　已知椭圆 $C$ 方程为 $\dfrac{x^2}{2}+y^2=1$，动点 $P(x_0,y_0)$ 为椭圆外一点，且过点 $P$ 的椭圆 $C$ 的两条切线互相垂直，求点 $P$ 的轨迹方程。

**设计意图**　美国教育家波利亚说："一个专心的认真备课的教师能够拿出一个有意义的但又不太复杂的题目，去帮助学生挖掘问题的各个方面，使得通过这道题，就好像通过一道门户，把学生引入一个完整的理论领域。"借助此题，引入课题。由于解析几何问题过程烦琐，思维量大，花费的时间较多，置于课前，便于同学们有充足的时间去思考。同时，借助此具体问题，促使学生掌握数学知识与方法、理解数学本质、感悟数学思想，为进一步推广和探究打下基础。同时，可以培养学生的数学抽象、逻辑推理、直观想象、数学运算、数据分析等数学核心素养。

### 2. 问题解决

生1：当过点 $P$ 的椭圆 $C$ 的一条切线的斜率存在且不为零时，设其方程为 $y-y_0=k(x-x_0)$，则另一条切线的方程为 $y-y_0=-\dfrac{1}{k}(x-x_0)$。由 $\begin{cases} y-y_0=k(x-x_0), \\ \dfrac{x^2}{2}+y^2=1, \end{cases}$ 得 $(2k^2+1)x^2-4k(kx_0-y_0)x+2(kx_0-y_0)^2-2=0$，其中 $\Delta=16k^2(kx_0-y_0)^2-4(2k^2+1)[2(kx_0-y_0)^2-2]=0$，化简得 $2k^2+1=(kx_0-y_0)^2$。用 $-\dfrac{1}{k}$ 代替 $k$，得 $k^2+2=(x_0+ky_0)^2$，两式相加得 $3(k^2+1)=(k^2+1)(x_0^2+y_0^2)$，从而 $x_0^2+y_0^2=3$。当其中一条切线的斜率不存在时，另一条切线的斜率为零，此时点 $P$ 的坐标为 $P(\sqrt{2},1)$ 或 $P(\sqrt{2},-1)$ 或 $P(-\sqrt{2},1)$ 或 $P(-\sqrt{2},-1)$，也符合 $x_0^2+y_0^2=3$。所以，点 $P$ 的轨迹方程是 $x^2+y^2=3$。

生2：当过点 $P$ 的椭圆 $C$ 的一条切线的斜率存在且不为零时，设其方程为 $y-y_0=k(x-x_0)$，由 $\begin{cases} y-y_0=k(x-x_0), \\ \dfrac{x^2}{2}+y^2=1, \end{cases}$ 得 $(2k^2+1)x^2-4k(kx_0-y_0)x+2(kx_0-y_0)^2-2=0$，其中 $\Delta=16k^2(kx_0-y_0)^2-4(2k^2+1)[2(kx_0-y_0)^2-2]=0$，化简得 $2k^2+1=(kx_0-y_0)^2$，即 $(x_0^2-2)k^2-2x_0y_0k+y_0^2-1=0$。因为过点 $P$ 的椭圆 $C$ 的切线斜率存在且不为零，所以 $x_0\neq\pm\sqrt{2}$。

关于 $k$ 的方程 $(x_0^2-2)k^2-2x_0y_0k+y_0^2-1=0$ 的两个根 $k_1$、$k_2$ 为两条切线的斜率,所以 $k_1 \cdot k_2 = \dfrac{y_0^2-1}{x_0^2-2} = -1$,即 $x_0^2+y_0^2=3$。当其中一条切线的斜率不存在时,另一条切线的斜率为零,此时点 $P$ 的坐标为 $P(\sqrt{2},1)$ 或 $P(\sqrt{2},-1)$ 或 $P(-\sqrt{2},1)$ 或 $P(-\sqrt{2},-1)$,也符合 $x_0^2+y_0^2=3$。所以,点 $P$ 的轨迹方程是 $x^2+y^2=3$。

师:非常好!这是两种相对比较常规的解法,可能同学还有其他的解法,我们在课堂上不再赘述,大家可以在课下互相讨论交流。

**问题 1** 能否将问题进行推广,得到一般性的结论?如何证明?

设计意图 培养学生从特殊到一般的数学思维,为下面的探究埋下伏笔。同时,笔者使用了几何画板对所求答案进行直观印证,让抽象的数学变得直观,使学生自主生发强烈的学习欲望和浓厚的学习兴趣。

生 3:对于椭圆 $\dfrac{x^2}{a^2}+\dfrac{y^2}{b^2}=1(a>b>0)$,任意两条互相垂直的切线的交点轨迹是圆 $x^2+y^2=a^2+b^2$(见图 7-1-1)。

生 4:证明过程可采用生 2 的方法。设点 $P(x_0,y_0)$,当过点 $P$ 的椭圆 $C$ 的一条切线的斜率存在且不为零时,设其方程为 $y-y_0=k(x-x_0)$,由 $\begin{cases} y-y_0=k(x-x_0), \\ \dfrac{x^2}{a^2}+\dfrac{y^2}{b^2}=1, \end{cases}$ 得

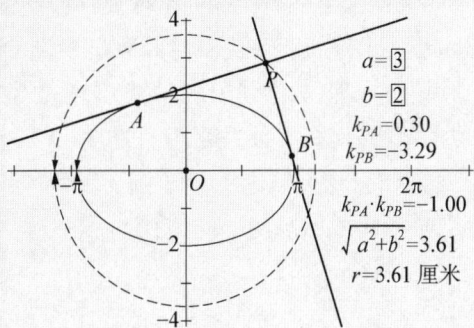

图 7-1-1

$a=\boxed{3}$
$b=\boxed{2}$
$k_{PA}=0.30$
$k_{PB}=-3.29$
$k_{PA} \cdot k_{PB}=-1.00$
$\sqrt{a^2+b^2}=3.61$
$r=3.61$ 厘米

$(b^2+a^2k^2)x^2-2a^2k(kx_0-y_0)x+a^2(kx_0-y_0)^2-a^2b^2=0$,其中 $\Delta=[2a^2k(kx_0-y_0)]^2-4 \cdot (b^2+a^2k^2)[a^2(kx_0-y_0)^2-a^2b^2]=0$,化简得 $(a^2-x_0^2)k^2+2x_0y_0k+b^2-y_0^2=0$,该方程的两个根即两条切线的斜率 $k_1$ 与 $k_2$,故 $k_1k_2=\dfrac{b^2-y_0^2}{a^2-x_0^2}=-1$,所以 $x_0^2+y_0^2=a^2+b^2$,容易验证当过点 $P$ 的椭圆 $C$ 的切线有一条斜率不存在时也符合,所以点 $P$ 轨迹是圆 $x^2+y^2=a^2+b^2$。

**3. 呈现史料**

此题的背景是"蒙日圆"。在椭圆中,任意两条互相垂直的切线的交点都在同一个圆上,它的圆心是椭圆中心,半径等于长半轴长与短半轴长的平方和的算术平方根,这个圆叫做蒙日圆。蒙日圆的发现人是法国著名的数学家、教育家、几何学家蒙日(G. Monge,1746～1818),他是画法几何的主要奠基人,也被认为是微分几何之父。他创立了画法几何学,推动了空间解析几何学的独立发展,奠定了空间微分几何学的宽厚基础,创立了偏微分方程的特征理论,引导了纯粹几何学在 19 世纪的复兴。此外,他在物理学、化学、冶金学、机械学方面也取得了卓越的成就。他的《大炮制造工艺》在机械制造界影响颇大。

主要著作有:《曲面的解析式》(1755)、《静力学引论》(1788)、《画法几何学》(1798)、《代数在几何学中的应用》(1802)、《分析在几何学中的应用》(1805)等。(人物生平介绍由课件播放,限于篇幅,本文不再赘述。)

**设计意图**　增添数学史料,渲染数学文化修养,旨在让数学文化走进课堂,走进学生心中,使学生感受数学文化的魅力。通过进行数学史、数学文化的渗透,走进先哲,感受将数学的过去融化在现在与未来之中,让学生了解数学的发展,学习先辈坚韧不拔的意志力、克服困难的勇气和决心,激发学生的学习兴趣,提升学生的整体数学素质,加强数学的教育功能。

### 4. 类比探究

将班级分成 8 个小组,通过小组讨论、合作交流的方式对下面问题展开探究。

**问题 2**　能否将蒙日圆问题类比到其他圆锥曲线?

**设计意图**　类比探究是探究性教学的常用方法。在类比探究的过程中,鼓励大胆猜想,小心求证,逐步推广,培养数学严谨的思维习惯和科学态度。同时,继续渗透数学抽象、逻辑推理、数学建模、直观想象等数学核心素养。通过几何画板的直观印证,增强学习的信心,提高学习兴趣。

生 5:(探究结论 1)对于圆 $x^2 + y^2 = a^2$,任意两条互相垂直的切线的交点轨迹是圆 $x^2 + y^2 = 2a^2$(见图 7 - 1 - 2)。

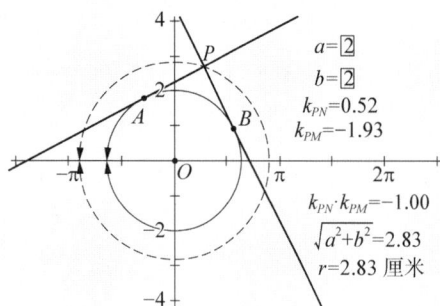

图 7 - 1 - 2

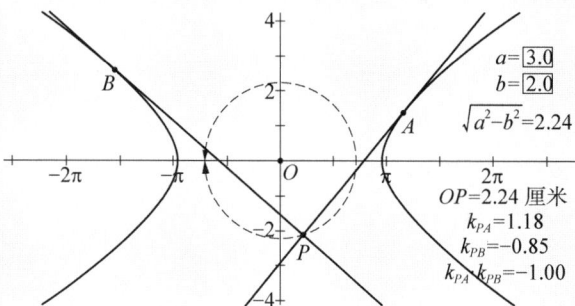

图 7 - 1 - 3

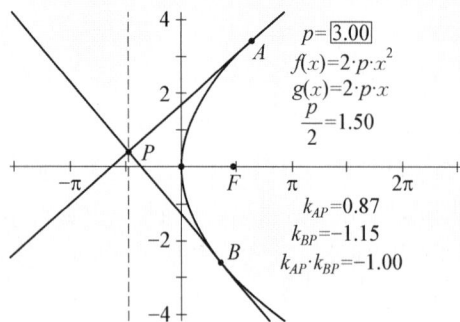

图 7 - 1 - 4

生 6:(探究结论 2)对于双曲线 $\dfrac{x^2}{a^2} - \dfrac{y^2}{b^2} = 1(a > b > 0)$,任意两条互相垂直的切线的交点轨迹是圆 $x^2 + y^2 = a^2 - b^2$,如果 $b \geqslant a > 0$,则轨迹不存在(见图 7 - 1 - 3)。

生 7:(探究结论 3)对于抛物线 $y^2 = 2px(p > 0)$,任意两条互相垂直的切线的交点轨迹是直线(准线) $x = -\dfrac{p}{2}$(见图 7 - 1 - 4)。

师:非常好!探究结论 1、2 的证明可以课下完成,探究结论 3 如何证明?

生 8:设动点 $P(x_0, y_0)$,切点 $A(x_1, y_1)$,$B(x_2, y_2)$,则切线 $PA$ 的方程为 $y_1 y = p(x_1 + x)$,切线 $PB$ 的方程为 $y_2 y = p(x_2 + x)$。由点 $P$ 在直线 $PA$、$PB$ 上,所以 $y_0 y_1 = p(x_0 + x_1)$,$y_0 y_2 = p(x_0 + x_2)$,由此得直线 $AB$ 的方程是 $y_0 y = p(x + x_0)$。

由 $\begin{cases} y^2 = 2px, \\ y_0 y = p(x + x_0), \end{cases}$ 得 $y^2 - 2y_0 y + 2px_0 = 0$,由韦达定理得 $y_1 + y_2 = 2y_0$,$y_1 y_2 = 2px_0$。根据题意 $k_{PA} \cdot k_{PB} = -1$,即 $\dfrac{y_1 - y_0}{x_1 - x_0} \cdot \dfrac{y_2 - y_0}{x_2 - x_0} = \dfrac{y_1 y_2 - y_0(y_1 + y_2) + y_0^2}{x_1 x_2 - x_0(x_1 + x_2) + x_0^2} =$

$\dfrac{y_1 y_2 - y_0(y_1 + y_2) + y_0^2}{\dfrac{y_1^2 y_2^2}{4p^2} - x_0\left(\dfrac{y_1^2 + y_2^2}{2p}\right) + x_0^2} = -1$,化简整理得 $(y_0^2 - 2px_0)(2x_0 + p) = 0$,所以 $x_0 =$

$-\dfrac{p}{2}$,即两条互相垂直的切线的交点轨迹是直线(准线)$x = -\dfrac{p}{2}$。

**问题 3**　探究的结论是否具有完备性?

设计意图　逆向探究,培养逆向思维。在探究过程中进一步渗透数学抽象、逻辑推理、直观想象、数学运算等核心素养。

生 9:(探究结论 4)过圆 $x^2 + y^2 = a^2 + b^2$ 上任意点 $P$ 作椭圆 $\dfrac{x^2}{a^2} + \dfrac{y^2}{b^2} = 1(a > b > 0)$ 的两条切线,则这两条切线垂直。

生 10:(探究结论 5)过圆 $x^2 + y^2 = 2a^2$ 上任意点 $P$ 作圆 $x^2 + y^2 = a^2$ 的两条切线,则这两条切线垂直。

生 11:(探究结论 6)过圆 $x^2 + y^2 = a^2 - b^2 (a > b > 0)$ 上任意点 $P$ 作双曲线 $\dfrac{x^2}{a^2} - \dfrac{y^2}{b^2} = 1$ 的两条切线,则这两条切线垂直。

生 12:(探究结论 7)过直线 $x = -\dfrac{p}{2}$ 上任意点 $P$ 作抛物线 $y^2 = 2px$ 的两条切线,则这两条切线垂直。

师:非常好!严谨的数学证明我们课下完成。

**5. 深度探究**

下面我们以椭圆及其蒙日圆为例,进一步探究其性质。

**问题 4**　过圆 $x^2 + y^2 = a^2 + b^2$ 上任意点 $P$ 作椭圆 $\dfrac{x^2}{a^2} + \dfrac{y^2}{b^2} = 1(a > b > 0)$ 的两条切线,切点分别为 $A$、$B$,点 $O$ 为原点,问:$PO$ 与椭圆的切点弦 $AB$ 有什么关系?(见图 7-1-5)

生 13:$PO$ 平分切点弦 $AB$。证明如下:设 $P(x_0, y_0)$,$A(x_1, y_1)$,$B(x_2, y_2)$,则

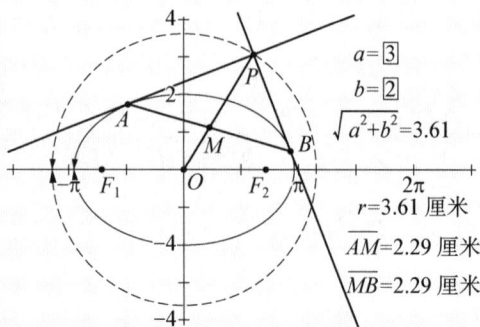

**图 7 - 1 - 5**

直线 $PA$ 方程为 $\dfrac{x_1 x}{a^2}+\dfrac{y_1 y}{b^2}=1$，直线 $PB$ 方程为 $\dfrac{x_2 x}{a^2}+\dfrac{y_2 y}{b^2}=1$。由点 $P$ 在直线 $PA$、

$PB$ 上，可得 $\dfrac{x_1 x_0}{a^2}+\dfrac{y_1 y_0}{b^2}=1$，$\dfrac{x_2 x_0}{a^2}+\dfrac{y_2 y_0}{b^2}=1$，由此得直线 $AB$ 方程为 $\dfrac{x_0 x}{a^2}+\dfrac{y_0 y}{b^2}=$

1。联立方程 $\begin{cases} \dfrac{x^2}{a^2}+\dfrac{y^2}{b^2}=1, \\ \dfrac{x_0 x}{a^2}+\dfrac{y_0 y}{b^2}=1, \end{cases}$ 化简得 $(b^4 x_0^2+a^2 b^2 y_0^2)x^2-2a^2 b^4 x_0 x+a^4 b^4-$

$a^4 b^2 y_0^2=0$，由韦达定理得 $x_1+x_2=\dfrac{2a^2 b^2 x_0}{b^2 x_0^2+a^2 y_0^2}$，进而得点 $M\left(\dfrac{a^2 b^2 x_0}{b^2 x_0^2+a^2 y_0^2},\right.$

$\left.\dfrac{a^2 b^2 y_0}{b^2 x_0^2+a^2 y_0^2}\right)$。直线 $OP$ 的方程为 $y_0 x-x_0 y=0$，因为点 $M$ 在直线 $OP$ 上，所以 $PO$ 平分椭圆的切点弦 $AB$。

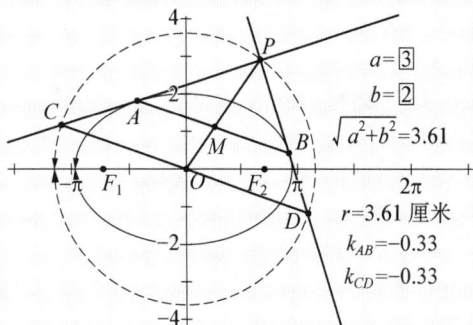

**图 7 - 1 - 6**

**问题 5** 过圆 $x^2+y^2=a^2+b^2$ 上任意点 $P$ 作椭圆 $\dfrac{x^2}{a^2}+\dfrac{y^2}{b^2}=1(a>b>0)$ 的两条切线,切点分别为 $A$、$B$,延长 $PA$、$PB$ 分别交圆于两点 $C$、$D$,那么直线 $AB$ 与 $CD$ 有什么位置关系?(见图 7 - 1 - 6)

生 14：$AB$ 与 $CD$ 平行。证明如下:因为 $M$ 是 $AB$ 的中点,$\angle APB=\dfrac{\pi}{2}$,所以 $MA=MB=MP$。同理有 $OC=OD=OP$,因此有 $\angle PAM=\angle APM=\angle CPO=\angle PCO$,所以 $AB\parallel CD$。

**问题 6** 从直线的斜率角度,大家以小组为单位进行探究,可以得出什么结论? 如何证明?

设计意图 引导学生以直线的斜率为切入点展开探究,借助几何画板进行动态演示,让同学们按小组自主探究、合作交流,进一步感受蒙日圆的独特性质,浸润数学文化。

生 15:过圆 $x^2+y^2=a^2+b^2$ 上任意点 $P$ 作椭圆 $\dfrac{x^2}{a^2}+\dfrac{y^2}{b^2}=1(a>b>0)$ 的两条切线,切点分别为 $A$、$B$,点 $O$ 为原点,若直线 $OP$ 与 $AB$ 的斜率都存在,则 $OP$ 与 $AB$ 的斜率之积为定值 $-\dfrac{b^2}{a^2}$(见图 7-1-7)。

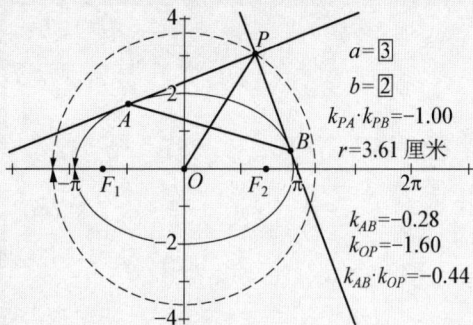

证明如下:设 $P(x_0,y_0)$,$A(x_1,y_1)$,$B(x_2,y_2)$,则直线 $AB$ 方程为 $\dfrac{x_0x}{a^2}+\dfrac{y_0y}{b^2}=1$,所以 $k_{AB}=-\dfrac{b^2}{a^2}\cdot\dfrac{x_0}{y_0}$。 由 $k_{OP}=\dfrac{y_0}{x_0}$,得

图 7-1-7

$k_{OP}\cdot k_{AB}=-\dfrac{b^2}{a^2}$。

生 16:过圆 $x^2+y^2=a^2+b^2$ 上任意点 $P$ 作椭圆 $\dfrac{x^2}{a^2}+\dfrac{y^2}{b^2}=1(a>b>0)$ 的两条切线,切点分别为 $A$、$B$,点 $O$ 为原点,若直线 $OA$ 与 $PA$ 的斜率存在,则 $OA$ 与 $PA$ 的斜率之积为定值 $-\dfrac{b^2}{a^2}$(如图 7-1-8);若直线 $OB$ 与 $PB$ 的斜率存在,则 $OB$ 与 $PB$ 的斜率之积为定值 $-\dfrac{b^2}{a^2}$(见图 7-1-9)。

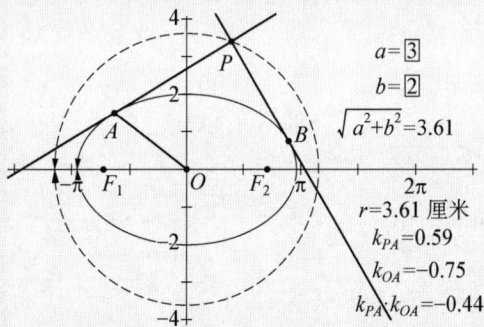

图 7-1-8

证明如下:设 $P(x_0,y_0)$,$A(x_1,y_1)$,$B(x_2,y_2)$,则直线 $PA$ 方程为 $\dfrac{x_1x}{a^2}+\dfrac{y_1y}{b^2}=1$,所以 $k_{PA}=-\dfrac{b^2}{a^2}\cdot\dfrac{x_1}{y_1}$。 由 $k_{OA}=\dfrac{y_1}{x_1}$,得 $k_{OA}\cdot k_{PA}=-\dfrac{b^2}{a^2}$。 同理可得 $k_{OB}\cdot$

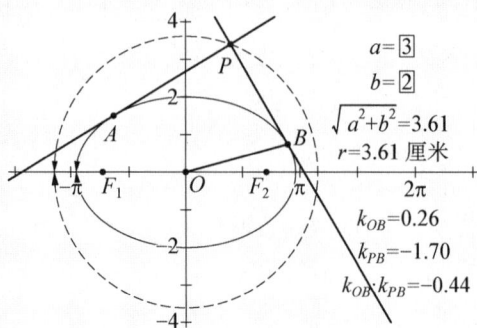

图 7-1-9

$$k_{PB} = -\frac{b^2}{a^2}。$$

生 17：过圆 $x^2 + y^2 = a^2 + b^2$ 上任意点 $P$ 作椭圆 $\dfrac{x^2}{a^2} + \dfrac{y^2}{b^2} = 1 (a > b > 0)$ 的两条切线，切点分别为 $A$、$B$，点 $O$ 为原点，则 $OA$ 与 $OB$ 的斜率之积为定值 $-\dfrac{b^4}{a^4}$（见图 7-1-10）。

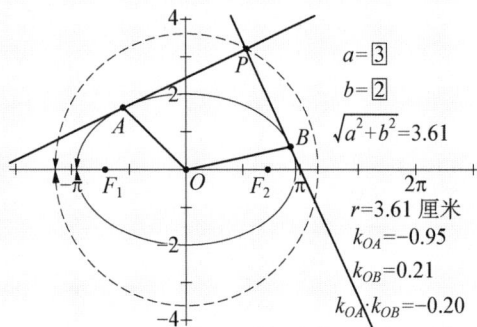

图 7-1-10

证明如下：根据上面的结论 $k_{OA} \cdot k_{PA} = -\dfrac{b^2}{a^2}$，$k_{OB} \cdot k_{PB} = -\dfrac{b^2}{a^2}$，所以 $k_{OA} \cdot k_{PA} \cdot k_{OB} \cdot k_{PB} = \dfrac{b^4}{a^4}$。由 $k_{PA} \cdot k_{PB} = -1$，所以 $k_{OA} \cdot k_{OB} = -\dfrac{b^4}{a^4}$。

**问题 7** 过圆 $x^2 + y^2 = a^2 + b^2$ 上任意点 $P$ 作椭圆 $\dfrac{x^2}{a^2} + \dfrac{y^2}{b^2} = 1 (a > b > 0)$ 的两条切线，切点分别为 $A$、$B$，则 $\triangle AOB$ 面积的最大值与最小值分别是多少？（见图 7-1-11）

**设计意图** 引导学生从面积的角度为切入点展开探究，综合利用弦长公式、点到直线的距离公式、面积公式等内容，突出解析几何的本质，重点培养学生的数学运算素养。

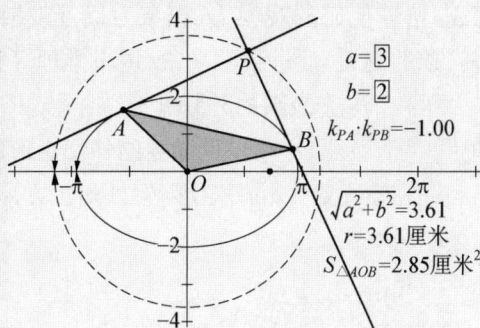

图 7-1-11

生18：直线 $AB$ 方程为 $\dfrac{x_0 x}{a^2}+\dfrac{y_0 y}{b^2}=1$，联立方程 $\begin{cases}\dfrac{x^2}{a^2}+\dfrac{y^2}{b^2}=1,\\[2mm]\dfrac{x_0 x}{a^2}+\dfrac{y_0 y}{b^2}=1,\end{cases}$ 化简得 $(b^4 x_0^2+$

$a^2 b^2 y_0^2)x^2-2a^2 b^4 x_0 x+a^4 b^4-a^4 b^2 y_0^2=0$。接下来利用弦长公式和面积公式，$|AB|=$

$\sqrt{1+k^2}\,|x_1-x_2|=\sqrt{1+\left(\dfrac{b^2 x_0}{a^2 y_0}\right)^2}\cdot\sqrt{(x_1+x_2)^2-4x_1 x_2}$，运算量太大了，算不下

去了。

师：解析几何的特点就是运算量大，过程烦琐，但这正好是锻炼我们运算能力的绝佳机会，我们要充满信心，坚持下去定会成功。由于时间关系，接下来老师带领大家一起完成。

$$|AB|=\sqrt{\frac{a^4 y_0^2+b^4 x_0^2}{a^4 y_0^2}}\cdot\sqrt{\left(\frac{2a^2 b^4 x_0}{b^4 x_0^2+a^2 b^2 y_0^2}\right)^2-4\cdot\frac{a^4 b^4-a^4 b^2 y_0^2}{b^4 x_0^2+a^2 b^2 y_0^2}}$$

$$=\sqrt{\frac{a^4 y_0^2+b^4 x_0^2}{a^4 y_0^2}}\cdot\sqrt{\frac{4a^4 b^4 y_0^2(a^2 y_0^2-a^2 b^2+b^2 x_0^2)}{(b^4 x_0^2+a^2 b^2 y_0^2)^2}},\,O\text{ 到直线 }AB\text{ 的距离 }d=$$

$\dfrac{a^2 b^2}{\sqrt{b^4 x_0^2+a^4 y_0^2}}$，所以 $S_{\triangle OAB}=\dfrac{1}{2}|AB|\cdot d=\dfrac{a^2 b^4\cdot\sqrt{a^2 y_0^2-a^2 b^2+b^2 x_0^2}}{b^4 x_0^2+a^2 b^2 y_0^2}$，根据 $x_0^2+$

$y_0^2=a^2+b^2$，化简可得 $S_{\triangle OAB}=\dfrac{a^2 b^2\cdot\sqrt{b^4+(a^2-b^2)y_0^2}}{a^2 b^2+b^4+(a^2-b^2)y_0^2}$，令 $t=\sqrt{b^4+(a^2-b^2)y_0^2}$，由

$y_0\in[-b,b]$，得 $t\in[b^2,ab]$，所以 $S_{\triangle OAB}=\dfrac{a^2 b^2 t}{a^2 b^2+t^2}=\dfrac{a^2 b^2}{t+\dfrac{a^2 b^2}{t}}\in\left[\dfrac{ab}{2},\dfrac{a^2 b^2}{a^2+b^2}\right]$。

**6. 自主探究**

我们借助几何画板都很容易验证以上这些结论的正确性！大家看看还可以从哪些方面继续展开探究？可以得到哪些探究结论？还可以提出什么样的问题？大家先以椭圆为例思考。

设计意图　爱因斯坦说："提出一个问题往往比解决一个问题更重要。"让学生开启最

强大脑,继续深入思考探究,培养他们的观察力、想象力以及发散思维能力,培养他们能创造性地提出问题、解决问题的能力,促进数学抽象、逻辑推理等数学核心素养的渗透。

生 19:我想探究下是否可以构造椭圆的外切矩形? 当点 $P$ 在蒙日圆上时,四边形 $PQP'Q'$ 为椭圆的外切矩形(见图 7 - 1 - 12),且椭圆的外切矩形的四条切线的四个交点都在蒙日圆上,而且该椭圆存在着无数个外切矩形,但外切正方形是唯一的。

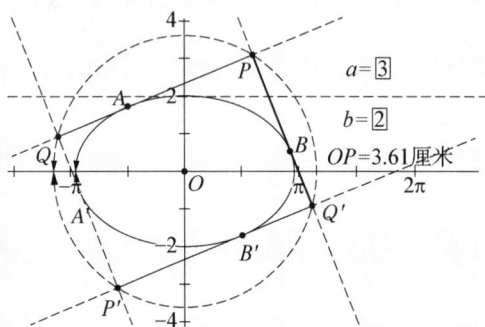

图 7 - 1 - 12

生 20:还可以进一步探究椭圆的外切矩形的面积和周长。当点 $P$ 位于坐标轴上时,外切矩形的面积和周长同时取最大值;当且仅当该矩形的边与坐标轴平行时,外切矩形的面积和周长同时取得最小值。(见图 7 - 1 - 13、图 7 - 1 - 14)

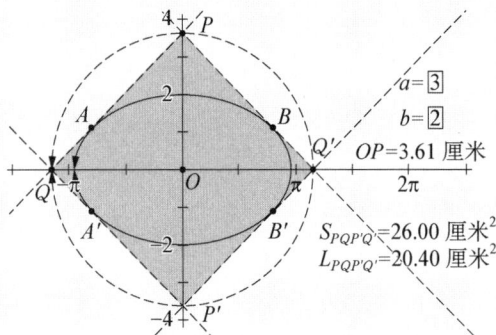

图 7 - 1 - 13

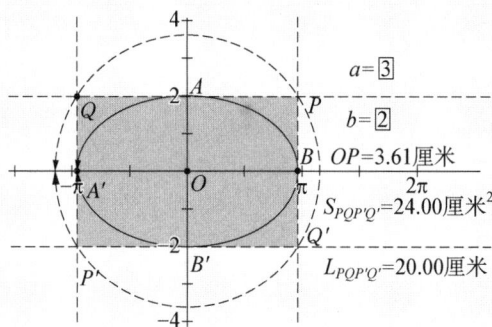

图 7 - 1 - 14

生 21:前面的探究是从斜率、三角形的面积等方面进行的,我想从长度为切入点探究一下,是不是会有一些定值方面的结论。另外,这些结论在双曲线、抛物线上是否仍成立。

生 22:我想抛开蒙日圆的限制,探究一下椭圆 $\dfrac{x^2}{a^2} + \dfrac{y^2}{b^2} = 1 (a > b > 0)$ 的任意两条夹角为 $\theta \left( 0 < \theta < \dfrac{\pi}{2} \right)$ 的切线的交点 $P$ 的轨迹方程是什么,能否借助几何画板画出点 $P$ 的轨迹等。

师:非常好! 很多同学都有自己的想法,请大家在课下来完成探究,下节课我们共同学习与交流。

设计意图 将课堂未完成的探究延伸于课外,让数学文化浸润到课后,让学生的数学核心素养的提升得以持续。

## 三、思考

中学数学教师将数学文化渗透至课堂教学中,有利于学生学习积极性与主动性的提升,促进学生数学素养、科学精神和人文修养的养成。我们教师要结合课堂教学和学生实际,充分挖掘数学学科的人文素材,挖掘题目中的数学文化背景,切实发挥数学文化的教育作用。数学文化本身的综合性非常强,需要我们的教师能够提升对数学文化的认知,从多方面多角度对数学文化进行了解,加强数学文化的知识储备,在课堂教学活动中通过数学文化的渗透绽放数学之美。

《高中新课标》提出:"倡导积极的、主动的探究式学习,培养学生的创新精神和实践能力。"值得一提的是,探究需要消耗课上大量的时间,本堂"蒙日圆"的探究课花费了两节连堂课时间,但笔者认为是非常值得的。笔者相信,在数学课堂渗透数学文化的同时,采用探究性教学,能够有效培养学生的创造性思维与自主探究精神品质,有利于学生学习积极性与主动性的提升,可实现数学文化素养的培养与发展,带给学生数学思想和数学方法、文学修养和科学理念、审美情操和理性思维,为学生今后的全面发展奠定牢固的基础。

**2. 本案例的创新性简述**

上教版新教材设置了许多集知识性、趣味性、思想性于一体的阅读材料。通过笔者的统计,有些阅读材料介绍了一些与教材内容相关的数学史与数学文化,有些是针对某数学知识的延伸、拓展、探究与应用等等。这些阅读材料对提高学生的数学兴趣、积累数学活动经验、培养探究创新能力、提升数学核心素养都有极大的好处。

教材阅读材料为老师们提供了丰富的素材和有利的工具。对发挥教书育人功能、落实立德树人任务、提升数学核心素养都有很大帮助。

1) 重视阅读材料,发挥德育功能

教材阅读材料中有很多数学文化和数学史方面的介绍。渗透数学文化,弘扬科学精神是数学教师应有的职责。《中国微分几何学派的创立者——苏步青》《从杨辉三角谈起》《棱锥体积公式的推导》等阅读材料的学习可以让学生全面正确地了解中国古代灿烂的数学史;《三次方程求根公式与复数的起源》《解析几何的诞生》等的学习可以让学生知道外国数学家的成就,可以让学生学习数学家们坚韧不拔的意志、实事求是的科学态度和对真理的执着追求、勇于创新以及献身科学事业,为人类无私奉献的崇高精神。

2) 重视阅读材料,发挥导学功能

教材阅读材料中有很多揭示知识产生过程,提炼数学思想方法等方面的介绍。《幂函数、指数函数、对数函数增长速度的比较》一文介绍几个函数增长速度的快慢解决方法,为后面的导数学习预设桥梁;《潮汐的函数模拟》《声音中的三角函数》让学生知道了如何利用数学建模解决生活中的问题,即会用数学思维思考世界,用数学语言表达世界。《概率在医学中的应用》《火箭速度计算公式》等激发了同学们学习数学的热情。

**3) 重视阅读材料,发挥探究功能**

教材中很多阅读材料为师生开展探究性教学提供了大量的素材,探究性教学可以让学生加深对数学知识的理解和应用,同时让学生有更多数学学习和研究的体验,帮助学生逐步形成研究问题的积极态度,掌握研究问题的基本方法,提高研究问题所必需的探究能力,更是发展"三会"核心素养最有效的方式,提倡运用探究性教学已成为广大数学教师的共识。然而,在教学实践中,如何选择组织适当的内容开展探究性教学是一个值得探讨的问题,而教材中的阅读材料以及教材中的探究实践则提供了一个绝佳选择机会。这个过程也是学生"会看"素养的很好体现。如《追捕走私船》《雪花曲线》《利用等式证明不等式》《神奇的斐波那契数列》《二项式定理的证明》《多面体的欧拉定理》等都大有探究的空间,面对很多实际问题转化的数学问题,学生运用已有的方法积极解决,也是"会想""会说"核心素养的体现。

本案例通过探究的形式,从描述核心素养水平的四个维度"情境与问题""知识与技能""思维与表达""交流与反思"着手进行教学设计和教学实践,让"三会"数学核心素养在潜移默化中落地生根。

(1) 课程实施。采用多种教学方法,体现了以学员为中心的教学理念,注重学员的参与和实践。

(2) 理论学习。通过专家讲座、资料阅读等方式,帮助教师系统学习核心素养理论和新教材教学理念。

(3) 案例分析。通过分析优秀教学案例,帮助教师理解核心素养培养的教学策略。

(4) 实践探究。通过教学设计和实践反思,帮助教师将理论应用于教学实践。

(5) 互动交流。通过小组讨论、案例分享等方式,促进教师之间的交流与合作。

# 三、培训收获

经过一学期的课程孵化,2022 年 12 月《"三会"素养导向下高中数学新教材的创造性教学实践》入选浦东新区"十四五"教师培训课程库,截至目前,共开设 2023 年春季 A 班、2023 年秋季 A 班、2024 年春季 A 班和 2024 年秋季 A 班共四轮区级培训课程,招收 100 多名学员。从教学实际和需求出发的培训课程,给予学员更多互动参与的机会,受到学员的普遍好评,选择两位学员的心得体会和大家共享。

**(一)区级培训课程学员学习心得体会之一:立足"三会"素养　提升课堂品质**

参加了区级培训课程《"三会"素养导向下高中数学新教材的创造性教学实践》的学习,课程理念先进创新,课程内容丰富充实,让笔者受益匪浅。

首先,从"六核"到"三会",提升了自己对核心素养内涵、本质和逻辑关系的认识。即用数学的眼光观察世界,发展数学抽象、直观想象素养;用数学的思维分析世界,发展逻辑推理、数学运算素养;用数学的语言表达世界,发展数学建模、数据分析素养。

其次,通过对"三会"素养的主要表现、三个水平、培养原则、教学策略、素养评价的学习,自己对"三会"素养有了更直观清晰的认识,对在教学中如何落实"三会"素养有了更具体深刻的体会。

最后,通过实践案例的研究学习,明确了我们要学会从僵化地"教教材"转向创造性地"用教材",让学生经历自主实践探究的过程,激发学习内驱力,让"三会"素养在课堂内外实现真正生长。

课程培训时间虽然短暂,但提升了笔者对新课程理念的理解,对新教材实践的感悟。未来,笔者会将培训所学在教学中努力落实,切实提升课堂教学品质。

**(二)区级培训课程学员学习心得体会之二:"三会"素养促理论提升 课堂教学促实践提高**

《高中新课标》在"课程性质"中指出,"数学教育……提升学生的数学素养,引导学生会用数学眼光观察世界,会用数学思维思考世界,会用数学语言表达世界",人们将其简称为"三会"。从上述表述的逻辑关系看,"三会"应是学生具有数学素养的一种表现,是数学教育目标的另外一种表述。"三会"的本质是一种数学学习的"结果",是学生具有较高水平数学核心素养的表现。"三会"不仅表现为"结果",也表现为"过程"。"三会"就是学习者面对情境中的问题,从数学的角度去分析和思考,直至找到比较满意的问题解决结果,其本质就是分析问题和解决问题的过程。因此,数学教学过程可以按照"三会"来设计和实施。

上述是笔者对新课标的理解,但说实话,理论归理论,具体实践操作可是相当困难的事情,值得庆幸的是,笔者非常荣幸地参加了由浦东新区学科带头人严老师领衔的区级培训课程《"三会"素养导向下高中数学新教材的创造性教学实践》,本课程详细阐述了数学核心素养的内涵和表征,解释了数学核心素养的本质就是"三会",从内容表述到本质挖掘,从理论知识到课堂实践,给我们这些尚在新教材新课标中迷茫徘徊的青年教师指引了方向。下面重点回顾下通过培训个人收获最大的两点。

**1. 对核心素养观念的转变**

数学核心素养的理念一经提出,热度一直不减。我们发现,大会、小会言必称数学核心素养,论文、课题高度聚焦数学核心素养,教研课、示范课也都被冠以数学核心素养的旗号。然而,并非冠以"核心素养"头衔的教学就是真正基于核心素养的教学,很多仅是停留在口号或观念层面上。我们要谨防为理念而理念、用核心素养简单包装教学甚至绑架教学的现象发生。通过培训后笔者赞同此观点:我们应该从描述核心素养水平的四个维度"情境与问题""知识与技能""思维与表达""交流与反思"着手进行教学设计和教学实践,才是正确路径和方法。

**2. 重视探究性教学**

以前自己上课大部分还是灌输为主,不舍得放手学生去研究和学习,对探究课更是害怕浪费时间。通过培训知道,数学核心素养不是"教得"的,而是"习得"的,它需要长期经验的积累,需要不断地感悟和内化。新课标新教材都倡导探究性教学,认为数学探究性教学活动是综合提升数学学科核心素养的载体,有助于培养学生的自主学习力、充分激活学生参与自主探究学习的积极性、拓展学生的数学学习视野、促进他们数学核心素养的有效提升。因此,后续的教学活动会多些探究性活动。

最后希望本区能有更多这样优秀的培训课程。

从学员的学习体会可以看出,该课程取得了良好的培训效果:

(1) 提升了对核心素养内涵的理解。学员对"三会"核心素养有了更清晰的认识,并能将其应用于教学实践。

(2) 掌握了核心素养培养的教学策略。学员掌握了多种教学策略,如情境创设、问题导向、探究学习等,能够有效培养学生的核心素养。

(3) 转变了教学观念。学员认识到探究性教学的重要性,并尝试将探究性学习融入教学实践。

(4) 提升了专业素养。学员的专业素养得到了提升,教学能力和水平得到了提高。

浦东新区"十四五"区级教师培训课程之——《"三会"素养导向下高中数学新教材的创造性教学实践》,是一门内容丰富、方法科学、效果显著的培训课程。该课程为高中数学教师提供了宝贵的专业发展机会,有助于推动高中数学"双新"改革的深入实施,促进学生核心素养的全面发展,推动教学方式变革,促进教育公平,为建设高质量教育体系贡献力量。

# 第二节　学科工作坊——凝聚力量的平台

工作坊以"三会"素养为导向,开展主题研讨、教学观摩、课题研究等活动,为青年教师搭建学习交流的平台,促进青年教师的专业成长。工作坊成员积极参与,共同探讨"三会"素养的实践路径,不断提升教育教学水平,为浦东新区高中数学教育贡献青春的力量。

## 一、工作坊简介

根据《浦东新区教育系统以个人姓名命名的名师基地和学科工作坊建设的实施意见》(浦教职成〔2018〕1 号)文件精神,在"为了适应浦东新区教育整体综合改革实验区实践,进一步完善和创新培训基地和学科工作坊形式的人才培养模式,为浦东名师储备人才"的形势下,笔者 2022 年担任"浦东新区教育系统领军人才后备暨学科工作坊主持人"。15 位学员,9 位高中学段,6 位初中学段,平均年龄 29.4 岁(详见表 7 - 2 - 1)。9 月 12 日的联合开班典礼上,笔者第一次见到他们。从那一个个早早到达会场静静等待的身影,一双双求知若渴的眼睛和一张张真诚的笑脸中,生动地显示出他们对于成为一名好老师的纯粹渴望与潜力。笔者深信,这个团队青春可待,未来可期。一年的工作坊工作学习经历就是"青春启航·追梦,数理启慧·求真"的追梦求真历程。

表 7-2-1 高中数学学科工作坊学员一览

| 序号 | 学员单位 | 学历 | 专业 | 毕业学校 | 工作年限 | 职称 |
|---|---|---|---|---|---|---|
| 1 | 上海市建平中学 | 硕士研究生 | 数学与应用数学（师范） | 南京师范大学 | 4 | 二级 |
| 2 | 上师大附属中学 | 硕士研究生 | 数学与应用数学 | 浙江师范大学 | 5 | 二级 |
| 3 | 上海市三林中学 | 本科 | 工程力学 | 同济大学 | 4 | 二级 |
| 4 | 上海市上南中学 | 硕士 | 数学与应用数学 | 华东师范大学 | 4 | 二级 |
| 5 | 上海市浦东中学 | 本科 | 数学与应用数学 | 华东师范大学 | 4 | 二级 |
| 6 | 大团高级中学 | 本科 | 数学与应用数学（师范） | 上海师范大学 | 4 | 二级 |
| 7 | 上海市吴迅中学 | 本科 | 数学与应用数学 | 武汉大学 | 3 | 二级 |
| 8 | 上海市杨思高中 | 硕士 | 数学与应用数学 | 华东师范大学 | 3 | 二级 |
| 9 | 民办东鼎外国语 | 本科 | 数学与应用数学 | 云南师大文理学院 | 7 | 未定级 |
| 10 | 东昌中学南校 | 本科 | 信息与计算科学 | 上海大学 | 8 | 二级 |
| 11 | 上海市周浦实验 | 本科 | 税务 | 上海财经大学 | 7 | 二级 |
| 12 | 上海市五三中学 | 本科 | 数学与应用数学（师范） | 上海师范大学 | 9 | 一级 |
| 13 | 上海市泥城中学 | 硕士研究生 | 物流管理 | 上海大学 | 8 | 二级 |
| 14 | 清流中学 | 本科 | 数学与应用数学（师范） | 上海师范大学 | 4 | 二级 |
| 15 | 上海市澧溪中学 | 本科 | 行政管理 | 上海杉达学院 | 9 | 二级 |

## 二、工作坊计划

### （一）定位（大咖面对面，交流唤成长）

#### 1. 阶梯式带教模式

与传统的名师工作室机制不同，工作坊采用全新的带教模式，以阶梯式带教贯穿始终，促进主持人和学员的双向发展。工作坊形成了理论导师＋实践导师带教工作坊主持人，主持人带教学员的三级阶梯带教模式，再根据双方需求邀请数学特级教师、正高级教师给予主持人和学员理论和实践的联合带教（见图 7-2-1）。

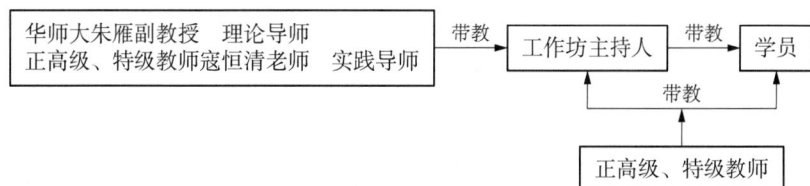

图 7-2-1 三级阶梯带教

### 2. 典范式言传身教

工作坊定期开展讲学活动(见表 7 - 2 - 2)。

表 7 - 2 - 2　工作坊讲座

| 周次 | 日期 | 时间段 | 活 动 主 题 |
|---|---|---|---|
| 3 | 2023/9/12 | 下午 | ①工作坊开班仪式;②优秀教师的成长历程(讲座);③破冰活动;④工作坊工作机制介绍 |
| 5 | 2023/9/26 | 下午 | ①研修项目解读和分工(成立"三会"研究小组);②优秀教师的人、事、物、理(讲座) |
| 9 | 2023/10/24 | 下午 | 青年教师快速成长之途径(华二＋建平青年教师沙龙) |

工作坊学员都是工龄 3～9 年的年轻教师,对教师职业满怀激情,可是对自己的职业却还没有明确的规划。如何激发学员的学习热情? 如何引领学员认定未来发展的明确方向? 如何让学员在遇到职业瓶颈时有坚持的勇气? 笔者觉得给予学员的第一课应该是明确前进的方向和感受榜样的力量。

2023 年的 9 月和 10 月,我们跟随一群数学名师,走进名校,与他们一起重温他们的成长历程。

9 月 12 日的开班典礼上,数学正高级教师李传峰老师让我们了解什么是新时代教师的理想和担当;数学正高级教师王海平老师和虞涛老师让我们明白名师基地的培养过程和目标,并基于此树立更高的奋斗目标;数学正高级教师吴卫国老师从五个方面让我们真正体会到优秀教师何以成功,明确今后职业发展的方向。9 月 26 日,正高级教师尹德好老师结合自己传奇的职业之旅,让我们看到人、事、物、理对优秀教师的重要意义,鼓励我们抓住当前学习机会,争取更大的进步。

10 月 24 日,工作坊学员和建平中学的青年教师团队一起走进华师大二附中,走进上海高中教育的顶尖学府。好多学员第一次走进梦中的校园,他们的激动之情溢于言表。三校年轻教师齐聚一堂,在华二教研组长、数学正高级教师刘初喜老师的带领下,三位不到 30 岁的年轻教师组成的备课组长团队各自从备课组建设、数学教学、课程开发和教科研等各个方面进行交流,给我们呈现出一个立体、真实、积极向上的华二数学团队。看到一群优秀的青年教师通过自己的努力和团队的帮助迅速成长,我们既感受到压力,又从他们身上汲取到自信。虽然我们无法复制他们的成功,但我们可以学习他们的经验,在收获中成长。在一群正高级、特级教师关于自身成长、先进理念等一系列讲座和华二建平优秀青年教师成长经历的现场沙龙交流后,我们团队学员开始深入思考自己目前的发展现状和未来发展的规划。

### 3. 精准式成长定位

经历了第一阶段的培训后,学员有了深深的触动,笔者也经受了一次洗礼。我们师徒有了努力的方向和前进的动力,接下来就应该结合自己的实际情况进行精准规划。9 月,每位学员完成学员规划表,对自身情况进行客观分析,明确自己的优势和不足,为接下来一年的学习做好合理规划。笔者通过学员学习规划表,知道学员的起点水平和期望发展方向,为接下来的精准研修做好充分的准备。课堂教学水平的提升、教科研成果的需求和职称的晋升等构成我们年轻学员奋斗的主旋律。在一群卓越正高级教师的引领和华二优秀青年教师的示范下,结合工作坊实践项目的引领和学员的成长需求,第二阶段的任务就是以实践项目为抓手。于是,我们开启了工作坊研修之旅,明确研修目标、制定研修计划、选定研修方式、定期研修反馈,以期实现理论和实践双提升的目标(见表 7-2-3)。

**表 7-2-3 数学学科工作坊学习规划表**

| 姓名 | | 年龄 | | 学段 | | 年级 | |
|---|---|---|---|---|---|---|---|
| 最高学历 | | | 毕业学校 | | | 毕业专业 | |
| 工作年限 | | | 职称 | | | | |
| 工作经历:(从工作开始填写) | | | | | | | |
| 获得区级及以上荣誉 | | | | | | | |
| 开设区级及以上公开课或者讲座 | | | | | | | |
| 区级以上教科研成果发表或获奖 | | | | | | | |
| 从自身发展需求和目前实际情况思考,你参与工作坊研修活动最需要哪些方面的指导和帮助? | | | | | | | |
| 从自身专业发展的角度,你参与工作坊研修活动后在专业领域将有哪些发展、形成哪些预期成果? 并对自己一年发展、三年发展做出规划。 | | | | | | | |

## (二)定研(研修有计划,研究促成长)

2020 年,上海高中数学全面实施新教材。新教材强调让学生在教师创设的真实情境下抽象出事物本质,提炼出一般规律和结构特征,并学会用数学语言来表达。其实这也是"三会"在新教材中具体化的落实。工作坊学员都是年轻的一线教师,在新教材推进的教学实践中容易碰到很多问题。考虑到学员对教学实践和教科研的需求,实践项目就从"三会"素养和新教材入手。三年新教材教学实践表明,"积累从特殊到一般、从具体到抽象的活动经验,借助'形'和'数'提炼出数学的本质特征"是长期困扰学生数学学习的弱项,"数学本质的挖掘和数形特征的提炼"是"三会"目标中"数学眼光"的具体体现,也是"三会"发展的基础。"三会"之首的"数学眼光"出现问题将会导致"三会"和"六大核心素养"的落实成为空话。于是必须将研修项目锁定在"数学眼光"的实践研究上,一方面抓住"三会"素养的基础,另一方面从"三会"之一着手。这样对我们这个年轻的团队而言可以集中精力,不会造成很大的困难,也为今后"数学思维""数学语言"的培养做好充分的准备。

整个研修过程按照以下流程执行:

研修目标 ⟹ 研修计划 ⟹ 研修方式 ⟹ 研修反馈

### 1. 研修目标

(1)理论研究:通过教学中数学眼光(数学抽象、直观想象)的培养进行理论研究的现状分析,结合课程标准对数学眼光中的内涵、本质、表现、水平和评价标准进行深入研究(文献综述)。

(2)实践研究:形成"三会"素养导向下培养"数学眼光"的教学框架体系和教学策略,打造高质量精品课堂,制定课堂教学评价指标,完成一定量的具有使用价值和实际应用的课堂教学案例和评价体系,给一线教师提供"三会"素养导向下培养"数学眼光"的课堂教学理论和实践操作指南。

### 2. 研修计划(19次研修活动)

一年的研修主要以三级阶梯式带教完成理论和实践的提升,根据需求邀请数学正高级、特级教师进行有针对性的培训和指导。第一阶段:明确发展方向和途径;第二阶段:通过专家的讲座、报告和个别指导,提升理论素养,进行理论研究;第三阶段:将理论学习知识和方法应用于实践,进行课堂教学实践;第四阶段:将理论和实践研究经验转化成自己的教科研成果,对内进行工作坊交流展示,对外投稿发表并参加区域比赛。结合实际情况,一学年共安排了19次针对性的研修活动(见表7-2-4)。

表7-2-4　一学年的研修活动

| 序号 | 周次 | 日期 | 时间段 | 活动主题 |
|---|---|---|---|---|
| 1 | 3 | 2023/9/12 | 下午 | 1. 工作坊开班仪式<br>2. 优秀教师的成长历程　　　　　　　　(讲座)<br>3. 破冰活动<br>4. 工作坊工作机制介绍 |
| 2 | 5 | 2023/9/26 | 下午 | 1. 研修项目解读和分工(成立"三会"研究小组)<br>2. 优秀教师的人、事、物、理　　　　　(讲座) |
| 3 | 7 | 2023/10/10 | 下午 | "三会"与高中核心素养分组理论研究文献综述<br>("三会"研究小组线上交流) |

（续表）

| 序号 | 周次 | 日期 | 时间段 | 活动主题 |
|---|---|---|---|---|
| 4 | 8 | 2023/10/19 | 下午 | 聚焦新教材,践行新理念专题 （讲座） |
| 5 | 9 | 2023/10/24 | 下午 | 青年教师快速成长之途径 （华二＋建平＋工作坊青年教师沙龙） |
| 6 | 11 | 2023/11/7 | 下午 | 1. "双新"背景下高中数学大单元教学设计专题培训 （讲座） 2. "三会"与高中核心素养文献研究成果小组展示汇报 |
| 7 | 13 | 2023/11/21 | 下午 | 1. "三会"素养导向"数学眼光"培养教学实践展示系列活动1:区级公开课《二项式定理》《函数的奇偶性》 2. 单元教学设计的策略 （讲座） |
| 8 | 15 | 2023/12/5 | 下午 | 1. "三会"素养导向下"数学眼光培养"的实践研究汇报和交流 2. 教学评价微讲座 |
| 9 | 16 | 2023/12/12 | 下午 | 1. "三会"素养导向培养"数学眼光"教学实践展示系列活动2:区级公开课《函数的单调性》《指数函数的定义和图像》 2. 教学评价设计交流(每组一名) |
| 10 | 19 | 2024/1/2 | 下午 | 从教学实践走向科研成果 （讲座） |
| 11 | 20 | 2024/1/9 | 下午 | 数学论文撰写和发表的专题培训 （讲座） |
| 12 | 3 | 2024/3/5 | 下午 | 1. 公开课《直线的一般式方程》 2. 微报告《对数函数的图像与性质》 3. 专家报告《基于问题发现的教学设计》 （讲座） |
| 13 | 5 | 2024/3/19 | 下午 | 1. (1)《一元线性回归分析的基本思想》 (2)《高三二轮专题复习——数形结合》 2. 微报告《核心素养导向下听评课的要点》 3. 论文交流 （讲座） |
| 14 | 7 | 2024/4/2 | 下午 | 1. 区级公开课《正弦定理》 2. 新教材解读之函数观点下的方程和不等式 （讲座） |
| 15 | 9 | 2024/4/16 | 下午 | 1. 区级公开课《等差数列和等比数列》 2. 数学建模的实践和研究 （讲座） |
| 16 | 10 | 2024/4/28 | 下午 | "弘扬专业精神 共铸教坛明师"——浦东新区领军人才后备暨学科工作坊主持人学术论坛 （论坛） |
| 17 | 11 | 2024/4/30 | 下午 | 1. 生成AI来了,老师应该如何应对? （讲座） 2. "三会"素养导向下"数学眼光"培养的实践和研究 (教学设计＋评价设计) （讲座） 3. 公开课《锐角三角比单元复习》 |
| 18 | 13 | 2024/5/7 | 下午 | 1. 区级公开课《条件概率》 2. 高三数学教、研中的几点思考 （讲座） 3. "三会"素养导向下"数学眼光"培养的实践研究交流和分享(教学设计和教学评价) |
| 19 | 15 | 2024/5/28 | 下午 | 1.《谈谈数学课堂教学的有效性》 （讲座） 2. "三会"素养导向下"数学眼光"培养的实践研究交流和分享 |

### 3. 研修方式

一学年开展19次研修活动,针对每次研修活动的任务情况,选择不同的开展形式。形成专题讲座、教学设计、教学实践、课堂观摩、阅读成长、自主学习、展示交流等多种丰富多彩的研修方式。

### 4. 研修反馈

学员们在研修中都各有痛点和难点,所以必须在研修过程中尽量保证大家的参与度和任务驱动。在研修过程中,通过数学专家的讲座和报告,学员始终处于不断接受输入的状态,此时学员只能达到"应该怎么做"的层次。如果没有跟进任务和及时的分享交流,学员就无法进入"我该怎么做""我怎么做得更好"的状态。不断调整反馈的过程虽然有些痛苦,但是全体学员还是经历一次次阵痛,不断完成"理论学习、教学设计、教学评价、教学实践"等输出层面的检验。

10月10日,"三会"小组就"三会"与高中核心素养分组理论研究进行线上交流,每位学员就文献研究中的发现与同伴分享。

11月7日,"三会"小组将在小组交流研究的基础上进行整合,分"数学眼光""数学思维"和"数学语言"进行展示交流,分享阶段理论研究成果。

12月5日,在专家单元教学设计的指导下,每位学员完成单元教学设计和课时教学设计,"三会"小组派代表进行交流和展示,全体学员就代表汇报的教学设计进行讨论,提出建议和意见。

12月12日,在教学实践展示之后,结合教学评价的微讲座培训,"三会"小组选派代表就教学设计中的评价进行设计并分享交流。每次理论培训的背后,都有学员跟进实践和交流,让大家始终处于学习—实践—反思—改进的螺旋式上升过程。

3月19日,针对教科研成果落实的安排,每位学员在寒假完成数学论文的初稿,在此三组各选一位代表对自己的论文进行交流,不仅经受伙伴的检阅,更能得到伙伴的意见和建议。

4月30日,对已有教学设计和教学评价任务进行进一步细化,在原有要求上针对"数学眼光"的突破和巩固提出更高的要求,进行针对性培训。在此基础上分别在5月7日和5月28日,学员就完成的教学设计和评价设计进行交流,重点关注"数学眼光"培养的突破方法的提炼。

### (三)定教(理论进课堂,实践促成长)

理论学习是提升数学研究和数学教学能力的基础,对于从课程标准出发,以核心素养培养为目标的新教材如何教?如何教好?我们请专家从理论和实践层面分别给予有效指导。

专家林老师"聚焦新教材,践行新理念"的讲座,让我们明确新教材、新高考、新课标的方向,特别是数学核心素养在教学评价中的突出地位。

杜老师作为上海市爱岗敬业教学大赛特等奖的同龄人,他关于教学设计的分享深入人心。他从"四新"开始分析,让我们一起走进新课、新教材、新课程和新高考,接着从单元教学设计到课时教学设计,借助概率统计10课时的参赛教学设计,让我们感受到他在新教材处理上的精心和精到,开阔我们教学设计的眼界和理念。

正高级寇老师关于高中数学教学设计的一些思考鼓励我们从学会研究而教、为智慧的生成而教、借助技术锐意创新,对教学设计提出更高层次的要求。

正高级尹老师针对工作坊多位高三任教老师,做了《关于高三数学教、研中的几点思考》的讲座,为我们高三复习如何立足课标和核心素养,并合理利用新教材指明方向,增强高三复习的高效性和针对性。

正高级曹老师的报告《谈谈数学课堂教学的有效性》,针对年轻教师的实际情况,从青年教师数学教学大赛好课的标准出发,从六个方面阐述了如何提高数学课堂教学的有效性,结合具体的案例让大家有了更直观的理解。

经过各位专家的指导,学员对单元教学设计、课时教学设计和评价有了更加专业和深入的研究,团队形成了一系列成果,如图 7 - 2 - 2 所示。

图 7 - 2 - 2

与此同时,学员的教科研热情得以激发,论文《基于课程标准理解的高中数学课程目标体系建构》发表于国家级刊物《中国数学教育》,《素养立意下探究运算性质的"双线"教学》发表于《中学数学教学》;论文《"双新"与"三会"相结合的教学实践研究——以勾股定理的教学为例》获得学区论文评选三等奖,论文《信息技术赋能数学教学,提升学科核心素养——以勾股定理的教学为例》在区内交流;论文《大单元视域下初中数学项目化学习的实施——以"做一件国潮文化衫让中国传统纹样动起来"为例》《用数学的语言表达世界—关于一元线性回归分析的教学研究》在区内交流。论文《基于"三会"中的"会说"培养高中学困生的数学学法指导研究》《国内外集合理论与教学的研究综述》《数学教学评一致性的实践与思考》《基于培养预初学生"数学眼光"的教学设计——以"圆的周长"教学设计为例》等论文已初具雏型。

主持人的论文《数学语言能力培养中的"时空情境"创设》发表于南京师范大学《数学之友》,主持开发区级课程《"三会"素养导向下高中数学新教材的创造性教学实践》,并开设2023 春、2023 秋和 2024 春三期的课程,参加学员超百人,扩大区域的影响力;在课程和项目研究的双向推动下,专著《数中悟道　学中生慧——"三会"素养导向下高中数学教学探索》已经通过出版社选题和初审,预计年底出版。学员和主持人在 2023 年 TI 图形计算器应用研究中荣获市一等奖,并在上海市教研活动中作为获奖代表做专题报告。工作坊开展的一学年里 4 位学员实现职称晋升,1 位成员从未定级成功晋升为中学二级教师。

一年的学习和交流时间非常短暂,工作坊学员和主持人在专家的指导下,对"三会"素养和"数学眼光"的培养从理论和实践层面有了更深入的研究,取得了一定的成效,但是和预期还有一定的距离。接下来将会继续深挖"数学眼光"的培养,同时对"数学思维"和"数学语言"开展进一步的研究,真正实现"三会"的数学教育终极目标。回首一年前的忐忑和不安,我想未来我们青春的团队将无惧风雨,深信"道阻且长,行则将至"的信念,在青春追梦的道路上坚持数理求真,勇往直前!

## 三、工作坊研修成果

### (一)优秀教学设计案例一

#### 平均值不等式及其应用

##### 一、教学内容分析

本节课的内容选自上海教育出版社《普通高中教科书数学必修第一册》第 2 章第 3 节基本不等式及其应用的第一课时。教材给出了两个不等式,其一是平均值不等式:对于任意的正数 $a$、$b$,有 $\dfrac{a+b}{2} \geqslant \sqrt{ab}$,当且仅当 $a=b$ 时取等,其几何意义是:两个正数的算术平均数大于等于它们的几何平均数。其二是常用不等式:对于任意的实数 $a$、$b$,有 $\left(\dfrac{a+b}{2}\right)^2 \geqslant ab$,当且仅当 $a=b$ 时取等。

此外,教材还给出了 2 个不等式的证明,3 道例题和 2 道课堂练习。例 1 和例 2 是不同形式表示一个正数和其倒数的和大于等于 2,是平均值不等式的直接应用。例 3 是直接运用常用不等式求最大值的例子,可以与配方法求二次函数的最大值进行比较,提高理解及运算水平。

##### 二、学情分析

学生已熟悉并掌握一些不等式的解法。而在前几节的内容中,讨论的不等式大多数是条件不等式,即该不等式对某些数值是成立的,对另一些数值是不成立的。通过解不等式,找出所有使不等式成立的数值,这就是本节课要讨论的对某个确定范围内一切数值恒成立的不等式,即基本不等式。

##### 三、教学目标

(1)了解平均值不等式和常用不等式的代数、几何背景;理解平均值不等式的概念及其几何意义,理解平均值不等式和常用不等式取等号的条件;能应用平均值不等式和常用不等式解决简单的数学问题;理解相等与不等关系的相互转化,树立辩证思维。

（2）了解数学史相关文献史料,增强学科认同感;在课堂的探索过程中大胆地尝试,增强信心,获得探索问题的成功体验,并且逐步养成严谨的科学态度及良好的思维习惯。

（3）理解转化与化归的思想,落实数学抽象、直观想象、逻辑推理的核心素养,激发数学学习的内驱力和创造力。

## 四、教学重难点

### 1. 教学重点

（1）平均值不等式。对于任意的正数 $a$、$b$,有 $\dfrac{a+b}{2} \geqslant \sqrt{ab}$,当且仅当 $a=b$ 时取等,及其几何意义。两个正数的算术平均数大于等于它们的几何平均数;

（2）常用不等式。对于任意的实数 $a$、$b$,有 $\left(\dfrac{a+b}{2}\right)^2 \geqslant ab$,当且仅当 $a=b$ 时取等。

### 2. 教学难点

平均值不等式和常用不等式等号成立的条件,及其应用。

## 五、教学过程

### 1. 概念讲解:平均值不等式

师:同学们,前几节课我们学习了几种类型不等式的解法。今天,我们继续学习不等式。首先,我们观察图 $7-2-3$,该图形由 2 个边长分别为 $\sqrt{a}$、$\sqrt{b}\,(a>0,b>0)$ 的等腰直角三角形拼接而成,那么大家发现这两个三角形的面积之和是多少?

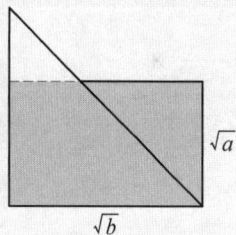

图 $7-2-3$

生: $\dfrac{a+b}{2}$

师:那么,阴影部分面积呢?

生: $\sqrt{ab}$

师:很好,那么这两个值之间的大小关系如何?

生:因为两个三角形的面积之和大于阴影部分面积,所以 $\dfrac{a+b}{2}>\sqrt{ab}$．

设计意图 培养学生的图形观察与分析能力。

师:很好,那么这两个值何时相等?

设计意图 鼓励学生思考与讨论,进而逐步发现基本不等式的本质和等号成立的条件。

生:当 $a=b$ 时,两个三角形的面积之和等于阴影部分面积（图 $7-2-4$）,即 $\dfrac{a+b}{2}=\sqrt{ab}$。

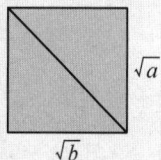

图 $7-2-4$

师:除此之外,还有其他的可能性使得两个值相等吗?

生:没有。

师:是的,等号成立的情形"存在且唯一",我们用 4 个字概括为"当且仅当"。我们抽象出这个不等式:对于任意的正数 $a$、$b$,有 $\dfrac{a+b}{2} \geqslant \sqrt{ab}$,当且仅当 $a=b$ 时取等号。

师:大家可以证明这个不等式吗?

生:可以用作差法,因为 $\dfrac{a+b}{2} - \sqrt{ab} = \dfrac{(\sqrt{a}-\sqrt{b})^2}{2} \geqslant 0$,所以 $\dfrac{a+b}{2} \geqslant \sqrt{ab}$,当且仅当 $\sqrt{a} - \sqrt{b} = 0$,即 $a=b$ 时,等号成立。

师:刚才的面积问题很直观地反映了不等式的意义,那么还有其他直观的例子吗?

我们着眼于 $\dfrac{a+b}{2}$。 如图 7-2-5 所示,分别取长为 $a$、$b$ 的线段 $AC$、$CB$ 拼接成线段 $AB$,水平放置,取中点 $O$,则 $AO = OB = \dfrac{a+b}{2}$,以 $O$ 为圆心,画半圆,则圆上的点到 $O$ 的距离都是 $\dfrac{a+b}{2}$。那么 $\sqrt{ab}$ 代表哪条线段? 其实,过 $C$ 点作垂直于 $AB$ 的直线交圆弧于点 $D$,那么 $CD = ?$(提示:有三种方法,相似、勾股定理、等面积法)$CD = \sqrt{ab}$。由图 7-2-5 可知,$OD > CD$,即 $\dfrac{a+b}{2} > \sqrt{ab}$。随着 $a$,$b$ 长度的变化,$CD$ 这条垂线段的长度也在变化。当且仅当 $a=b$ 时,即 $C$ 与 $O$ 重合,即 $CD$ 为半径,即 $\dfrac{a+b}{2} = \sqrt{ab}$。

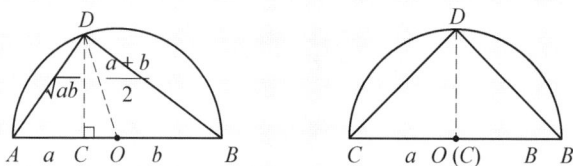

图 7-2-5 其他直观的例子

设计意图 数形结合,以形识数。

师:我们将 $\dfrac{a+b}{2}$ 和 $\sqrt{ab}$ 分别叫做正数 $a$,$b$ 的算术平均数和几何平均数,所以这个不等式称为平均值不等式,其几何意义是:两个正数的算术平均数不小于它们的几何平均数。

**2. 例题分析**

**例 1** 已知 $x > 0$,求证:$x + \dfrac{1}{x} \geqslant 2$,并指出等号成立的条件。

**例 2** 已知 $ab > 0$,求证:$\dfrac{b}{a} + \dfrac{a}{b} \geqslant 2$,并指出等号成立的条件。

**变式**　判断真假:若 $ab \neq 0$,则 $\dfrac{b}{a}+\dfrac{a}{b} \geqslant 2$。

解:假命题。

追问:如何改成真命题?

铺垫:若 $ab \neq 0$,则 $\dfrac{b}{a}+\dfrac{a}{b}$ 的取值范围是 ___$(-\infty, -2] \cup [2, +\infty)$___。

追问的回答:若 $ab \neq 0$,则 $\left| \dfrac{b}{a}+\dfrac{a}{b} \right| \geqslant 2$。

### 3. 概念讲解:常用不等式

师:据古巴比伦数学泥板 YBC 4675 的记载,当时的祭司已充分利用了以下恒等式:

$$\frac{a+b}{2}+\frac{a-b}{2}=a, \tag{①}$$

$$\frac{a+b}{2}-\frac{a-b}{2}=b, \tag{②}$$

由①②得,

$$\left(\frac{a+b}{2}\right)^2-\left(\frac{a-b}{2}\right)^2=ab, \tag{③}$$

$$2\left[\left(\frac{a+b}{2}\right)^2+\left(\frac{a-b}{2}\right)^2\right]=a^2+b^2,$$

$$\left(\frac{a+b}{2}\right)^2+\left(\frac{a-b}{2}\right)^2=\frac{a^2+b^2}{2}, \tag{④}$$

由③④得,$ab \leqslant \left(\dfrac{a+b}{2}\right)^2 \leqslant \dfrac{a^2+b^2}{2}(a,b \in \mathbf{R})$。

此方法称为"和差术"。左边的不等式,就是我们常用的不等式:对于任意的实数 $a$、$b$,有 $\left(\dfrac{a+b}{2}\right)^2 \geqslant ab$,当且仅当 $a=b$ 时取等号。

**设计意图**　融入数学史相关文献史料,增强学科认同感,激发数学学习的兴趣和内驱力。

师:大家可以证明这个不等式吗?

生:对于任意实数 $a$、$b$,$a^2+b^2 \geqslant 2ab \Rightarrow a^2+b^2+2ab \geqslant 4ab \Rightarrow (a+b)^2 \geqslant 4ab \Rightarrow \left(\dfrac{a+b}{2}\right)^2 \geqslant ab$,当且仅当 $a=b$ 时等号成立。

### 4. 例题分析

**例3**　设 $x \in \mathbf{R}$,求二次函数 $y=x(4-x)$ 的最大值。

**设计意图**　方法一:直接运用常用不等式求解;方法二:运用配方法求解,两种方法进行比较,提高理解及运算水平。

**5. 思考与讨论**

已知 $a>1$，$b>1$，$a\neq b$，请将下列数按从小到大的顺序排列：$a+b$，$2ab$，$2\sqrt{ab}$，$a^2+b^2$。

**6. 课堂小结**

（1）知识层面：平均值不等式（及其几何意义）和常用不等式，以及它们的取等条件。

（2）方法层面：转化与化归。

（3）素养层面：数学抽象、直观想象、逻辑推理。

（4）育人价值：课堂中的交流与讨论环节，培养科学探索精神；融入数学史相关文献史料，增强学科认同感，激发数学学习的兴趣和内驱力；课堂中合作探究，大胆地尝试，养成严谨的科学态度及良好的思维习惯。

**7. 课后作业**

教材 P51 习题 2.3A 组 1～5 题，B 组 1～4 题。

## 六、教学反思

**1. 教学脉络**

本节课，首先从平面图形问题引入，引发学生想象与思考。其次，再构造几何模型解释说明平均值不等式的几何意义。此两个环节可以培养学生的数学抽象与直观想象的核心素养，即提升学生"会看"的素养。例题讲解环节中将假命题改为真命题，不仅能培养学生变式与反思的能力，更能让学生深刻地理解平均值不等式的本质。再则，通过数学史与数学文化的角度，利用有趣的数学史实引起学生兴趣，导出常用不等式。"和差术"的介绍，既能增加学生的数学技能，又能串联起几个重要不等式，对学生概念框架的搭建以及概念之间联系的形成都有一定的帮助。最后的思考与讨论环节，考查学生运用几个基本不等式的熟练度。

**2. 课堂问题链**

本节课的教学过程，通过精心设计"问题链"将问题情境融入教学的各个环节，让学生的思考贯穿于整个课堂，充分调动了学生的积极性，来实现数学抽象、直观想象、逻辑推理等核心素养的落地，提升了教学目标的内涵。这一系列的问题，很好地体现了"最近发展区"原则、层次性原则和指向性原则。

**3. 例题与变式**

教材中的例题是经典例题，但不应照搬照抄，而是应当认真研读，挖掘例题之间潜藏着的有机联系，适当地进行铺垫、整合和变式。在本节课的例题中，例 2 是教材的例题，目的是让学生注意平均值不等式的使用条件。例 2 的变式，恰恰是学生的易忽略点和易错点。通过分类讨论两个量的符号，两次运用平均值不等式得到其正确的取值范围，便可以对其加绝对值后成为真命题，也可以为后面的"耐克"函数教学做铺垫。教材的例题，虽然看似简单，但背后有许多有价值的推广与应用，深挖这些题目，不仅可以增加师生一起探究、发现、论证的教学活动,还能够全面地巩固学生需要掌握的知识点,很好地达到教学目标。

### 4. 相较于二期课改教材内容所作的调整和改进

首先,从平均值不等式的形式与结构剖析各个组成部分: $a$、$b$ 的取值要求,等号成立的条件,命名"平均值"的原因。再证明其正确性(作差比较、利用重要不等式 $a^2 + b^2 \geqslant 2ab$ 中用 $\sqrt{a}$, $\sqrt{b}$ 替换 $a$, $b$、反证法)。再写明:用得更多的是其等价变形形式 $a + b \geqslant 2\sqrt{ab}$。其次,介绍两个重要不等式: $a^2 + b^2 \geqslant 2ab$ 和 $\left(\dfrac{a+b}{2}\right)^2 \geqslant ab$ (由平均值不等式两边平方而来),再证明其正确性(作差比较法、综合法、反证法)。最后,对都大等于 $ab$ 的 $\dfrac{a^2+b^2}{2}$ 和 $\left(\dfrac{a+b}{2}\right)^2$ 进行大小比较。(通过作差比较,得出 $\dfrac{a^2+b^2}{2} \geqslant \left(\dfrac{a+b}{2}\right)^2 \geqslant ab$ ),再用数学史的"数学泥版"丰富知识,拓宽视野!

## 七、教学评价

### (一)平均值不等式及其应用(第 1 课时)课前练习(前测)

1. 已知 $a > 0$, $b > 0$,若 $a + b = 1$,则 $ab$ 的最大值是_____。

设计意图　巩固二次函数的相关知识,兼具检测学情的功能。

答案: $\dfrac{1}{4}$

2. 若 $a$, $b \in \mathbf{R}$,且 $ab > 0$,则下列不等式中恒成立的是(　　)。

(A) $a^2 + b^2 > 2ab$　　　　　　　　(B) $a + b \geqslant 2\sqrt{ab}$

(C) $\dfrac{1}{a} + \dfrac{1}{b} > \dfrac{2}{\sqrt{ab}}$　　　　　　(D) $\dfrac{b}{a} + \dfrac{a}{b} \geqslant 2$

设计意图　巩固作差比较法,兼具检测学情的功能。

答案:D

### (二)过程性评价(中测)

设计过程性评价表(见表 7-2-5)。

表 7-2-5　过程性评价表(中测)

| 教学环节 | 评价项目 | 评价目的 | 核心素养 | 评价等级 | | |
| --- | --- | --- | --- | --- | --- | --- |
| | | | | 自评 | 生评 | 师评 |
| 环节1 | 观察两个等腰直角三角形拼凑出的图形与阴影部分图形,比较其面积的大小关系,并思考得出面积相等的条件,从而抽象出平均值不等式,并对其进行证明。 | 通过图形直观,抽象出代数式的大小关系,利用数形结合,培养学生数学抽象和逻辑推理的核心素养。 | 数学抽象逻辑推理 | | | |

| 教学环节 | 评价项目 | 评价目的 | 核心素养 | 评价等级 | | |
|---|---|---|---|---|---|---|
| | | | | 自评 | 生评 | 师评 |
| 环节2 | 观察平均值不等式,想象半圆中的哪两条线段分别代表 $\dfrac{a+b}{2}$ 和 $\sqrt{ab}$ ,并说明理由。 | 从直观到抽象,再从抽象到直观,通过不同角度理解平均值不等式,帮助学生以形识数,锻炼学生举一反三的能力。 | 直观想象数学抽象 | | | |
| 环节3 | 例1、例2的求解,及其变式与两个追问的实施。 | 例1、例2的求解直接使用平均值不等式,例2的变式及两个追问,及时牢固并深化学生对于平均值不等式的本质理解。 | 数学运算逻辑推理 | | | |
| 环节4 | 引出常用不等式并证明,利用古巴比伦数学泥版的数学史资料,通过严密的推导将都大于等于 $ab$ 的 $\left(\dfrac{a+b}{2}\right)^2$ 和 $\dfrac{a^2+b^2}{2}$ 联系起来。 | 通过设问都大于等于 $ab$ 的 $\left(\dfrac{a+b}{2}\right)^2$ 和 $\dfrac{a^2+b^2}{2}$ 之间的联系这一问题,培养学生思考并解决问题的能力;利用数学史中的"和差术",激起学生兴趣之余,发展学生进行推理论证的实践能力。 | 逻辑推理 | | | |
| 环节5 | 例3的求解,思考与讨论,并进行课堂小结。 | 例3培养学生一题多解的能力,思考与讨论能够增加学生间的交流互动,并且加深学生对于几个重要平均值之间的理解。 | 数学运算逻辑推理 | | | |
| 评价等级用 A、B、C、D、E 表示,分别对应10、8、6、4、2分。 | | | | | | |

### (三) 课时作业(后测)

Z2001. 函数 $y=\left|x+\dfrac{4}{x}\right|$ 的值域是 _____ 。

设计意图　平均值不等式的直接运用,与之后学的"耐克"函数相呼应。

答案:$[4,+\infty)$

Z1002. 如果正数 $a$、$b$、$c$、$d$ 满足 $a+b=cd=4$,则下列不等式中恒成立的是（　　）。

(A) $ab<c+d$ 　　(B) $ab\leqslant c+d$ 　　(C) $ab>c+d$ 　　(D) $ab\geqslant c+d$

设计意图　不等式 $ab\leqslant\left(\dfrac{a+b}{2}\right)^2\leqslant\dfrac{a^2+b^2}{2}$ 的简单运用。

答案:B

Z1003. 已知 $x<\dfrac{5}{4}$,求函数 $y=4x-2+\dfrac{1}{4x-5}$ 的最大值。

设计意图 在积为定值的最值问题中,强化配凑法。

答案:最大值为 1。

Z1004. 已知 $x > 0$,$y > 0$,且 $\dfrac{1}{x} + \dfrac{9}{y} = 1$,求 $x + y$ 的最小值。

设计意图 培养学生一题多解的能力,灵活使用代入消元、"1"的妙用等方法。

答案:最小值为 16。

Z1005. 已知 $x > 0$,$y > 0$,且 $x + \dfrac{y}{2} = 2$,求:(1) $\dfrac{1}{x} + \dfrac{2}{y}$ 的最小值;(2) $\sqrt{x(1+y)}$ 的最大值。

设计意图 与前一题相呼应,再次强化培养学生一题多解的能力,灵活使用二次函数的性质、三角换元、代入消元、"1"的妙用等方法。

答案:(1) 最小值为 2。 (2) 最大值为 $\dfrac{5\sqrt{2}}{4}$。

Z2001. 若 $a > 0$,$b > 0$,求 $\dfrac{1}{a} + \dfrac{a}{b^2} + b$ 最小值,以及取得最小值时 $a$、$b$ 的值。

设计意图 两次使用平均值不等式,两个等号成立的条件要取交集。

答案:当且仅当 $a = b = \sqrt{2}$ 时,$\dfrac{1}{a} + \dfrac{a}{b^2} + b$ 取得最小值 $2\sqrt{2}$。

Z2002. 若 $x > 0$,$y > 0$,且 $x + y = 1$,则 $\dfrac{x^2}{x+2} + \dfrac{y^2}{y+1}$ 的最小值是 _____。

设计意图 利用分母换元法,再通过"1"的妙用(或代入消元)进行求解。

答案:$\dfrac{1}{4}$

Z3001. 已知关于 $x$ 的不等式 $(1+k^2)x \leqslant k^4 + 4$ 的解集是 $A$,若对于任意实数 $k$,不等式都成立,求解集 $A$。

设计意图 一方面,巩固已学的求解不等式的知识;另一方面,在恒成立问题中,利用分母换元法,结合平均值不等式求解。

答案:$A = (-\infty, 2\sqrt{5} - 2]$。

## 八、附表

以下表 7-2-6 至表 7-2-10 可供作业设计及统计、评价等方面应用。

表 7-2-6 课时作业目标表

| 课时作业目标编码 | 课时作业目标描述 |
|:---:|:---:|
| SX020301 | 会使用平均值不等式解决问题 |
| SX020302 | 会使用 $ab \leqslant \left(\dfrac{a+b}{2}\right)^2 \leqslant \dfrac{a^2+b^2}{2}$ 解决问题 |

（续表）

| 课时作业目标编码 | 课时作业目标描述 |
|---|---|
| SX020303 | 会运用配凑法和"1"的妙用解决问题 |
| SX020304 | 在恒成立或有解问题中，会灵活运用换元法 |

**表 7-2-7 课时作业基础信息汇总表**

| 题目编码 | 对应课时作业目标（填相关目标编码） | 题目难度 | | | 预计完成时间单位 | 题目来源 | | |
|---|---|---|---|---|---|---|---|---|
| | | 较低 | 中等 | 较高 | | 选编 | 改编 | 创编 |
| Z1001 | SX020301 | √ | | | 1 | √ | | |
| Z1002 | SX020302 | | √ | | 2 | √ | | |
| Z1003 | SX020303 | | √ | | 2 | √ | | |
| Z1004 | SX020303 | | √ | | 2 | √ | | |
| Z1005(1) | SX020303 | | √ | | 2 | | √ | |
| Z1005(2) | SX020303 | | √ | | 2 | | √ | |
| Z2001 | SX020301 | | | √ | 3 | | √ | |
| Z2002 | SX020304 | | √ | | 5 | √ | | |
| Z3001 | SX020304 | | | √ | 4 | | √ | |

**表 7-2-8 反映核心素养的四个方面统计表（课时作业）**

| 四个方面 | 情境与问题 | | | 知识与技能 | | | 思维与表达 | | | 交流与反思 | | |
|---|---|---|---|---|---|---|---|---|---|---|---|---|
| 三个水平 | 1 | 2 | 3 | 1 | 2 | 3 | 1 | 2 | 3 | 1 | 2 | 3 |
| 题1 | √ | | | √ | | | √ | | | √ | | |
| 题2 | √ | | | | √ | | √ | | | | √ | |
| 题3 | | √ | | | √ | | | √ | | | √ | |
| 题4 | | √ | | | √ | | | √ | | | √ | |
| 题5(1) | | √ | | | √ | | | √ | | | √ | |
| 题5(2) | | √ | | | √ | | | √ | | | √ | |
| 题6 | | √ | | | √ | | | | √ | | | √ |
| 题7 | | √ | | | | √ | | | √ | | | √ |
| 题8 | | | √ | | √ | | | | √ | | | √ |

表 7-2-9 核心素养评价统计表(作业课时)

| 核心素养 | 数学抽象 | | | 逻辑推理 | | | 数学建模 | | | 直观想象 | | | 数学运算 | | | 数据分析 | | |
|---|---|---|---|---|---|---|---|---|---|---|---|---|---|---|---|---|---|---|
| 素养水平 | 1 | 2 | 3 | 1 | 2 | 3 | 1 | 2 | 3 | 1 | 2 | 3 | 1 | 2 | 3 | 1 | 2 | 3 |
| 题1 | | | | √ | | | | | | | | | √ | | | | | |
| 题2 | | | | | √ | | | | | | | | | √ | | | | |
| 题3 | √ | | | | √ | | √ | | | | | | | √ | | | | |
| 题4 | √ | | | | √ | | √ | | | | | | | √ | | | | |
| 题5(1) | √ | | | | √ | | √ | | | | | | | √ | | | | |
| 题5(2) | √ | | | √ | | | √ | | | | | | | √ | | | | |
| 题6 | | √ | | √ | | | | √ | | | | | | √ | | | | |
| 题7 | | | √ | | √ | | √ | | | | | | | | √ | | | |
| 题8 | √ | | | | √ | | √ | | | | | | | √ | | | | |

表 7-2-10 作业题属性表(原创题或改编题填写)

**题目与解答要点:**

Z3001. 已知关于 $x$ 的不等式 $(1+k^2)x \leqslant k^4+4$ 的解集是 $A$,若对于任意实数 $k$,不等式恒成立,求解集 $A$。

【要点】

(1) 根据已学的求解不等式的知识,将 $x$ 的解表示出来;

(2) 由题意,恒成立即求关于 $k$ 的表达式的最小值;

(3) 将关于 $k$ 的表达式中的分母进行换元,换元后的表达式由平均值不等式即得其最小值;

(4) 表示出解集 $A$,并作答。

【详解】

因为 $1+k^2 > 0$,由 $(1+k^2)x \leqslant k^4+4$ 恒成立,得 $x \leqslant \dfrac{k^4+4}{1+k^2}$ 恒成立,所以 $x \leqslant \left(\dfrac{k^4+4}{1+k^2}\right)_{\min}$。

令 $1+k^2 = t(t \geqslant 1)$,则 $\dfrac{k^4+4}{1+k^2} = \dfrac{(t-1)^2+4}{t} = \dfrac{t^2-2t+5}{t} = t+\dfrac{5}{t}-2 \geqslant 2\sqrt{5}-2$,当且仅当 $t = \dfrac{5}{t}$,即 $t = \sqrt{5}$ 时取等,得 $\left(\dfrac{k^4+4}{1+k^2}\right)_{\min} = 2\sqrt{5}-2$。

所以,$x \leqslant 2\sqrt{5}-2$,即 $A = (-\infty, 2\sqrt{5}-2]$。

| 题目编码 | Z3001 | |
|---|---|---|
| 所属课时 | 第1课时 | |
| 目标编码 | SX020304 | |
| 所涉目标的各维度学习水平 | 知识与技能 | A4 |
| | 核心素养 | E11, E22, E32, E52 |
| | 其他 | |

（续表）

| 题目类型 | ☐选择题　☐填空题　☐判断题　☑简答题　☐应用题　☐证明题<br>☐书面开放题　☐书面其他　☐非书面 |
|---|---|
| 完成方式 | ☑书面　☐非书面其他　☐操作类　☐综合实践类　☐听说类<br>☐合作类　☐跨学科运用类 |
| 题目难度 | ☐较低　☐中等　☑较高 |
| 预计完成<br>时间单位 | ☐跨课时作业_____天<br>☑课时作业____6____分钟 |
| 题目来源 | ☑改编　☐创编　☐摘编_____（出处） |
| 编写思路<br>与设计意<br>图 | 本题改编后的综合性较高，是恒成立问题，涉及的知识点有含参一元一次不等式的求解、平均值不等式，考查的思想方法是换元法。本题旨在巩固已学的求解不等式的知识，且在恒成立问题中，利用分母换元法，结合平均值不等式进行求解。 |

## （二）优秀教学设计案例二

### 纹样的设计

#### 一、教学内容分析

本单元是沪教版数学七年级第一学期第十一章"图形的运动"，内容主要包含：图形的平移、图形的旋转、图形的翻折。本单元内容既是小学阶段的"图形的认识与测量""图形的位置与运动"的延续，又是初中数学"图形的性质""图形的变化""图形与坐标"等内容的基础，也是深入学习后续高中数学内容的基础，对于提高学生数学抽象、逻辑推理、直观想象等素养具有基础作用。

本章内容主要针对理解图形的平移、旋转、翻折以及相关概念，内容相对简单。为了加深学生对图形的运动的理解和综合应用，体会其应用价值以及数学与生活的联系，同时发展数学抽象、直观形象等素养，在图形的运动这一内容学习完成以后，结合复习进行"纹样的设计"这一专题的研究学习。本节是这一专题的第 1 课时，也是本单元设计的第 7 课时。教学时，结合具体情景引入，在应用中巩固概念、性质及操作步骤，同时也在巩固中强化数学与生活的联系，加强学生核心素养的培养。

#### 二、学情分析

本节课的授课对象是七年级学生，具有一定的抽象能力和创作能力。在认知结构上，学生刚刚学习了图形的平移、旋转、翻折等相关概念与性质，对尺规作图有一定的接触；在能力方面，学生已经初步具备了一定的分析问题和解决问题的能力，但利用所学知识应用于生活这一方面依然有所欠缺，在设计的创意方面，还需要进一步的感悟。

## 三、教学目标

(1) 巩固图形的平移、旋转、翻折等相关知识及尺规操作步骤和要求。

(2) 能运用数学知识观察、分析和解释传统纹样中的数学特征;能用数学眼光、思维和语言表达和呈现单元纹样的运动形式。

(3) 能选用具有校园文化寓意的纹样,并利用尺规作图进行平移、旋转、翻折等操作来设计,展现各自方案的独特性和创意性。

(4) 通过小组任务,强化合作学习能力,增强个人和小组责任意识。

## 四、教学重难点

### 1. 教学重点

能选用具有校园文化寓意的纹样,并利用尺规作图进行平移、旋转、翻折。

### 2. 教学难点

丰富设计方案的数学特征、美术特征、文化内涵、创意想象。

## 五、教学过程

### (一) 温习旧知,回顾项目(5~8分钟)

### 1. 温习旧知,巩固基础(见表7-2-11)

表7-2-11 三个问题

|  | 概念(要素) | 性质 | 作图步骤 |
|---|---|---|---|
| 平移 |  |  |  |
| 旋转 |  |  |  |
| 翻折 |  |  |  |

**问题 1** 平移的概念?性质?作图步骤?

**问题 2** 旋转的概念?性质?作图步骤?

**问题 3** 翻折的概念?性质?作图步骤?

### 2. 回顾项目,明确目标

(1) 出示项目启动课内容,共同回顾项目进展。

(2) 出示上一阶段任务表(校园文化纹样收集表和中国传统纹样分析表),分享各组成果。

(3) 出示设计作品评价量规表和项目最终成果量规表(见图7-2-6),明确项目目标与成果。

设计意图 通过温习旧知,巩固相关概念及尺规操作步骤,为后续设计纹样打好基础。通过回顾项目,明确项目目标与成果。

展示课小组汇报评价量规表

| 一级指标 | 二级指标 | 分值 | 生评 | | 师评 |
|---|---|---|---|---|---|
| | | | 自评 | 互评 | |
| 汇报主题： | | | | | |
| | 汇报者班级： | 汇报者： | | | |
| | 评价者班级： | 评价者： | | | |
| 数学特征（45分） | 合理运用图形的平移进行设计。 | 15 | | | |
| | 合理运用图形的旋转进行设计。 | 15 | | | |
| | 合理运用图形的翻折进行设计。 | 15 | | | |
| 美术特征（20分） | 色彩丰富，鲜明，存层次感。 | 5 | | | |
| | 利用元素，图案排布合理，比例恰当。 | 5 | | | |
| | 造型表现生动活泼，画面内容丰富有关联。 | 5 | | | |
| | 画面干净整洁，美观大方。 | 5 | | | |
| 文化内涵（25分） | 作品具有校校园文化特征。 | 5 | | | |
| | 作品具有中华传统文化特征。 | 10 | | | |
| | 作品结合当下潮流的时尚特征。 | 10 | | | |
| 创意想象（10分） | 作品具有独特的创意和想法。 | 5 | | | |
| | 自主创作，不抄袭他人作品。 | 5 | | | |
| | | 总分： | | | |

评价意见：
优点：

需改进之处：

展示课过程性评价量规表

| 评价维度 | ★★★★★ | ★★★ | ★ | 评价者： | | |
|---|---|---|---|---|---|---|
| | | | | 生评 | | 师评 |
| | | | | 自评 | 互评 | |
| 汇报小组： | | | | | | |
| 理解与审美 | 在了解中国传统纹样这一环节中，能运用数学知识全面地观察、分析和解释传统纹样中的数学特征，能有效地运用数学眼光、数学思想和数学语言表达出运用传统纹样的变化和寓意特征。 | 在了解中国传统纹样这一环节中，能观察、分析和解释传统纹样中的部分数学特征，能运用数学眼光、数学思维和数学语言表达出运用传统纹样的变化和寓意特征。 | 在了解中国传统纹样这一环节中，能发现传统纹样中的数学特征，但不能有效表达，能发现传统纹样的变化和寓意特征，但不能有效表达。 | ☆☆☆☆☆ | ☆☆☆☆☆ | ☆☆☆☆☆ |
| 技术与表达 | 在进行创作设计这一环节中，能准确地利用尺规作图，进行图形的平移、旋转和翻折等多种操作，创造出具有审美价值（包括色彩、构图比例、造型内容和整体画面方面）和文化价值的设计方案；在设计过程中，能运用抽象思维、逻辑推理、空间观念等数学思维解决在设计过程中遇到的问题，在成果展示环节中，能展示设计图样的动态发展过程。 | 在进行创作设计这一环节中，能利用尺规作图，进行图形的平移、旋转和翻折等少数操作，创造出具有一定审美价值（以构图为主）和一定文化价值的设计方案；在设计过程中，能简单地运用抽象思维、逻辑推理、空间观念等数学思维解决在设计过程中遇到的问题，在成果展示环节，能展示设计图样的动态发展过程。 | 在进行创作设计这一环节中，能利用尺规作图，进行图形的平移、旋转和翻折等至少一种操作，绘制设计方案；在设计过程中，能运用空间观念这一数学思维，在成果展示环节，能展示设计图样的设计过程。 | ☆☆☆☆☆ | ☆☆☆☆☆ | ☆☆☆☆☆ |
| 完整性与创意 | 在阐述设计方案这一环节中，能结合校园文化，清楚地运用学理念，表达设计方案的整体布局和效果，以及其中蕴含的中国传统文化特征和当下潮流的时尚特征；同时，能体现出设计的独特性和创意性，并展现出设计者的个性和想象力。 | 在阐述设计方案这一环节中，能结合校园文化，阐述出设计方案的整体布局和效果，以及其中蕴含的中国传统文化特征和当下潮流的时尚特征；有一定的创意性，能吸引大家的注意力。 | 在阐述设计方案这一环节中，能够考虑设计方案的整体布局和效果，有自己的创作，有一定的创意性。 | ☆☆☆☆☆ | ☆☆☆☆☆ | ☆☆☆☆☆ |
| | | | 总评 | | | |

评价意见：
优点：
需改进之处：

图 7‑2‑6　量规表

## （二）拆解纹样，分析特征（5分钟）

见图7-2-7。

| | 单元纹样 |  团寿纹 |  蝙蝠纹 |  长寿纹 |  回纹 |  云纹 |
|---|---|---|---|---|---|---|
| （纹样图） | 运动形式 | | | | | |
| | 运动结果 | | | | | |

图7‑2‑7　传统纹样

**设计意图**　经历中国传统纹样的创作过程，通过拆解纹样，能用数学眼光、思维和语言表达和呈现单元纹样的运动形式，同时，增加追问，巩固三种运动的概念和性质，为后续设计打下基础。

## （三）分享初稿，交流过程（20分钟）

### 1. 出示设计作品评价量规表，明确交流方向

**引导问题1**　如何利用图形的运动进行设计？（数学特征）

**引导问题2**　如何进行构图排版、比例调整及润色？（美术特征）

**引导问题3**　如何凸显校园文化？（文化内涵）

**引导问题4**　如何在设计中表现独特的创意和想法？（创意想象）

**设计意图**　将具有校园文化寓意的事物抽象为简单的几何图案，并挑选相关纹样，利用尺规作图进行平移、旋转、翻折等操作来设计，展现各自方案的独特性和创意性。在各组交流展示时，通过问题的引导，也可使各组就关键问题进行研究展示。

**2. A组展示:《十周年》**

(1) 校园文化纹样的选择(见图7-2-8)。

追问:

① 当点 $O$ 在线段 $AB$ 上时,如何作出线段 $AB$ 绕着点 $O$ 顺时针方向旋转 $45°$、$90°$、$135°$、$180°$后的图形。

② 当点 $O$ 在线段 $AB$ 的延长线上时,如何作出线段 $AB$ 绕着点 $O$ 顺时针方向旋转 $45°$、$90°$、$135°$、$180°$后的图形。

**学生活动**　A组成员就其如何抽象校园文化为几何图形进行阐述,同时插入追问,其余学生进行尺规操作,师生互相批改订正。

(2) 组合单元纹样,形成综合性方案(见图7-2-9)。

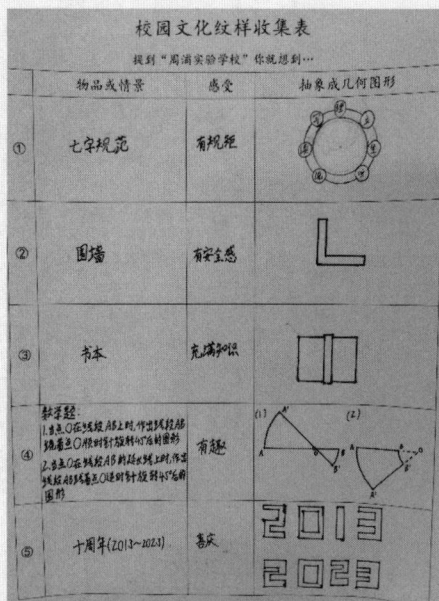

图7-2-8　校园文化纹样

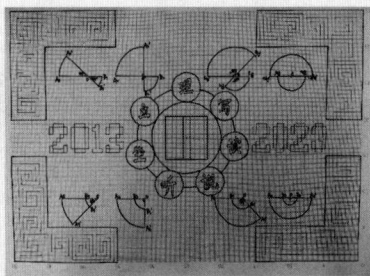

图7-2-9　组合单元纹样

**学生活动**　A组成员就如何组合单元纹样、进行了何种运动、如何进行运动等几方面进行讲述。同时,也对其美术特征和文化内涵进行简单讲述。

**3. B组展示:《四宫格漫画》**

(1) 校园文化纹样的选择(见图7-2-10)。

追问:你能画出这个图形(见图7-2-11)关于这条直线成轴对称的图形吗?

**学生活动**　B组成员就其如何抽象校园文化为几何图形进行阐述,同时插入追问,其余学生进行尺规操作,师生互相批改订正。

(2) 组合单元纹样,形成综合性方案(见图7-2-12)。

**学生活动**　B组成员就如何组合单元纹样、进行了何种运动、如何进行运动等几方面进行讲述。同时,也对其美术特征和文化内涵进行简单讲述。

**设计意图**　通过将具有校园文化寓意的事物抽象为几何图形,引导学生感悟数学直观想象和抽象概括的思想,同时在展示组成员的追问与活动中,经历初稿的设计过程,体

图 7 - 2 - 10　纹样收集表

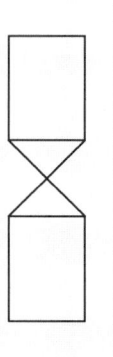

图 7 - 2 - 11　画轴对称图形

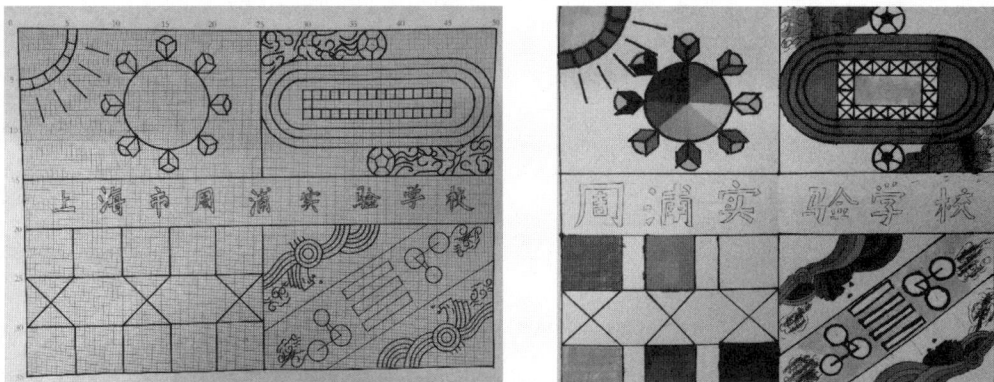

图 7 - 2 - 12　将校园文化抽象成几何图形

会图形运动的应用,巩固旋转和翻折的尺规操作步骤和要求。

**4. 各组互评,改进完善(5～8 分钟)**

**学生活动 1**　评委组借助某线上教学平台,各组协同完成评价任务表。

**学生活动 2**　其他组就 A 组和 B 组的方案进行互评。

**引导问题 1**　设计方案中有哪些方面有待改进?

**引导问题 2**　如何改进与完善?

**设计意图**　借助数字化工具,完成评价任务。同时,各组提出各自改进意见,强化合作学习能力,增强个人和小组责任意识。

### 5. 归纳小结，提升素养

（1）知识层面：以"设计一件国潮文化衫——让中国传统纹样动起来"这一项目将第十一章知识进行前后串联，巩固图形平移、旋转、翻折的相关概念和性质及尺规作图操作步骤，并进一步自主展开纹样设计的活动，进行跨学科学习、项目化学习。

（2）素养层面：以项目化学习为前提，穿插跨学科知识点，以"中国传统纹样"为背景，在学习本章知识内容的同时，培养数学抽象、逻辑推理、直观想象等核心素养。

（3）思想方法：在应用中巩固"图形的运动"的尺规操作步骤与要求，在巩固中应用，体会数学与生活的联系，从中加深学生直观想象和抽象概括的思想方法。

（4）育人价值：以"图形的运动"这一章节为载体，通过各类丰富情景的探究与实践活动，意识到数学源于生活并服务于生活，认识数学的科学价值、应用价值、人文价值和审美价值。同时，通过小组任务，强化学生的合作学习能力，增强个人和小组的责任意识，在合作探究中，也发展学生的自主学习能力，提升学习的兴趣和动力。

### 6. 作业布置，跟进项目

必做题：根据评价量规表进行作品设计的改进和完善，确定最终的作品设计稿。

选做题：结合"图形的运动"，为国潮文化衫的背面设计纹样图案。

## 六、教学反思

（1）本节课整体设计思路：以"图形的运动"这一章知识为基础，在项目化的背景下，结合跨学科内容，在应用中复习图形的运动的概念、性质与尺规操作，在复习中加入应用的部分，让学生体会数学的应用价值。本节课第一环节为：从温习旧知开始，再到项目回顾，引入本节课的内容，明确本节课的任务。第二环节为：对某一综合性纹样进行简单拆解，复习图形的运动的概念和性质。第三环节为：两个展示组展示交流，先是介绍其校园文化纹样的选择与抽象过程，再就如何组合单元纹样、进行了何种运动、如何进行运动等几方面进行讲述，经历初稿的设计过程。第四环节为：评委组根据评价量规表对两组方案进行评价与交流。第五环节为：学生归纳小结和布置任务。

（2）设计的亮点和特色：本节课并非常规的专题课，而是一节融合了项目化、跨学科等内容的综合性应用拓展课，对学生掌握的知识要求较高，同时注重对其应用能力的培养，让学生在应用的过程中体会数学的应用价值和艺术价值，培养学生数学抽象、逻辑推理、直观想象等核心素养。

（3）设计中重难点的突破和核心素养培养的体现：本节课以项目化学习为前提，穿插跨学科知识点，以"中国传统纹样"为背景，在学习本章知识内容的同时，学会应用知识进行再创造，从而在应用中突破本节课的重难点，同时课堂注重培养数学抽象、逻辑推理、直观想象等核心素养，重点培养学生用数学的眼光观察世界、用数学的语言表达自己的观点的素养。

## 七、教学评价

### （一）《纹样的设计》课前练习（前测）

**问题 1** 平移的概念？性质？作图步骤？

**问题 2** 旋转的概念？性质？作图步骤？

**问题 3** 翻折的概念？性质？作图步骤？

可参见表 7 - 2 - 12 回答 3 个问题。

表 7 - 2 - 12　3 个问题

|  | 概念（要素） | 性质 | 作图步骤 |
|---|---|---|---|
| 平移 |  |  |  |
| 旋转 |  |  |  |
| 翻折 |  |  |  |

### （二）过程性评价（中测）

设计过程性评价表（见表 7 - 2 - 13）。

表 7 - 2 - 13　过程性评价表（中测）

| 教学环节 | 评价项目 | 评价目的 | 核心素养 | 评价等级 | | |
|---|---|---|---|---|---|---|
|  |  |  |  | 自评 | 生评 | 师评 |
| 环节一 | 回顾第 11 章"图形的运动"的基本概念、性质和尺规操作步骤，为后续设计纹样打好基础。而后，回顾项目，明确项目目标与成果。 | 通过温习旧知和回顾项目，明确从数学的角度进行纹样的设计以及明确项目目标与成果，培养学生的概括能力和数学表达能力。 |  |  |  |  |
| 环节二 | 经历中国传统纹样的创作过程，通过拆解纹样，能用数学眼光、思维和语言表达和呈现单元纹样的运动形式。 | 培养学生用数学眼光、数学思维和数学语言表达和呈现单元纹样的运动形式，提高数学抽象和直观想象的素养能力。 | 数学抽象、直观想象 |  |  |  |
| 环节三 | 小组阐述如何将具有校园文化寓意的事物抽象为简单的几何图案，并挑选相关纹样，利用尺规作图进行平移、旋转、翻折的过程。 | 在引导问题的指引下，分享创作的过程和寓意，在应用中巩固知识点，在巩固中应用知识点，提升学生数学抽象、逻辑推理和直观想象的能力。 | 数学抽象、逻辑推理、直观想象 |  |  |  |
| 环节四 | 借助数字化工具，根据评价量规完成评价任务，并给出相应的意见和建议。 | 培养学生发现问题、提出问题、解决问题的能力，发展其创造力和实践能力。 |  |  |  |  |
| 评价等级用 A、B、C、D、E 表示，分别对应 10、8、6、4、2 分。 | | | | | | |

**(三) 课时作业(后测)**

Z1001. 如图 7-2-13 所示,△ABC 沿射线 BC 方向平移到△DEF(点 E 在线段 BC 上),如果 BC=8 cm,EC=5 cm,那么平移距离为(　　)。

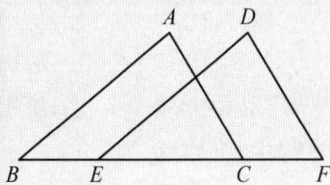

图 7-2-13　平移三角形

(A) 3 cm
(B) 5 cm
(C) 8 cm
(D) 13 cm

答案:A

Z1002. 下列图形:等腰三角形、等边三角形、正方形、正五边形、平行四边形、等腰梯形,其中有_____个是旋转对称图形。

答案:4

Z1003. 下列说法中,正确的是(　　)。

(A) 如果把一个图形绕着一个定点旋转后和另一个图形重合,那么这两个图形成中心对称

(B) 如果两个图形关于一点成中心对称,那么其对应点之间的距离相等

(C) 如果一个旋转对称图形有一个旋转角为 120°,那么它不是中心对称图形

(D) 如果一个旋转对称图形有一个旋转角为 180°,那么它是中心对称图形

答案:D

Z1004. 如图 7-2-14,在△ABC 中,AB=6,BC=5,CA=4,将△ABC 沿直线 l 折叠,恰好使点 B 与点 A 重合,直线 l 交边 BC 于点 D,那么△ACD 的周长为_____。

答案:9

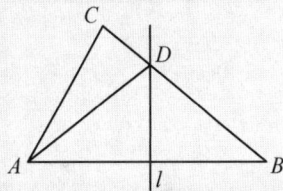

图 7-2-14

Z1005. 在如图 7-2-15 所示的方格纸中,有两个图形①与②。

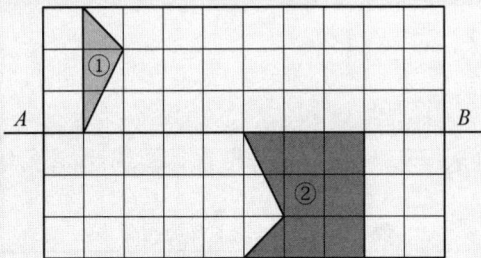

图 7-2-15

(1) 画出图形①向右平移 4 个单位所得到的图形(记为③);

(2) 画出与图形③关于直线 AB 成轴对称的图形(记为④);

(3) 将图形④与图形②拼成一个整体图形,那么这个整体图形的对称轴有_____条。

答案:(1) 图略　(2) 图略　(3) 4

Z1006. 作图并回答下列问题:

(1) 如图 7-2-16,等边△ABC 是_____图形(填"旋转对称"或"中心对称");

(2) 如图 7-2-17,等边△ABC 旋转角度是_____;

(3) 如图 7-2-16,等边△ABC_____(填"是"或"不是")轴对称图形,若是,请在该图中画出对称轴;

(4) 在图 7-2-17 中画出等边△ABC 绕点 O 旋转 180°后的图形。

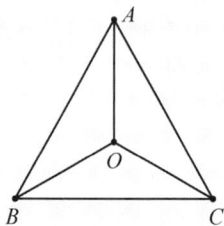
图 7-2-16

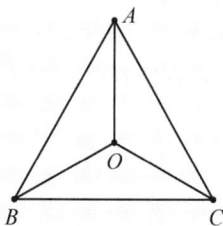
图 7-2-17

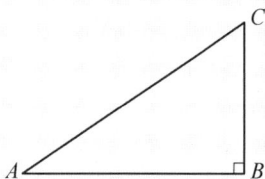
图 7-2-18

答案:(1) 旋转对称 (2) 120° (3) 是 图略 (4)图略

Z2001. 如图 7-2-18,有一直角三角形纸片 ABC,∠B=90°,AB=8,BC=6,AC=10。

(1) 将三角形纸片 ABC 沿着射线 AB 方向平移 AB 长度得到△BDE,在图中画出△BDE,求出△ABC 在平移过程中扫过的图形的面积;

(2) 三角形纸片 ABC 是由一张纸对折后(折痕两旁完全重合)得到的,展开这张折纸后就可以得到原始的图形,那么原始图形的周长为_____。

答案:(1) 图略;扫过的面积为 72。 (2) 36、32、28

Z2002. 根据设计作品评价量规表再次改进和完善设计稿。

答案:略。

# 八、附表

以下表 7-2-14 至表 7-2-18 可供作业设计及统计、评价等方面应用。

表 7-2-14 课时作业目标表

| 课时作业目标编码 | 课时作业目标描述 |
| --- | --- |
| SX110101 | 巩固图形的平移、旋转、翻折以及相关概念 |
| SX110102 | 领悟在平移、旋转、翻折运动中图形的性质特征 |
| SX110103 | 理解旋转对称图形、中心对称图形以及两个图形关于某点中心对称的意义,掌握它们的区别和联系 |

（续表）

| 课时作业目标编码 | 课时作业目标描述 |
|---|---|
| SX110104 | 理解轴对称图形和两个图形关于某一条直线成轴对称的意义,掌握它们的区别和联系 |
| SX110105 | 能利用尺规作图进行平移、旋转、翻折等操作 |
| SX110106 | 初步感知图形变换的思想,初步形成动态地研究几何图形的意识,并能选用具有校园文化寓意的纹样,展现方案的独特性和创意性 |

表 7-2-15　课时作业基础信息汇总表

| 题目编码 | 对应课时作业目标（填相关目标编码） | 题目难度 | | | 预计完成时间单位 | 题目来源 | | |
|---|---|---|---|---|---|---|---|---|
| | | 较低 | 中等 | 较高 | | 选编 | 改编 | 创编 |
| Z1001 | SX110101 | √ | | | 1 | | √ | |
| Z1002 | SX110102 | √ | | | 1 | | √ | |
| Z1003 | SX110103 | | √ | | 2 | √ | | |
| Z1004 | SX110104 | | √ | | 2 | | √ | |
| Z1005 | SX110105 | | √ | | 4 | | √ | |
| Z1006 | SX110105 | | √ | | 4 | | √ | |
| Z2001 | SX110106 | | | √ | 5 | | √ | |
| Z2002 | SX110106 | | | √ | 5 | | | √ |

表 7-2-16　反映核心素养的四个方面统计表(作业课时)

| 四个方面 | 情境与问题 | | | 知识与技能 | | | 思维与表达 | | | 交流与反思 | | |
|---|---|---|---|---|---|---|---|---|---|---|---|---|
| 三个水平 | 1 | 2 | 3 | 1 | 2 | 3 | 1 | 2 | 3 | 1 | 2 | 3 |
| 题1 | √ | | | √ | | | √ | | | √ | | |
| 题2 | | √ | | √ | | | | √ | | | √ | |
| 题3 | | √ | | | √ | | | √ | | | √ | |
| 题4 | | √ | | | √ | | | √ | | | √ | |
| 题5 | | √ | | | √ | | | √ | | | √ | |
| 题6 | | √ | | √ | | | | √ | | | √ | |
| 题7 | | | √ | | | √ | | | √ | | | √ |
| 题8 | | √ | | | | | | | √ | | | √ |

表 7-2-17　核心素养评价统计表(作业课时)

| 核心素养 | 数学抽象 | | | 逻辑推理 | | | 数学建模 | | | 直观想象 | | | 数学运算 | | | 数据分析 | | |
|---|---|---|---|---|---|---|---|---|---|---|---|---|---|---|---|---|---|---|
| 素养水平 | 1 | 2 | 3 | 1 | 2 | 3 | 1 | 2 | 3 | 1 | 2 | 3 | 1 | 2 | 3 | 1 | 2 | 3 |
| 题1 | | | | ✓ | | | | | | | ✓ | | ✓ | | | | | |
| 题2 | ✓ | | | | | | | | | ✓ | | | | | | | | |
| 题3 | | | | | ✓ | | | | | | | | | | | | | |
| 题4 | | | | | | ✓ | | | | | ✓ | | | ✓ | | | | |
| 题5 | | ✓ | | | | | | | | ✓ | | | | | | | | |
| 题6 | ✓ | | | | | | | | | | ✓ | | ✓ | | | | | |
| 题7 | | ✓ | | | | ✓ | | | | | | ✓ | | | | | ✓ | |
| 题8 | | | ✓ | | | | | ✓ | | | ✓ | | | | ✓ | | ✓ | |

表 7-2-18　作业题属性表(原创题或改编题填写)

题目与解答要点:

Z2001. 如图,有一直角三角形纸片 $ABC$,$\angle B = 90°$,$AB = 8$,$BC = 6$,$AC = 10$。

(1) 将三角形纸片 $ABC$ 沿着射线 $AB$ 方向平移 $AB$ 长度得到△$BDE$,在图中画出△$BDE$,求出△$ABC$ 在平移过程扫过的图形的面积。

(2) 三角形纸片 $ABC$ 是由一张纸对折后(折痕两旁完全重合)得到的,展开这张折纸后就可以得到原始的图形,那么原始图形的周长为_____。

【要点】

(1) 通过尺规作图做出平移后的图形,而后转化为梯形面积求出答案。

(2) 通过分类讨论的数学思想,利用数学抽象、逻辑推理进行分析得出答案。

【详解】

答案:(1) 图略;72。　(2) 36、32、28。

| 题目编码 | Z2001 | |
|---|---|---|
| 所属课时 | 第 6 课时 | |
| 目标编码 | SX110106 | |
| 所涉目标的各维度学习水平 | 知识与技能 | A1　A2 |
| | 核心素养 | E11,E21 |
| | 其他 | |

（续表）

| 题目类型 | ☐选择题 ☑填空题 ☐判断题 ☑简答题 ☐应用题 ☐证明题<br>☐书面开放题 ☐书面其他 ☐非书面 |
|---|---|
| 完成方式 | ☑书面 ☐非书面其他 ☐操作类 ☐综合实践类 ☐听说类<br>☐合作类 ☐跨学科运用类 |
| 题目难度 | ☐较低 ☐中等 ☑较高 |
| 预计完成<br>时间单位 | ☐跨课时作业 天<br>☑课时作业 5 分钟 |
| 题目来源 | ☑改编 ☐创编 ☐摘编 （出处） |
| 编写思路<br>与设计意图 | 本题在数据上进行了简单地改编，对于数学抽象和数学逻辑推理有一定的要求。首先，通过尺规作图做出平移后的图形，然后借助梯形公式求出扫过的图形的面积，从而获得答案。在第二小题中，对于数学抽象、逻辑推理提出了更高的要求，蕴含分类讨论的数学思想。 |

## 四、学员学习心得体会

### （一）心得体会分享一

#### 名师引领 浸润成长

——工作坊学员代表1

时间一晃，为期一年的工作坊学习即将进入尾声，回想起去年假期里严老师"艰难"地联系到我的情景，感觉还是昨天发生的事一般，每每想起，嘴角还是会不自觉地扬起，为自己没有错失这次机会而感到庆幸。在这一年里，对我们青年教师而言，有任务、有挑战，但也有欢声和收获，突然要结束了，竟还有一点不舍，不舍的是这里开设的各项培训活动，还有亦师亦友的小伙伴们……在严老师的引领和多位专家的培训下，我们体验了内容丰富、形式多样的学习内容，有各级专家的讲座报告、有经验丰富的教师的教学展示，也有形式丰富的教研活动，例如围绕"三会"进行的专项研究等。正是有了如此丰富的活动和各位名师的引领，才让我们这一年的学习显得与众不同——累但快乐着。

首先，通过多位像尹德好老师一样的名师的浸润式培训，他们用自身的发展和经历让我对师德修养有了更加明确的认识。教师的品德和素养是能否培养好学生和教师发展的重要前提，只有对"怎样做一名好教师"这一问题有深刻的认识，对教师这一职业有崇高的责任感，才能培养出优秀的学生，才能对自己提出更高的要求。在这一年期浸润式的培训中，我感受到每一位名师对待学生工作的用心，在他们身上，我知道了教育无小事，事事是教育；教育无小节，节节是楷模。为人师表，身教重于言传，在学生眼里，教师是智慧的化身，是道德的典范。

其次，通过多位像杜金金老师一样的名师的浸润式指导，他们用自己磨课和比赛的经验让我深知每一节课背后的不容易。对青年教师而言，每一次上课都是一次炼狱，每一次磨课都是一次成长,尽管过程很曲折,但一定会收获颇丰,一切煎熬都苦尽甘来。除此之外,还有许多像曹建华一样的数学特级教师,为我们青年教师带来许多有关数学课堂教学的指导,这些理论与实践相结合的建议也将伴随我们教师生涯,潜移默化间影响着我们自己的课堂教学,这对我们而言都是不可多得的财富。

最后,在这一年中,与严老师以及其他名师的深入接触中,让我自身对专业发展有了更加明确的目标。除了仅仅完成最基本的教学任务外,想要走得长久,必须在学科专业上有具体的规划。在本次工作坊学习中,严老师就希望我们给自己定下三年规划,并邀请朱培老师为我们作指导和建议。在此次讲座中,我们收获颇丰,也万分珍惜此次学习机会,这必将为我们后续发展打下基础……

通过这一年的工作坊学习,我对于课标的钻研更严谨了、对于"三会"的理解也更透彻了、对于前沿的教学理论也更加了解了,在这一年里,我收获颇丰。但也是这一年的学习,让我知道我依然存在许多不足的地方,需要学习、需要长进的地方还有很多。对于青年教师而言,成长是一个过程,永无止境;在成长中反思也是一个过程,永无终点。感谢所有名师为我们带来的指导,这一年必将是我教师生涯中浓墨重彩的一笔!

### (二)心得体会分享二
#### 工作坊学习中理论和实践的双提升
——工作坊学员代表2

有幸参加严老师工作坊的学习我觉得非常高兴,我也非常珍惜来之不易的学习机会。针对我们学员的实际情况和学习需求,严老师精心准备每一次研修活动,我非常认真积极地参与了每一次活动。这一学年的工作坊学习令我收获很多,在理论和实践两方面均获得了很多的成长。接下来,我将对本学年数学工作坊的学习和工作进行总结,主要从以下几个方面谈谈我参加各项活动的收获。

#### 1. 制订学习计划

记得工作坊的第一次活动是在建平中学举行的工作坊开班典礼。活动由周宁医老师主持,李传峰老师做了主题为新时代教师的理想和担当的演讲,王海平老师对上一期区级数学教师培养基地做了简要回顾,虞涛老师对名师基地工作计划进行了宣讲,吴卫国老师分享了优秀教师的成长历程。最后,严老师具体介绍了我们工作坊的研修课题和学习要求。本次活动让我对如何成为一名优秀的教师有了明确的方向,也对工作坊学习有了更加明确的方向和目标,由此也制订了相应的学习计划。

#### 2. 讲座心得

本学年共听取了十多次专家讲座,主要包含以下三个方面:第一,理论研究。正高级特级教师尹德好老师的《我的"人、事、物、理"》,分享了他的人生经历和名师之路,《如何做好文献综述》为课题的理论研究指明了方向。第二,教学设计。杜金金老师的《"双新"背景下高中数学大单元教学设计专题培训》、正高级特级教师寇恒清老师的关于单元教学设计的微讲座等,对如何做好单元教学设计具有实际指导作用。第三,教研论文。正高级特级教师陈兴义老师的《从教学实践走向科研成果》《新教材解读之函数观点下的方程和不等式》、朱培老师的《会写更要"慧"写——以中学数学教研论文为例》为我们如何写教研论文做了指导。

此外,还参与了工作坊联合建平中学、华师大二附中青年教师开展的培养沙龙,以及正高级(特级)教师成长故事总论坛和学术分论坛。各位老师从不同的角度讲述了自己的职业发展和教学体会。他们的分享使我内心有很大的触动,我也对自己的教学进行了反思,对未来的专业发展有了几点思考。

### 3. 课题研修

我们工作坊研修的课题是"三会"素养导向下培养高中生"数学眼光"的实践研究,分成会看、会想、会说三个组开展研究,我是"会说"组的成员。

研究主要分为两个阶段。

第一阶段,理论研究,即文献综述,包括数学语言的内涵、本质、表现、水平和评价标准的理论研究以及搭建培养"数学语言"的教学框架体系并结合教学实践提炼教学策略。在理论研究过程中,尹德好老师对如何做好文献综述进行了指导。我们小组就关于数学语言的理论研究开展了两次线上会议,合作完成了"会用数学语言表达现实世界"的文献综述。

第二阶段,教学实践设计,即"三会"素养导向下的教学实践和教学评价设计。首先,各位组员做了"三会"素养导向下单元教学设计以及课时教学设计;然后,各位老师进行教学展示,并在课后对教学设计进行修改,我也完成了区级教学展示的任务,将理论研究应用于实践取得较大成功;最后,从课前定位性评价、课中过程性评价、课后结果性评价三个方面进行思考,对评价体系做进一步研究。其中,我作为小组代表分享展示了教学设计和教学评价设计。

总之,在工作坊的学习中,无论是理论研究方面还是教学实践方面,都获益良多,正如吴卫国老师所说,要成为一名优秀的教师,就要有深厚的理论功底、要有扎实的学科基础、要有鲜明的教学特色、要有突出的科研成果、还要有示范辐射的能力。我也希望以此为目标而继续努力。

## 五、学员成果展示

学员成果展示详见表 7-2-19 至表 7-2-23。

表 7-2-19　发表论文

| 序号 | 论 文 名 称 | 刊物名称 | 发表时间 |
|---|---|---|---|
| 1 | 基于课程标准理解的高中数学课程目标体系建构 | 中国数学教育 | 2023.06 |
| 2 | 素养立意下探究运算性质的"双线"教学 | 中学数学教学 | 2023.06 |
| 3 | 杜金金:心怀热爱,"金"光熠熠 | 浦东教育 | 2023.12 |
| 4 | 信息技术赋能数学教学,提升学科核心素养——以"勾股定理"的教学为例 | 初三教研活动 | 2024.3 |
| 5 | 会用数学的语言表达世界——关于一元线性回归分析的教学探究 | 区域交流 | 2024.3.26 |

表 7 – 2 – 20　出版论著

| 序号 | 论著名称 | 出版社 | 出版时间 |
|---|---|---|---|
| 1 | 高中数学单元精讲与训练必修第三册 | 华东理工大学出版社 | 2023.10 |
| 2 | 基于核心素养理念下初中生课堂学习活动设计与实施的实践研究 | 同济大学出版社 | 2024.2 |

表 7 – 2 – 21　公开教育教学展示

| 序号 | 名　称 | 级别 | 发证单位 | 日期 |
|---|---|---|---|---|
| 1 | 复杂函数的探究 | 区级 | 区教发院 | 2023.05 |
| 2 | 正弦定理 | 区级 | 区教发院 | 2024.03 |
| 3 | 指数函数定义与图像 | 区级 | 区教发院 | 2023.12 |
| 4 | 条件概率 | 区级 | 区教发院 | 2024.5 |
| 5 | 函数的最值 | 区级 | 区教发院 | 2023.12 |
| 6 | 做一件国潮文化衫——让中国传统纹样动起来 | 区级 | 区教发院 | 2023.12 |
| 7 | 等差数列与等比数列 | 区级 | 区教发院 | 2024.4 |
| 8 | 平均值不等式及其应用 | 市级 | 芜湖市教育局 | 2024.4 |
| 9 | 比的基本性质 | 校级 | 川中教育集团 | 2023.11 |
| 10 | 特殊的平行四边形 | 区级 | 第三教育署 | 2023.4 |
| 11 | 高三二轮专题复习——数形结合 | 区级 | 区教发院 | 2024.5 |
| 12 | 锐角三角比单元复习 | 区级 | 区教发院 | 2024.4 |
| 13 | 一元线性回归分析的基本思想 | 区级 | 区教发院 | 2024.3 |

表 7 – 2 – 22　校级以上评比或竞赛获奖经历

| 序号 | 比赛名称及获奖情况 | 发证单位 | 日期 |
|---|---|---|---|
| 1 | 《TI 图形计算器教学应用研究——问题解决》论文评选二等奖 | 上海市教委教研室 | 2023.11 |
| 2 | 《TI 图形计算器教学应用研究——绘图》优秀指导教师 | 上海市教委教研室 | 2023.11 |
| 3 | 浦东新区第十届班主任基本功大赛(带班育人方略)"一等奖" | 浦东新区教发院德育研究指导部 | 2023.3 |
| 4 | 2023 年周家渡学区"双新背景下教学改革"教学论文评比三等奖 | 上海市浦东新区周家渡学区 | 2023.12 |

## 第三节 师生实践成果——燎原之势渐成

### 一、学生成长

通过"三会"素养导向的教学,学生数学思维能力、解决问题能力、创新能力得到显著提升,学习兴趣和自信心不断增强。

### 案例1 高一建模作业

在地面测量两山顶距离的建模分析与理想测算。

摘要

本文对于玻璃栈道建设的准备工作采取了如下方法:首先,通过在两个不同的可观测到山顶的地点分别测量两个三角形的仰角,并得出两个观测点间的距离。其次,利用解三角形的知识先解出测量仪到山顶的距离。接着我们在直角三角形中利用三角函数值解出了测量仪到两山底的距离以及两山的高度,从而通过作差得到两山的距离以及两山的高度差。最后,我们在两座山之间构造直角三角形,从而解出较低山顶到较高山顶的距离。

#### (一) 问题重述

在日常生活中,人们有时候要测量一个无法攀登的高度,又不可能一直走到要测量的物体的下面;或是要测量其中隔着障碍物的物体之间的距离等。江西浮梁地大物博,山清水秀。据悉,某建筑公司在浮梁投资建设玻璃栈道、摩天轮等项目开发旅游产业,预计建成后会给当地农民带来成倍增加的收入。公司领导考察后觉得当地两座山之间适合建造玻璃栈道。为了完成玻璃栈道的建设,首先要测量两个山顶的距离。利用建模和解三角形的方法,能够较简便地测量两座山顶之间的距离。

#### (二) 问题分析

在地理学和地形分析中,测量两地之间的距离是一个常见的问题。传统的测量方法如尺测、光电测距等,受限于地形和距离,往往无法满足实际需求。对于山体高度与两山间距离的测量,由于只能在地面上进行操作,故能够想到将目标抽象为数学模型并采用解三角形的方式对目标进行求解。我们根据最一般的情况进行了模型建立,以最大限度贴近实际场景。为了消除无关因素的影响,我们将两座山抽象成了线段,并利用三角函数相关知识进行求解。

#### (三) 基本假设

为使问题更易于理解与计算,做出以下合理假设。

(1) 假设同一时间,不同的影响因素所处的客观环境是一致的。(即排除山上下雨山下晴等的特殊情况)

（2）排除天气原因造成的测量影响。（如下雨天雨水打在测量仪表面造成的凸透镜角度差由于过小可忽略不计）

（3）忽略非特殊三角函数值的微小误差。（计算过程中精确到小数点后 4 位）

（4）忽略测量仪高度（在计算结果中，测量仪高度只影响山高，对最后计算得出的从较低山顶到较高山顶的仰角及两座山顶之间的距离无影响）

### （四）说明

#### 1. 符号说明

| 符　　　号 | 说明 |
|---|---|
| $A, B, C, D, E, F, G, H, M, N, O, P, Q, T$ | 各线段端点 |
| $\alpha, \beta, \gamma, \theta, \zeta, \omega, \delta$ | 各角 |

#### 2. 公式说明

（1）两角和的正弦公式：$\sin(\alpha + \beta) = \sin\alpha\cos\beta + \cos\alpha\sin\beta$。

（2）正弦定理：在一个三角形中，各边和它所对的角的正弦之比相等。

（3）诱导公式：$\sin\alpha = \sin(\pi - \alpha)$。

### （五）模型建立、求解及分析

#### 1. 抽象实际问题

考虑到实际因素的影响，故以下列情境为条件建立数学模型。（忽略无关因素影响，山已全部抽象为线段）

其中 $MN$、$PQ$ 分别为本次测量对象，$M$、$P$ 为山顶，两山顶所在直线与地面交于 $B$（见图 7-3-1），考虑到实际测量情况，所以人只能在 $OA$ 区域活动（点 $A$ 距离山顶足够远，可观测到山顶）。

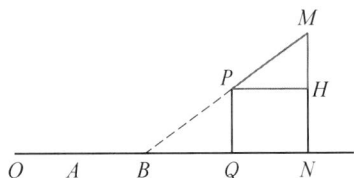

图 7-3-1　测量两山顶

#### 2. 对抽象后的模型进行分析与计算

已知在任意三角形中，如果三角形的三条边与三个角的三角比有三个元素已知，那么三角形可解（将剩下的边与角的三角比解出）。

目标：解出 $\triangle PMH$ 的三条边，并求出 $P$ 到 $M$ 的仰角。

以如下情境为例（如图 7-3-2 所示）：（注：此情况为一般情况，与本题建立模型所设情境无关）

设 $TG$ 为一座山，人可在 $EF$ 范围内活动，且在点 $E$、$F$ 处皆可观测到山顶。

若 $\alpha$、$\beta$、$\gamma$ 的度数皆已知，且 $EF$ 已知，则有：

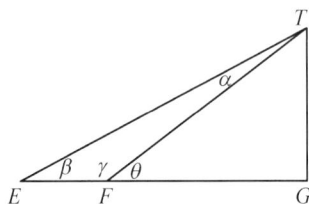

图 7-3-2　测量山高

$$\sin\alpha = \sin(\pi - \beta - \gamma) = \sin(\beta + \gamma)$$
$$= \sin\beta\cos\gamma + \sin\gamma\cos\beta,$$

其中 $\sin\beta$、$\cos\beta$、$\sin\gamma$、$\cos\gamma$ 皆已知,故 $\sin\alpha$ 可求。

在 $\triangle EFT$ 中,由正弦定理可得 $\dfrac{FT}{\sin\beta}=\dfrac{EF}{\sin\alpha}$,则 $FT=\dfrac{\sin\beta}{\sin\alpha}\cdot EF$。

在 $\triangle FTG$ 中,$\sin\theta=\dfrac{TG}{FT}$,得 $TG=\sin\theta\cdot FT$,而 $FG=\sqrt{FT^2-TG^2}$。

由上述过程,$\triangle EFT$ 与 $\triangle FGT$ 皆可解。

由图 7-3-2 情境下所得的结论,开始建立如下模型:

① 如图 7-3-3,联结 $OM$、$AM$、$OP$、$AP$,在 $\triangle OAM$ 与 $\triangle OAP$ 中由上述步骤,则 $AP$、$AM$、$PQ$、$MN$ 可解;

② 由矩形对边相等,$HN$ 等于 $PQ$,则 $HN$ 可解;

③ 将 $MN$ 与 $HN$ 作差,则 $MH$ 可解;

④ 在 $\triangle AMN$ 与 $\triangle APQ$ 中,由勾股定理进一步可解出 $AN$ 与 $AQ$;

⑤ 将 $AN$ 与 $AQ$ 作差,则 $QN$ 可解出;

⑥ 由矩形对边相等,则 $PH$ 等于 $QN$,即 $PH$ 可解出。

此时,$\triangle PMN$ 有三个元素已知($\angle PHM$ 为直角,$PH$ 与 $MH$),则理论上 $\triangle PMH$ 可解。

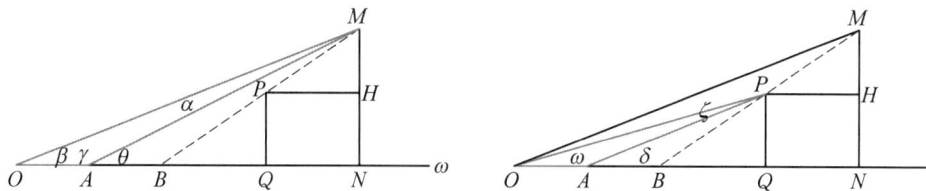

图 7-3-3　建立模型

完善步骤:

① 在 $\triangle PMH$ 中,使用勾股定理解出 $PM$;

② 利用 $\tan\angle MPH=\dfrac{MH}{PH}$,由反三角函数可解出 $\angle MPH$,即 $P$ 到 $M$ 的仰角。

综上,模型建立完成。

补充说明:

若条件允许,人可以到达地面的点 $B$,则模型建立会更为简单,具体步骤如下:

① 在 $\triangle OBP$ 与 $\triangle OBM$ 中解出 $BP$、$BM$;

② 由于仰角 $\angle PBQ$ 已知,则在 $\triangle BPQ$ 与 $\triangle NMN$ 中 $PQ$、$MN$ 皆可解出;

③ 通过作差解出 $MH$;

④ 由于 $\triangle MPH \backsim \triangle MBN$,在三角形 $MPH$ 中利用 $\tan\angle MPH$ 解出 $PH$,则三角形可解(已知直角 $\angle MHP$、$MH$、$PH$)。

此方法的优点在于只需要解两个三角形,相对于一般情况下要解四个三角形的计算量减少了不少,为此误差将有所减小。

### 3. 结论

由上述步骤可得出：

$$PH = OA\left(\frac{\sin\beta}{\sin\alpha}\cos\theta - \frac{\sin\omega}{\sin\zeta}\cos\delta\right),$$

$$MH = OA\left(\frac{\sin\beta\sin\theta}{\sin\alpha} - \frac{\sin\omega\sin\delta}{\sin\zeta}\right),$$

$$MP = \sqrt{PH^2 + MH^2}。$$

### （六）反思评价

该模型的优点为：在条件受限时依然可以比较有效地测量出某些数据，从而通过解三角形来用上这些数据，进而求解出目标数据。

该模型的局限性为：在实际情况下，由于天气以及测量距离过远等原因导致的误差不可避免。

数学建模在生活中发挥着巨大作用，是解决实际问题的一把利刃，运用得当问题即能够迎刃而解。测量专家李四海也说："建模和解三角形的方法在实际应用中已经取得了良好的效果。"我们要善于利用数学建模，将生活经营得越来越好。

---

## 案例 2　高一建模比赛海报

通过桌面游戏进行建模比赛（见图 7 - 3 - 4）。

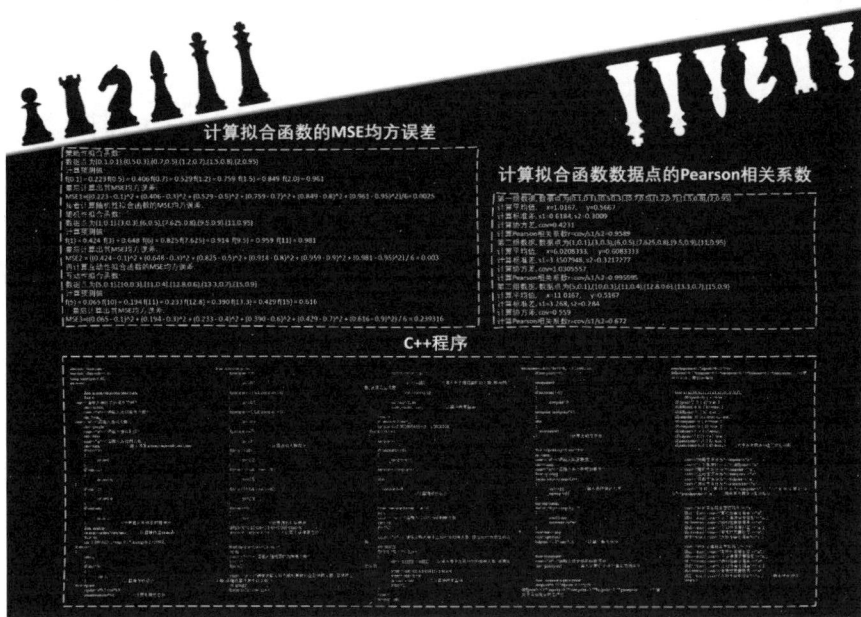

图 7-3-4 建模比赛

## 案例3 学生眼中的严老师——思考—思维—思想

——2026 届高一 14 班

还没进高中就听说高中数学非常难学,和初中数学学习完全不一样,怀着忐忑的心情走进高中。高中数学的第一课,"永芳"老师就告诉我们高中数学学什么、怎么学？数学具有严谨性、一般性和应用性,数学学习需要"有理可据、有图可索、有法可依"。"永芳"老师作为富有教学经验的数学高级教师,带领我们一群初入高中的新生开始在数学的海洋里"徜徉"。

严老师从知识发展的角度,通过创设不同的情境引导我们自己发现数学概念和原理,并用数学语言进行准确表达,在此基础上引导我们建立起知识的逻辑框架。无论是学习代数还是几何,都能通过实例和应用来说明抽象的数学概念,既让我们更容易理解和接受,又激发了我们的求知欲和思考能力。

从能力培养角度,严老师还注重培养我们的逻辑思维能力、问题解决能力和团队合作能力,从而开阔我们的思维。比如在课堂上提出选择带有一定难度的思考题,鼓励我们通过独立思考或者进行合作讨论来实现,培养我们解决实际问题的能力。在课外选择拓展性研究问题,充分引发我们思考,提升我们的数学思维,助力我们掌握数学思想和方法。

从培养核心素养的角度来说,严老师能引导我们将数学知识与现实生活相结合,培养我们的创造力和批判性思维,通过联系实际生活和课堂上的经典案例分析,鼓励我们发散思维,勇于提出问题和探索答案,有意识地发展数学核心素养。

进入高中后的一年里,在严老师引领下摸索出一套行之有效的数学学习方法,也让我感受不一样的数学课堂,我对未来的数学学习定将有更明确的方向和满满的信心。

## 案例4　学生眼中的严老师——重过程,讲方法,善应用

——2026届高二18班

严老师的数学课堂教学非常注重学生的思维能力和知识运用迁移能力。在教学任务和目标完成的过程中,非常重视知识的发展发生过程。在新概念生成的过程中,严老师经常会创设不同的情境让数学和生活联系,提升我们研究的兴趣并降低入口的难度。在我们对于抽象问题理解困难时,严老师会将新内容和已有知识内容进行联系,把学过的知识重组结合,便于我们理解和记忆。在疏通基本知识后,严老师会选择一定难易适度的例题和变式练习让我们进行实战操练,在此基础上进行拓展延伸。例如在向量的应用里涉及三角形的重心问题,严老师就会将条件和结论分别修改让我们发现利用向量表示三角形的内心、垂心等问题,并引发我们课后自己进一步研究和完善问题和结论。针对数学学习中的难点和重点,严老师总会让我们自己发现知识体系的来龙去脉,这使得我们对知识的理解更加深入,记忆更加牢固。

严老师的教学风格亲切自然,与同学们建立了良好的互动关系,营造了轻松愉快的学习氛围。在课堂上,严老师善于倾听我们的想法和建议,尊重各种不同的想法,鼓励我们发表自己的观点和见解,最后引导我们自己推理得出结果,这种循循善诱的教学方式,让知识内化于心。课后,严老师非常注重教学反馈,编制不同层次的巩固练习让我们得到不同程度的训练,也会经常与我们进行沟通交流,了解我们的学习情况和需求。老师会根据学生的反馈和自己的观察,不断调整和改进教学方法和策略,以满足学生的学习需求。

综上所述,严老师通过精心的教学设计、能力培养、核心素养的培养以及良好的教学氛围的营造,为学生提供了一个充满活力和创造力的学习环境。

## 二、教师发展

教师的教学理念、教学方法、专业素养得到提升,形成了"三会"素养导向的教学风格。回望新教材实施的这五年,笔者在市区级刊物上发表了5篇与教学密切相关的论文,参与编写了8本相关新教材教学的书籍;在浦东新区、虹口区和普陀区开设8节公开课和6次讲座,也为来自芜湖的优秀教师和"国培计划"江西省优秀公费师范生教师能力提升培训项目开设展示课,将新教材的理论研究和"三会"素养的培养策略应用于实践提供机会,实现优秀教育资源的共享和合作;在课程开发的过程中积极实施新课标、新教材理念,在和学员互动交流中不断改进课程内容和实施方法,得到大家的认可;作为区数学学科带头人,连续三年参与浦东新区高三一模、二模等统测卷的命题工作,也参与上海市中小学作业编制的比赛工作,在教学实践能力提升的基础上不断完善教学评价工作;作为兼职教研员和中心组成员,发挥区域活动能力在区级教研活动中发挥作用,取得各界的肯定;同时参与多项市区级研究

项目的研究,将实践经验理论化。将"三会"素养的培养作为抓手,以期达到师生共同发展的愿景,笔者在不断学习和研究的过程中,将数学素养落实在实践中,为浦东新区高中数学教育注入新的活力(参见表7-3-1至表7-3-4)。

表7-3-1  区级以上论文(著)发表

| 序号 | 级别 | 论文(著)名称 | 发表刊物/出版社 | 作者排序 | 日期 |
|------|------|--------------|----------------|----------|------|
| 1 | 市级 | 数学语言能力培养中的"时空情境"创设 | 《数学之友》 | 1 | 2023.5 |
| 2 | 市级 | 主题学习结构化教学设计的研究和实践 | 《福建中学数学》 | 1 | 2022.7 |
| 3 | 市级 | 同理心在初高中数学衔接教学中的应用 | 《福建中学数学》 | 1 | 2020.7 |
| 4 | 市级 | 点到直线距离公式的螺旋式推导 | 《中学教研(数学)》 | 1 | 2018.12 |
| 5 | 市级 | 高中数学问题结构化教学设计 | 《上海中学数学》 | 1 | 2018.11 |
| 6 | 市级 | 用数学建模思维学高中数学(导学版选择性必修第三册) | 华东理工大学出版社 | 主编 | 2021.9 |
| 7 | 市级 | 导学先锋高中数学课课精练(必修三)<br>导学先锋高中数学课课精练(选择性必修二) | 上海科学普及出版社 | 主编 | 2021 |
| 8 | 市级 | 导学先锋高考数学一轮复习用书 | 上海科学普及出版社 | 主编 | 2022 |
| 9 | 市级 | 导学先锋高考数学二轮复习用书 | 上海科学普及出版社 | 主编 | 2024 |

表7-3-2  区级以上公开教学展示经历

| 序号 | 级别 | 开课名称 | 发证单位/平台 | 日期 |
|------|------|----------|----------------|------|
| 1 | 区级 | 复数及其四则运算(第1课时) | 浦东新区教育发展研究院 | 2024.5.7 |
| 2 | 市级 | 复数的引入和四则运算 | 上饶师范学院 | 2024.4.19 |
| 3 | 市级 | 分式不等式的求解 | 芜湖教育局 | 2023.4.4 |
| 4 | 区级 | 解析几何的综合应用 | 浦东新区教育发展研究院 | 2022.6 |
| 5 | 区级 | 基本不等式 | 普陀区教育局教学研究室 | 2021.10.14 |
| 6 | 区级 | 函数专题复习 | 浦东新区教育发展研究院 | 2020.6.2 |
| 7 | 区级 | 构造函数求解不等式 | 普陀区教育局教学研究室 | 2020.5.27 |
| 8 | 区级 | 等差数列的前n项和 | 浦东新区教育发展研究院 | 2020.5.24 |

表7-3-3  区级以上学术讲座

| 序号 | 讲座主题 | 发证单位/平台 | 日期 |
|------|----------|----------------|------|
| 1 | 再探圆锥曲线中的"筷子夹汤圆"模型 | 上海市教师教育学院 | 2024.12 |
| 2 | 核心素养视角下促进高中学生数学深度学习的实践研究 | 东北师范大学教育发展研究中心 | 2024.12 |

| 序号 | 讲座主题 | 发证单位/平台 | 日期 |
|---|---|---|---|
| 3 | "三会"素养导向下培养学生数学建模的理论和实践研究 | 上海市教师教育学院 | 2024.10 |
| 4 | "三会"素养导向下培养高中生"数学眼光"的实践探索 | 东北师范大学教育发展研究中心 | 2024.9 |
| 5 | 数学建模核心素养的研究和实践 | 浦东新区教育发展研究院 | 2024.4.9 |
| 6 | 数学学科工作坊成长之路 | 上海教育出版社教育培训中心 | 2023.11.13 |
| 7 | 数学史视角下数学能力教学 | 虹口区教育学院 | 2023.5.23 |
| 8 | 《"三会"素养导向下高中数学新教材的创造性教学实践》案例分享 | 浦东新区教育发展研究院 | 2023.2 |
| 9 | 高一数学新课程新教材实施培训 | 浦东新区教育发展研究院 | 2020.8.27 |
| 10 | 基于"函数"的单元教学设计 | 普陀区教育局教学研究室 | 2020.7.3 |

表 7-3-4　各类其他成果和经历

| 序号 | 成果和经历概述 | 日期 |
|---|---|---|
| 1 | 浦东新区教育系统"领军人才后备暨学科工作坊"主持人 | 2022.12 |
| 2 | 第五期上海市普教系统名校长名师培养工程"攻关计划"主持人 | 2024.10 |
| 3 | 上海市优秀园丁 | 2024.8 |
| 4 | 上海市教育学会中学数学专业委员会理事 | 2025.4 |
| 5 | 《再探圆锥曲线中的"筷子夹汤圆"模型》获上海市《TI图形计算器教学应用研究——问题解决》论文评选一等奖 | 2024.12 |
| 6 | 《"包装纸"问题的错解引发的思考》获上海市《TI图形计算器教学应用研究——问题解决》论文评选二等奖 | 2023.11 |
| 7 | 《一道解析几何模考题的解题策略与其命题奥秘》获上海市《TI图形计算器教学应用研究——问题解决》论文评选三等奖 | 2023.11 |
| 8 | "十四五"区级教师培训课程"三会"素养导向下数学新教材的创造性教学实践 2023 年春季 A 班教学,10 个课时 | 2023.6 |
| 9 | "十四五"区级教师培训课程"三会"素养导向下数学新教材的创造性教学实践 2023 年秋季 A 班教学,10 个课时 | 2024.2 |
| 10 | "十四五"区级教师培训课程"三会"素养导向下数学新教材的创造性教学实践 2024 年春季 A 班教学,10 个课时 | 2024.6 |
| 11 | "十四五"区级教师培训课程"三会"素养导向下数学新教材的创造性教学实践 2024 年秋季 A 班教学,10 个课时 | 2024.10 |
| 12 | 初高中数学衔接教材的研究和实践(30 课时)2018 年秋季 A 班 | 2019.1 |
| 13 | 作为区高三年级指导组成员,承担区 2023 学年度高三年级教学质量检测命题(一模、二模、三模) | 2023.11~2024.5 |

（续表）

| 序号 | 成果和经历概述 | 日期 |
|---|---|---|
| 14 | 作为区高三年级指导组成员，承担区 2022 学年度高三年级教学质量检测命题（一模、二模） | 2022.11～2023.3 |
| 15 | 作为区高三年级指导组成员，承担区 2021 学年度高三年级综合练习检测命题（一模、二模） | 2021.11～2022.3 |
| 16 | 浦东新区数学学科兼职教研员（202009—202109） | 2020.9 |
| 17 | 区教育教学中心组成员连续十年（除 2020 年） | 2023.9 |
| 18 | 浦东新区"名师在线答疑"活动中担任答疑团队成员 | 2022.5 |
| 19 | 上海市中小学优秀作业、试卷案例评选中获浦东新区特等奖 | 2020.10 |
| 20 | 上海市中小学优秀作业、试卷案例评选中获上海市三等奖 | 2020.12 |
| 21 | 《高中学生学习力培养的实践研究》获区教育科研成果一等奖（参与） | 2019.9 |
| 22 | 《高中学生学习力培养模式的构建和实施》获 2022 年上海市优秀教学成果（基础类二等）（参与） | 2022 |
| 23 | 《基于课程的学生创新素养培育实践研究》结项 | 2022.8 |
| 24 | 区见习教师规范化培训中带教三位老师 | 2019～2023 |
| 25 | 区 2019 学年见习教师规范化培训"优秀导师" | 2020.9 |
| 26 | 上海师范大学数理学院专业学位硕士生校外导师 | 2020～2024，2024～2029 |
| 27 | 浦东新区数学学科带头人 | 2016～至今 |

"三会"素养的教育理念和实践成果在浦东新区高中数学教育中产生广泛影响，逐渐形成燎原之势，为培养更多优秀人才奠定坚实基础。"一花独放不是春，百花盛开春满园"。我相信，在浦东新区教育系统的共同努力下，"三会"素养教育定会散发出更加耀眼的光芒，为学生的终身发展照亮前进的道路！

# 参考文献

［1］ PIBURN M D. Reformed teaching observation protocol (RTOP): Reference manual ［J］. Technical ReportJj. Classroom observation techniques, 2000(2):44.

［2］ 曹一鸣. 数学教学论(第 2 版)［M］. 北京:高等教育出版社,2020.

［3］ 晁丰成. 让"数学抽象"素养在"概念教学"中落地［J］. 中学数学研究,2017.5.

［4］ 陈晏蓉,汪晓勤. 数学史料的选取原则与案例分析［J］. 教育研究与评论(中学教育教学),2017(12).

［5］ 丁福军,张维忠,唐恒钧. 指向数学核心素养的问题链教学设计［J］. 教育科学研究,2021(9):62 - 66.

［6］ 杜军."支架式"教学应重视"脚手架"的搭建［J］. 教育理论与实践,2005,25(7):51 - 53.

［7］ 段艳芳. 高中数学概念教学策略谈［J］. 中学数学教学参考,2016(18):27.

［8］ 弗赖登塔尔. 作为教育任务的数学［M］. 陈昌平,唐瑞芬,编译. 上海:上海教育出版社. 1999.

［9］ 富兰,兰沃希. 极富空间:新教育学如何实现深度学习［M］. 于佳琪,黄雪锋,译. 重庆:西南师范大学出版社,2016.

［10］ 高长玉. 指向核心素养的两角差的余弦公式教学再设计［J］. 数学通报. 2018,57(12):30 - 32.

［11］ 顾泠沅. 数学思想方法［M］. 北京:中央广播电视大学出版社,2004:130.

［12］ 胡凤娟,吕世虎,张思明,等.《普通高中数学课程标准(2017 年版)》突破与改进［J］. 人民教育. 2018(9):56 - 59.

［13］ 李俊,张祖兰. 高中数学课堂中的"以评促教、以评促学"教学策略［J］. 数学教学参考,2022(10):40 - 42.

［14］ 李善良. 美国中小学数学教育的现状及思考［J］. 数学教育学报,2012,21(1):69.

［15］ 李善良. 数学概念学习研究综述［J］. 数学教育学报,2001,10(3):18 - 22.

［16］ 李万文. 高中数学问题教学法的困境与突破［J］. 学周刊,2021(35):111 - 112.

［17］ 李晓文,王莹. 教学策略(第 2 版)［M］. 北京:高等教育出版社,2018:6.

［18］ 梁木华,从高中生学习数学公式角度研究数学核心素养［D］. 闽南师范大学,2018.

［19］刘晓燕.高中数学概念教学中培养数学抽象素养的研究［D］.武汉：华中师范大学.

［20］刘月霞,郭华.深度学习：走向核心素养：理论普及读本［M］.北京：教育科学出版社,2018.

［21］马云鹏.关于数学核心素养的几个问题［J］.课程·教材·教法,2015,35(9):36－39.

［22］莫国良.基于目标多维性下课堂教学有效性的实践与思考［J］.数学教学通讯,2010(33):3－6.

［23］沈亚平.谈高中数学教学中的公式教学［J］.基础教育论坛,2019(8):41－43.

［24］史宁中.高中生对函数的认识和态度［J］.东北师大学报,2018,3(6).

［25］史宁中.高中数学核心素养的培养、评价与教学实施［J］.中小学教材教学,2017,5.

［26］史宁中.高中数学教育中的数学核心素养：史宁中教授访谈之七［J］.课程·教材·教法,2017,37(4):8－14.

［27］唐恒钧,张维忠.数学问题链教学的理论与实践［M］.上海：华东师范大学出版社,2021:43.

［28］王书呈,王立冬,张友,等.数列极限定义教学的认识与实践［J］.数学教育学报,2012(12):85－87.

［29］王永静.数学建模思想在概率统计教学中的应用分析［J］.数学学习与研究,2021(23):122.

［30］卫福山.高中数学思想方法的结构化教学研究［J］.中学数学月刊,2022(3):9－11.

［31］奚定华.数学教学设计［M］.上海：华东师范大学出版社,2000.

［32］喻平,核心素养指向的数学教学目标设计［J］.数学通报.2021,60(11):1－5.

［33］喻平.数学教学心理学［M］.北京：北京师范大学出版社,2010.

［34］张奠宙,马文杰.简评"数学核心素养"［J］.教育科学研究,2018(9):62－66.

［35］张奠宙,宋乃庆.数学教育概论［M］.北京：高等教育出版社.

［36］张月,汤强.核心素养视角下的数学教学设计：以"等差数列的前 n 项和"为例［J］.数学学习与研究,2022(9):71－73.

［37］章建跃,左怀玲.我国中学数学教材的建设与发展［J］.数学通报,2009,48(8):4－9.

［38］章建跃.核心素养立意的高中数学课程教材教法研究［M］.上海：华东师范大学出版社,2021.

［39］章建跃.树立课程意识 落实核心素养［J］.数学通报,2016,55(5):1－5.

［40］郑庆全.数学证明教育价值研究文献述评［J］.数学教育学报,2007,16(4):69.

［41］中华人民共和国教育部.普通高中数学课程标准(2017 年版 2020 年修订)［S］.北京：人民教育出版社,2020.

［42］周宏强.论支架式教学的理论研究［J］.中国科教创新导刊,2008(4):74.

［43］周轶虹.高中生数学运算能力的培养策略研究［J］.教学管理与教育研究,2021,6(4):81－82.